中国酒店高质量发展案例研究

曾国军　方一舟◎著

广东旅游出版社
GUANGDONG TRAVEL & TOURISM PRESS
悦读书·悦旅行·悦享人生

中国·广州

图书在版编目（CIP）数据

中国酒店高质量发展案例研究 / 曾国军，方一舟 著. -- 广州：广东旅游出版社，2024. 8

ISBN 978-7-5570-3336-1

Ⅰ. ①中… Ⅱ. ①曾…②方… Ⅲ. ①饭店－商业企业管理－研究－中国 Ⅳ. ①F726.92

中国国家版本馆CIP数据核字（2024）第112206号

出 版 人：刘志松
策划编辑：官 顺
责任编辑：林保翠 俞 莹
封面设计：林 希
责任校对：李瑞苑
责任技编：冼志良

中国酒店高质量发展案例研究
ZHONGGUO JIUDIAN GAOZHILIANG FAZHAN ANLI YANJIU

广东旅游出版社出版发行

（广东省广州市荔湾区沙面北街71号首、二层 邮编：510130）

电话：020-87347732（总编室） 020-87348887（销售热线）

投稿邮箱：1604000379@qq.com

印刷：深圳市希望印务有限公司

（深圳市龙岗区坪地街道六联社区鹤鸣东路88号101）

开本：787毫米×1092毫米 1/16
印张：18
字数：280千字
版次：2024年8月第1版
印次：2024年8月第1次印刷
定价：68.00元

前言

　　中国是世界最大的旅游市场之一，也是最具潜力和活力的市场之一。随着经济社会发展、居民收入增长、消费升级、文化多元等因素的推动，中国旅游业呈现出快速增长、结构优化、品质提升、模式创新等特征。作为旅游业重要组成部分和支撑平台之一，中国酒店业也取得了长足进步和显著成就。据统计，截至2023年底，全国星级及以上级别宾馆（含民宿）共有3万余家，客房数达到1800万间以上。即使国内旅游业2020年以来受到政策、经济等多重因素的影响，市场规模呈现波动增长，旅游企业数量持续下降，营收受到严重冲击，但随着后疫情时代的来临和消费升级的推动，旅游业也展现出复苏、转型的迹象。

　　中国共产党的二十大报告强调"高质量发展是全面建设社会主义现代化国家的首要任务"。二十届三中全会提出了构建高水平社会主义市场经济体制、推动高质量发展、深化供给侧结构性改革等宏观目标和方向。这些政策为旅游酒店业的高质量发展指明了方向。目前，国内高端酒店品牌依然以外资居多。这些外资品牌利用中国本土的酒店专业技术人才，每年赚取数百亿的巨额管理费用。因此，发掘国内旅游业的优秀案例将有助于国内旅游企业发展具有中国特色的管理模式。然而，目前对于高质量发展的研究大部分集中在宏观层面的经济高质量发展，缺乏在微观层面对企业的高质量发展研究。本书作者希望能借助案例研究为中国旅游行业的高质量发展提供可行路径以及可借鉴的模式，并为中国政府制定行业政策提供帮助，正是在这一情境下，旨在深入探讨和分析中国酒店业在新时代背景下的发展路径与战略选择的《中国酒店高质量发展案例研究》应运而生。

机遇往往伴随挑战，酒店业同样面临着巨大的挑战。要在规模的快速增长与行业变化的新趋势中提高中国酒店业的竞争力和可持续发展能力，需要整个酒店行业的高质量发展。但是何为高质量发展，中国酒店业又该如何做到高质量发展，是行业内亟待探讨和解决的问题。在此问题的基础上，本书寻求通过十篇具有代表性和启示性的案例分析，使用科学研究的方式方法，从不同视角揭示酒店业在高质量发展过程中的组织变革和服务创新两个方面的成功经验和实践路径，为酒店业界提供关于高质量发展的参考和借鉴。

本书分为两大部分：第一部分是酒店动态能力研究案例，第二部分是酒店盈利模式研究案例。每个部分包含五章，通过不同的视角，借由案例研究的方法来讲述中国酒店的高质量发展的故事。本书选取具有典型性和创新性的案例，展示了中国酒店业在组织变革和服务创新方面的多样性和复杂性，以及其对中国酒店业高质量发展的重要意义。这些基于实地调研、深度访谈、数据收集等方法所撰写的案例，具有较强的真实性和可信度。

本书所选择的论文遵循了案例研究的一般原则和方法，每篇文献都包含了背景介绍、问题分析、解决方案、结果评估、启示总结等部分，既有理论支撑，又有实践应用，适合作为酒店管理专业的教材或参考书，也适合作为酒店业从业者或研究者的学习资料。

在此，要特别感谢本书所收录的十篇案例研究的合作者，他们为本书提供了高质量的案例研究素材。也感谢广东旅游出版社和编辑人员，他们为本书的印刷、发行和宣传提供了专业的服务和帮助。同样感谢所有本书的读者，他们是本书存在的意义和价值所在。我们衷心希望本书能够给读者带来有价值的知识和启发，也期待他们对本书提出宝贵的意见和建议，共同促进中国酒店业实现高质量发展。此外，本书受中山大学学科建设经费资助出版，同时也获得了广东省研究生教育创新计划项目"旅游管理专业学位研究生教学案例库"的支持，在此一并表示感谢。

曾国军

2024年6月12日

目 录

第1章 导言

1.1 问题提出 ·······························3

1.2 研究目的 ·······························4

1.3 研究对象与研究范围 ·······················5

1.4 研究内容 ·······························6

 1.4.1 动态能力影响酒店组织变革：美思威尔顿酒店 ·······6

 1.4.2 基于动态能力视角：白天鹅如何搭建数据中台 ·······7

 1.4.3 动态能力影响组织常规变化：和苑酒家粤财店和时代店 ···7

 1.4.4 酒店师徒制与操作常规：碧水湾酒店 ···········9

 1.4.5 战略节奏推动酒店企业惯例更新的过程与机制：碧水湾酒店···10

 1.4.6 饭店星级评定的制度革命：多案例研究 ·········10

 1.4.7 星级饭店自助餐厅收益管理策略研究：广州富力君悦大酒店凯菲自助餐厅 ·····························11

 1.4.8 连锁酒店集团供应链盈利模式：东呈酒店集团 ······12

 1.4.9 酒店集团集中招标采购：粤海酒店集团 ·········15

 1.4.10 酒店委托代理模式下的谈判力量获取：多案例研究 ···16

1.5 研究方法 ·····························16

1.6 技术路线 ·····························18

第2章 酒店在经营逆境中构建动态能力：美思威尔顿酒店案例

2.1 本章背景与研究问题 ⋯⋯⋯⋯⋯⋯⋯⋯⋯⋯⋯⋯ 23

2.2 文献综述与理论分析框架 ⋯⋯⋯⋯⋯⋯⋯⋯⋯⋯ 24

    2.2.1 制度变迁 ⋯⋯⋯⋯⋯⋯⋯⋯⋯⋯⋯⋯⋯⋯⋯ 24

    2.2.2 动态能力 ⋯⋯⋯⋯⋯⋯⋯⋯⋯⋯⋯⋯⋯⋯⋯ 25

    2.2.3 分析框架 ⋯⋯⋯⋯⋯⋯⋯⋯⋯⋯⋯⋯⋯⋯⋯ 26

2.3 本章研究设计 ⋯⋯⋯⋯⋯⋯⋯⋯⋯⋯⋯⋯⋯⋯⋯ 27

    2.3.1 研究方法 ⋯⋯⋯⋯⋯⋯⋯⋯⋯⋯⋯⋯⋯⋯⋯ 27

    2.3.2 案例选择 ⋯⋯⋯⋯⋯⋯⋯⋯⋯⋯⋯⋯⋯⋯⋯ 28

    2.3.3 数据收集 ⋯⋯⋯⋯⋯⋯⋯⋯⋯⋯⋯⋯⋯⋯⋯ 29

2.4 数据编码与分析 ⋯⋯⋯⋯⋯⋯⋯⋯⋯⋯⋯⋯⋯⋯ 30

2.5 案例分析 ⋯⋯⋯⋯⋯⋯⋯⋯⋯⋯⋯⋯⋯⋯⋯⋯⋯ 31

    2.5.1 外部正式制度环境变迁下动态能力构建 ⋯⋯ 31

    2.5.2 外部非正式制度环境变迁下动态能力构建 ⋯ 34

    2.5.3 内部正式制度环境变迁下动态能力构建 ⋯⋯ 37

    2.5.4 内部非正式制度环境变迁下动态能力构建 ⋯ 39

2.6 本章小结 ⋯⋯⋯⋯⋯⋯⋯⋯⋯⋯⋯⋯⋯⋯⋯⋯⋯ 41

第3章 白天鹅如何搭建数据中台：基于动态能力视角的案例研究

3.1 本章背景与研究问题 ⋯⋯⋯⋯⋯⋯⋯⋯⋯⋯⋯⋯ 45

3.2 文献综述 ⋯⋯⋯⋯⋯⋯⋯⋯⋯⋯⋯⋯⋯⋯⋯⋯⋯ 46

    3.2.1 动态能力 ⋯⋯⋯⋯⋯⋯⋯⋯⋯⋯⋯⋯⋯⋯⋯ 46

    3.2.2 数据中台 ⋯⋯⋯⋯⋯⋯⋯⋯⋯⋯⋯⋯⋯⋯⋯ 47

    3.2.3 数据中台与动态能力 ⋯⋯⋯⋯⋯⋯⋯⋯⋯⋯ 48

3.3 本章研究设计 ⋯⋯⋯⋯⋯⋯⋯⋯⋯⋯⋯⋯⋯⋯⋯ 49

    3.3.1 研究方法 ⋯⋯⋯⋯⋯⋯⋯⋯⋯⋯⋯⋯⋯⋯⋯ 49

    3.3.2 案例选择 ⋯⋯⋯⋯⋯⋯⋯⋯⋯⋯⋯⋯⋯⋯⋯ 50

    3.3.3 数据收集与分析 ⋯⋯⋯⋯⋯⋯⋯⋯⋯⋯⋯⋯ 50

3.4 案例分析 ⋯⋯⋯⋯⋯⋯⋯⋯⋯⋯⋯⋯⋯⋯⋯⋯⋯ 52

3.4.1 数字化中台战略的确定 ·······52

3.4.2 数据中台搭建行为 ·······55

3.4.3 动态能力形成 ·······57

3.5 **本章小结** ·······63

3.5.1 中台组织在数据中台搭建中具有关键作用 ·······63

3.5.2 数据中台动态能力的形成沿袭"战略—行为—能力"的路径 ·······65

3.5.3 酒店数据中台动态能力互相关联 ·······66

3.5.4 理论贡献、实践启示与展望 ·······68

第4章 价值共创视角下的组织常规与动态能力：和苑酒家案例

4.1 **本章背景与研究问题** ·······73

4.2 **文献综述** ·······73

4.2.1 价值共创 ·······73

4.2.2 组织常规 ·······74

4.2.3 动态能力 ·······76

4.2.4 价值共创视角下的组织常规与动态能力 ·······77

4.3 **本章研究设计** ·······78

4.4 **粤财店盆菜销售组织常规变化** ·······80

4.4.1 盆菜及其销售 ·······80

4.4.2 粤财店盆菜销售组织常规变化 ·······81

4.5 **时代店餐位管理组织常规变化** ·······84

4.5.1 增加餐位数 ·······85

4.5.2 通过餐位管理提高人均消费 ·······85

4.6 **两店动态能力的微观基础** ·······86

4.6.1 感知与辨识机会和威胁 ·······86

4.6.2 捕捉机会 ·······87

4.6.3 管理威胁和重构 ·······88

4.6.4 从温和动态市场到剧烈动荡市场 ·······89

4.6.5 主体能动性的作用 ·······90

4.6.6 价值共创 ·······91

4.7 **本章小结** ·······93

第5章　酒店如何通过师徒制发展组织操作常规：碧水湾酒店案例

  5.1　本章背景与研究问题 ··· 99

  5.2　文献回顾 ·· 101

     5.2.1　酒店师徒制 ·· 101

     5.2.2　烙印效应与师徒制 ·· 101

     5.2.3　文献评述 ·· 102

  5.3　本章研究设计 ·· 103

     5.3.1　研究方法 ·· 103

     5.3.2　案例选择 ·· 103

     5.3.3　资料收集与质量控制 ·· 104

     5.3.4　资料分析与理论建构 ·· 105

     5.3.5　理论饱和度检验 ·· 109

  5.4　案例发现 ·· 109

     5.4.1　师徒制影响组织操作常规过程发现 ······················ 109

     5.4.2　师徒制影响组织操作常规层次发现 ······················ 113

  5.5　本章小结 ·· 115

第6章　战略节奏推动酒店企业惯例更新：碧水湾酒店案例

  6.1　本章背景与研究问题 ·· 121

  6.2　文献综述 ·· 122

     6.2.1　惯例更新 ·· 122

     6.2.2　高管认知、互动行为与酒店业惯例更新 ················· 123

     6.2.3　战略节奏与酒店惯例更新 ··································· 124

     6.2.4　研究评述 ·· 125

  6.3　本章研究设计 ·· 125

     6.3.1　研究设计与案例选择 ·· 125

     6.3.2　数据收集 ·· 126

     6.3.3　数据分析与理论建构 ·· 128

  6.4　案例分析 ·· 131

     6.4.1　储势蓄能阶段 ·· 132

     6.4.2　调整转变阶段 ·· 134

6.4.3 发展升级阶段 ·· 136

6.5 本章小结 ··· 138

第7章 饭店星级评定的制度革命：二元制度逻辑的多案例研究

7.1 本章背景与研究问题 ··· 145

7.2 文献综述 ··· 146

7.2.1 星级饭店评定 ·· 146

7.2.2 制度逻辑视角下的饭店星级评定 ···························· 148

7.3 研究方法及过程 ··· 150

7.3.1 研究方法 ·· 150

7.3.2 数据收集 ·· 150

7.3.3 数据编码 ·· 152

7.4 研究发现 ··· 155

7.4.1 旅游饭店星级评定中的制度逻辑 ···························· 155

7.4.2 制度逻辑驱动饭店市场行为分化 ···························· 157

7.5 结论与讨论 ·· 163

第8章 星级饭店自助餐厅收益管理策略：富力君悦凯菲厅案例

8.1 本章背景与研究问题 ··· 169

8.2 餐厅收益管理策略及其研究进展 ···································· 170

8.2.1 时间控制 ·· 170

8.2.2 容量控制 ·· 171

8.2.3 定价管理 ·· 172

8.2.4 菜单管理 ·· 173

8.3 本章研究设计 ·· 174

8.4 研究结果 ··· 176

8.4.1 时间控制策略 ·· 176

8.4.2 容量控制策略 ·· 178

8.4.3 差别定价策略 ·· 180

8.4.4 菜单管理策略 ·· 183

8.4.5 小结 ··· 183

8.5　本章小结 ⋯⋯⋯⋯⋯⋯⋯⋯⋯⋯⋯⋯⋯⋯⋯⋯⋯⋯⋯⋯⋯ 184

第9章　酒店集团供应链盈利模式：东呈集团的价值共创

9.1　本章背景与研究问题 ⋯⋯⋯⋯⋯⋯⋯⋯⋯⋯⋯⋯⋯⋯⋯⋯⋯ 189

9.2　文献综述 ⋯⋯⋯⋯⋯⋯⋯⋯⋯⋯⋯⋯⋯⋯⋯⋯⋯⋯⋯⋯⋯ 190

9.2.1　轻资产盈利模式 ⋯⋯⋯⋯⋯⋯⋯⋯⋯⋯⋯⋯⋯⋯⋯ 190

9.2.2　价值链与价值共创 ⋯⋯⋯⋯⋯⋯⋯⋯⋯⋯⋯⋯⋯ 192

9.2.3　盈利模式的效果评价 ⋯⋯⋯⋯⋯⋯⋯⋯⋯⋯⋯⋯ 192

9.3　东呈供应链的盈利模式 ⋯⋯⋯⋯⋯⋯⋯⋯⋯⋯⋯⋯⋯⋯⋯ 193

9.3.1　东呈供应链概况 ⋯⋯⋯⋯⋯⋯⋯⋯⋯⋯⋯⋯⋯⋯ 193

9.3.2　东呈供应链盈利模式的价值链建设 ⋯⋯⋯⋯⋯⋯ 195

9.3.3　东呈供应链盈利模式的经营成效 ⋯⋯⋯⋯⋯⋯⋯ 196

9.4　东呈供应链盈利模式的评价 ⋯⋯⋯⋯⋯⋯⋯⋯⋯⋯⋯⋯⋯ 197

9.4.1　运行效果模糊综合评价 ⋯⋯⋯⋯⋯⋯⋯⋯⋯⋯⋯ 197

9.4.2　评价结果分析 ⋯⋯⋯⋯⋯⋯⋯⋯⋯⋯⋯⋯⋯⋯⋯ 200

9.5　本章小结 ⋯⋯⋯⋯⋯⋯⋯⋯⋯⋯⋯⋯⋯⋯⋯⋯⋯⋯⋯⋯⋯ 201

第10章　酒店集团战略性集中招标采购：粤海酒管公司案例

10.1　本章背景与研究问题 ⋯⋯⋯⋯⋯⋯⋯⋯⋯⋯⋯⋯⋯⋯⋯ 207

10.2　文献研究 ⋯⋯⋯⋯⋯⋯⋯⋯⋯⋯⋯⋯⋯⋯⋯⋯⋯⋯⋯⋯ 207

10.2.1　战略采购与集中采购 ⋯⋯⋯⋯⋯⋯⋯⋯⋯⋯⋯⋯ 207

10.2.2　酒店集团采购流程存在的问题 ⋯⋯⋯⋯⋯⋯⋯ 209

10.2.3　酒店集团集中招标采购的优势 ⋯⋯⋯⋯⋯⋯⋯ 209

10.3　案例研究 ⋯⋯⋯⋯⋯⋯⋯⋯⋯⋯⋯⋯⋯⋯⋯⋯⋯⋯⋯⋯ 210

10.3.1　案例选择 ⋯⋯⋯⋯⋯⋯⋯⋯⋯⋯⋯⋯⋯⋯⋯⋯ 210

10.3.2　粤海酒管公司采购的分类及决策流程 ⋯⋯⋯⋯ 211

10.3.3　粤海酒管公司对外的招标口径 ⋯⋯⋯⋯⋯⋯⋯ 214

10.3.4　粤海酒管公司集中招标采购中对内部的控制 ⋯ 215

10.3.5　粤海酒管公司集团化采购的绩效 ⋯⋯⋯⋯⋯⋯ 215

10.4　本章小结 ⋯⋯⋯⋯⋯⋯⋯⋯⋯⋯⋯⋯⋯⋯⋯⋯⋯⋯⋯⋯ 220

第11章　酒店委托代理模式下的谈判力量获取：多案例研究

11.1　本章背景与研究问题 ………………………………………… 223

11.2　文献综述 ……………………………………………………… 224

11.3　研究方法与数据来源 ………………………………………… 227

11.4　范畴提炼和模型构建 ………………………………………… 229

　　　11.4.1　开放式编码 ………………………………………… 229

　　　11.4.2　主轴编码 …………………………………………… 232

　　　11.4.3　选择性编码 ………………………………………… 232

　　　11.4.4　委托代理模式下谈判力量获取模型阐述 …………… 233

11.5　本章小结 ……………………………………………………… 235

第12章　结论与讨论

12.1　主要结论 ……………………………………………………… 241

12.2　研究贡献 ……………………………………………………… 244

12.3　实践启示 ……………………………………………………… 246

12.4　本书不足与未来研究方向 …………………………………… 247

参考文献 ………………………………………………………………… 249

【第 1 章】

导 言

中国是世界上最大的旅游市场之一，也是最具潜力和活力的市场之一。随着经济社会发展、居民收入增长、消费升级、文化多元等因素的推动，中国旅游业呈现出快速增长、结构优化、品质提升、模式创新等特征。作为旅游业的重要组成部分和支撑平台之一，中国酒店业也取得了长足进步和显著成就。据统计，截至2022年底，全国星级及以上级别宾馆（含民宿）共有9万余家，客房数达到1000万间以上。即使中国酒店业2020年以来受到政策、经济等多重因素的影响，市场规模呈现波动增长，星级酒店数量持续下降，营收受到严重冲击。但随着后疫情时代的旅游复苏和消费升级的推动，酒店业也展现出复苏、转型的迹象。在此背景下，酒店行业的发展主要存在以下几方面特质：

第一，酒店行业进入了存量竞争的阶段，中高端酒店向连锁化发展。一方面，酒店"社区化"激活了存量空间的价值，酒店变成了新生活、新体验、新社交的空间载体；另一方面，酒店行业整合加速，行业集中度上升，单体店逐渐被并购整合，特别是中高端酒店连锁化的空间还很大。

第二，酒店行业外部需求也发生了变化。中产阶级增多，中高端酒店需求增加；新生代消费者消费能力提高，客源结构年轻化、需求个性化成为行业发展的新特点。

第三，酒店行业虽然发展迅速，但也受到互联网平台、非标住宿业、地产业等的强劲冲击。所以，面对新时代国家高质量发展战略的提出，社会的发展给酒店的发展提出更高要求的同时，也为行业带来创新和变革的机遇。

1.1　问题提出

机遇往往伴随挑战，酒店业同样面临着巨大的挑战。要在规模的快速增长与行业变化的新趋势中提高中国酒店业的竞争力和可持续发展能力，需要整个酒店行业的高质量发展。但是何为高质量发展，中国酒店业又该如何做到高质量发展，是行业内亟待探讨和解决的问题。从国家战略层面上讲，高质量发展是全面建设社会主义现代化国家的首要任务，是适应我国社会主要矛盾变化和经济发展规律的必然要求，是以更高水平开放促进更高质量发展的必然选择。具体来说，高质量发展的科学内涵和基本要求是：能够很好地满足人民日益增长的美好生活需要的发展，是体现新发展理念的发展，是创新成为第一动力、协调成为内生特点、绿色成为普遍形态、开放成为必由之路、共享成为根本目的的发展。然而，目前对于高质量发展的研究大部分集中在宏观层面的经济高质量发展，缺乏在微观层面对企业的高质量发展研究（黄速建、肖红军、王欣，2018）。

虽然旅游管理学界对于酒店高质量发展的研究同样不多，但是对酒店动态组织、供应链管理、盈利模式、收益管理等领域的研究都是酒店高质量发展的微观延展，为开展酒店高质量发展研究提供有力支撑。过往研究认为，当下酒店业处于经济体制转轨期，受制度结构与产业政策影响很大（余凤龙、陆林，2008）。因此，组织急需重新协调与客观环境的匹配性，进行动态的调整以适应制度环境变迁（连燕玲、贺小刚、高皓，2014）。酒店应根据制度变迁的不同情境，构建动态能力，综合权衡潜在风险、探索未知机遇，改变操作常规，以便重新定位战略。同时，盈利模式是通过一系列商业活动来创造价值的商业系统（Linder 和 Cantrell，2001），是企业的独特关系网络、体系价值，企业通过关系网为客户提供不同的产品和服务，赚取稳定利润（Ferreira 等，2007；Pigneur 等，2012）。在赚取利润的过程中，盈利模式是企业组织生产、研发、销售的系统工程（Joan Magretta 和 Nan Stone，2013）。盈利模式的关键点在价值识别与管理，是企业实现价值最大化的来源（张瑞林等，2015）。盈利模式是企业通过整合内、外部资源，组织研发、生产、销售等创造价值和利润的商业结构，其各要素之间的关系相互影响和促进。可以看出，构建动态能力和改进盈利模式研究共同为酒店高质量发展提供了可行路径，但是对此的研究仍有待进一步加强。因此，酒店在高质量发展过程中面临的动态能力构建和盈利模式改进等现实问题，亟需进行清晰、深入和系统的研究。

1.2 研究目的

目前国内高端酒店品牌依然以外资居多。这些外资品牌利用了中国本土的酒店专业技术人才，但每年赚取数百亿的巨额管理费用。因此，发掘中国酒店的优秀案例，使用中国酒店品牌替代外资酒店品牌可以有效解决这一问题。同时，面对新时代国家高质量发展战略的提出，社会的发展给酒店行业的发展提出更高要求的同时，也为行业带来创新和变革的机遇。然而，目前对于高质量发展的研究大部分集中在宏观层面的经济高质量发展，缺乏在微观层面对企业的高质量发展研究。本书希望能借助案例研究为中国酒店行业的高质量发展提供可行路径以及可借鉴的模式，也能够为中国政府制定行业政策提供帮助。

本书的目的有两个方面：酒店作为一个复杂的系统，发展受到外部制度环境的影响较多，这方面的研究也较多（余凤龙、黄震方、曹芳东，2013），但是酒店还面临着员工流动大、服务质量低、经营成本高、内部管理效率低等内部问题，难以应对外部环境的挑战（Stumpf和Swanger，2017），影响了酒店的稳定发展。因此，酒店要想实现长期发展，不仅要适应外部制度环境的变化，还要解决内部制度变迁带来的战略风险。所以，本书的第一个研究目的是探讨动态能力对酒店业高质量发展的影响，动态能力成为影响酒店业持续发展的重要因素，不容忽视。酒店的持续发展需要厘清盈利模式以及良好的收益管理策略，所以，酒店随着政策和市场的变动，梳理调整盈利模式就成为酒店高质量发展的重要课题，本书的第二个研究目的就是讨论盈利模式对酒店业高质量发展的影响。

1.3 研究对象与研究范围

酒店是一种提供安全、舒适的商业机构，为游客提供歇宿和饮食的场所。本书所谓的酒店行业并不单指提供住宿的饭店、星级饭店等传统酒店业企业，还包括为游客提供生活的服务及设施，如餐饮、游戏、娱乐、社交、宴会及会议等设施。

本书的案例研究对象不仅涉及大型酒店集团、经济型连锁酒店等传统酒店行业，还包括连锁餐厅、星级饭店餐厅等餐饮服务，意在从多个方面和角度讲述中国酒店企业的故事，为中国酒店行业实现高质量发展提供多角度的视角，引发中国酒店业学者和从业者多层次的思考。

1.4 研究内容

全书包括10个案例，分为两个部分，其中，前面5个关注酒店动态能力的形成，后面5个关注酒店盈利模式。在不同的视角下借由案例研究的方法来讲述中国酒店如何构建动态能力、改进盈利模式的高质量发展故事。这些基于实地调研、深度访谈、数据收集等方法所撰写的案例，具有较强的真实性和可信度。每个案例的具体内容如下。

1.4.1 动态能力影响酒店组织变革：美思威尔顿酒店

制度环境变迁已经成为困扰当前中国酒店业持续发展的重要议题之一。现有酒店业研究多聚焦于动态能力对产品架构和组织操作常规的影响，对制度环境变迁下酒店动态能力推动者形成的内在微观机理以及指导组织集体行为的过程机制缺乏系统讨论。本章以东莞著名五星级酒店美思威尔顿（以下简称"美思威尔顿酒店"）为案例研究对象，构建制度环境变迁推动酒店动态能力的关系模型，剖析了酒店动态能力构建的内在逻辑和演变机理。

酒店日渐面临更加残酷严苛的竞争环境，显著的核心能力成为生存的必要条件。核心能力的打造是围绕酒店所处的环境、客户需求、竞争格局等多方复杂因素共同决定和形成的。但是，酒店所处的制度环境不是一成不变的，所以核心能力的打造也必须跟随组织的变化动态打造或重塑。因此，必须以动态能力理论为理论基础，在制度变迁下指导酒店组织变革形成竞争优势。首先，企业在面对复杂动态环境时应当以动态能力为基础采取动态的战略，并根据环境和组织条件适时和适度地战略变革以动态地匹配环境（周晓东、项保华，2003）。具体而言，企业有效应对外部制度环境变化形成动态能力，需要整合、构建和重组内、外部资源（叶广宇、申素琴、靳田田，2015）。当能力嵌入某种组织过程时（江诗松、龚丽敏、魏江，2011），企业通过选择、操和创造等战略措施来形成新的规则体系，从而塑造出符合自身需求的制度环境（王涛、陈金亮，2018），以应对外部环境冲击。其次，动态能力理论能够较详细揭示企业的不同发展阶段及其内在变化，以便有效回答组织变革遭遇的难题，从而更好地理解企业如何通过资源存量的进化升级，获得和保持竞争优势

（卢启程、梁琳琳、贾非，2018）。

作为本书的第一个案例，本章将从制度环境变迁的大背景下，从动态能力的视角讲述中国酒店组织变革的故事，而在下一章中，本书将更进一步借由动态能力来讨论其对于组织常规变化的影响。

1.4.2 基于动态能力视角：白天鹅如何搭建数据中台

如何搭建行之有效的数据中台，既是解决当前酒店业前台与后台脱节之现实问题，也是数字化研究领域亟待解决的理论问题。本章采用探索型单案例方法，从动态能力的视角出发，对广州白天鹅宾馆（以下简称"白天鹅宾馆"）的数据中台搭建过程进行分析。

酒店行业虽然较早实施了信息化，但大部分酒店企业的信息系统都是第三方提供的，这些系统虽然能够支持酒店运营，但数据互通困难，由于酒店数据分散在前、后台两个架构中，后台掌握了大量数据，而前台需要数据支持决策时，只能从后台获取，但后台对业务的理解不够，数据的敏感度也不高。这就导致了前台靠经验决策，后台数据难以服务业务的断层现象。因此酒店企业迫切需要建立中台组织架构，并打造一套能够连接前、后台的数据中台。数据中台能够显著提升企业的数据价值，是数字化转型的加速器。但是投资建设数据中台并不一定有效果，数据中台只是开发新服务和数字能力的基础部分，只有把数据中台融入组织能力，让数据中台真正服务于企业，才能达到创新目标。

本章提出了数据中台搭建模型及动态能力形成模型，并识别其背后的动态能力关系，打开了酒店数据中台搭建的黑箱，对酒店搭建数据中台有重要指导意义。

1.4.3 动态能力影响组织常规变化：和苑酒家粤财店和时代店

本章围绕"动态能力如何影响组织常规变化"这一核心问题，通过广州和苑酒家的粤财店和时代店两家分店的双案例比较，从价值共创角度研究了以下问题：外部市场动态性与企业动态能力之间的关系、企业决策者和操作者在动态能力对组织常规变化中的影响以及顾企互动的价值共创在动态能力影响组织常规变化过程中发挥的作用。在此基础上，提出了三个命题：市场动态性是动态能力的前因变量，动态能力通过主体能动性改变组织常规，价值共创存在于动态能力的发展过程中。

高速增长的高端餐饮市场在2013年以前吸引了大量热钱，2012年中国住宿餐饮业的新增固定资产投资5102亿元，同比增长30.2%（吴昊、王进，2014），装修比拼硬件成为常态，每平方米5000元算一般，每平方米8000元刚够"四星级"，豪华者每平方米1万元以上（吴坚，2013）。这种大规模投资导致各地都出现了供大于求的情况，行业结构已经失衡，已有的存量资产短时间难以消化，投资成本回收成为最大的问题。同时，高端餐饮企业长期面临"五高一低"：能源成本高、人力成本高、物业成本高、原材料成本高、企业税费高、利润率低（黄永胜、胡建玲，2015）。高端餐饮行业面临内忧外患的局面，迫使高端餐饮企业必须积极应对外部环境变化，积极寻找市场机会，调整企业自身资源、内部操作流程以及各项规范，以适应新的形势，重塑企业的竞争优势。即高端餐厅必须重视动态能力的作用。例如，广州富力君悦大酒店通过动态管理餐位，建立最优餐桌结构，实现对自助餐厅的收益管理，以此应对相关政策发布后高端酒店短期业绩下降压力的冲击（曾国军、刘梅、张欣，2016）。因此，如何提升企业快速适应这些外部环境变化的能力，成为决定高端餐饮企业生死的重大问题。当今餐饮企业所面临的外部环境变化越来越大。首先，顾客的需求呈现多样化和个性化的趋势，顾客已不再满足于简单的吃饱吃好，而是要求独特的就餐体验；其次，新技术与新的商业模式不断涌现，互联网+餐饮成为主流趋势；再次，中国经济增速放缓，在新常态下，餐饮企业面临人工成本、租金、能耗成本和原材料成本的大幅增加。餐饮企业尤其是高端餐饮企业，一方面需要将其服务出品操作流程化、常规化，从而可以进行复制，以支持其扩张；与此同时，也需要改变固有操作常规以适应外部环境变化。无论是创造操作常规还是改变操作常规，高端餐厅都必须基于顾企互动关系，因为顾客不仅是消费者，更是价值的体验者，顾客的体验知识对于创造和改变常规有着重大的意义。

作为对于酒店动态能力的进一步讨论，本章使用对和苑酒家的双案例研究，引入了对于组织常规变化影响的研究，同时也引入了价值共创这一概念。

1.4.4 酒店师徒制与操作常规：碧水湾酒店

本章援引烙印效应理论，以广州从化碧水湾温泉度假村酒店（以下简称"碧水湾酒店"）为研究对象构建师徒制影响组织操作常规的理论框架。碧水湾酒店是全国服务标杆企业。此章旨在探讨：酒店如何利用师徒制影响组织操作常规的作用机理。从服务性组织的管理情境着手，创新性地将烙印效应应用和发展于服务性组织，从而丰富了师徒制影响的研究，同时为探讨服务企业管理提供了新的洞见。

自2016年李克强总理首次在政府工作报告中提出企业发展需培育精益求精的"工匠精神"以来，各行各业广泛关注和持续学习。然而，酒店业却因卫生清洁不过关、诚信缺失以及服务能力不足等问题，丧失顾客信任，降低品牌价值和市场认可度，从而威胁组织存续。这无不昭示着多数酒店在短视利益驱动下忽视操作常规，殆尽工匠精神。组织操作常规，是不断重复而且具有复制性的流程化操作过程和操作模式。师徒制作为企业管理运营实践的重要活动，是人力资源向人力资本提升的重要手段。具体而言，一方面，"工匠精神"通过师徒制保障组织学习，激励员工对其工作主导性和发展潜心钻研、精益求精的创新能力；与此同时，企业借助师徒制约束或督促履行社会责任，利于企业和社会的可持续发展。事实上，酒店行业利用师徒制传承工匠精神影响组织操作常规的现象已然存在。但现有研究仍停留在师徒制有效缓解酒店员工工作压力、降低员工离职意愿等个体层面，对于酒店组织层面探讨相对较少，自然难以揭示这一现象及其所蕴含的内在机理。烙印效应理论为推进研究酒店师徒制、工匠精神与组织操作常规的联系提供了有益视角。不仅补充了酒店业在社会发展中外在约束的不足，更发掘出酒店业在自身成长过程中形成的内生束缚，从而引导酒店业更好地建构自身发展，助力中国旅游高质量、可持续发展。

本章在前两章讨论的基础上，通过碧水湾酒店的案例研究，借由烙印效应，展示了酒店如何采用师徒制影响酒店操作常规。

1.4.5 战略节奏推动酒店企业惯例更新的过程与机制：碧水湾酒店

本章继续以碧水湾酒店为研究对象，运用纵向案例研究方法，基于"认知—行动—结果"的理论逻辑，剖析酒店企业通过战略节奏推动惯例更新的动态过程与作用机制。

中国经济正在经历全方位而深入的结构转变，而数字技术也在快速发展和应用。这些变化给中国酒店企业带来了巨大的冲击，使得它们原来的生存环境发生了改变。尤其是外资酒店不断扩张，加剧了竞争环境，许多民族品牌酒店虽然意识到了组织转型与创新的重要性，但因为自身不能适应环境而错失机会，甚至在新一轮变革中失败。其根本原因是它们的固有惯例无法应对商业环境的复杂性。一方面，酒店企业在服务主导逻辑下，受制于员工知识、服务技能等操作性资源，缺乏足够的创新能力，难以支持无形且易变的操作惯例；另一方面，战略导向也不能有效满足顾客多元化、个性化的市场需求。因此，如何更新惯例成为民族品牌酒店企业创新转型必须面对的实践难题。事实上，惯例作为酒店企业保持自身稳定有序运行的核心要素，是企业战略活动中的关键策略，影响着顾客对企业的品牌形象感知、忠诚度及重复购买意向。相比于同行竞争者，能够动态掌握符合自身惯例更新的战略节奏是获取竞争优势的关键。换句话说，企业惯例进行适时更新不仅可以保证企业运营效率，而且可以提高惯例对外部环境的适应性以降低环境不确定性所造成的风险。

本章作为本书对于酒店动态能力讨论的最后一章，在动态能力对组织操作常规的基础上进一步讨论了战略节奏推动管理更新的内容。至此，本书已经讨论了关于酒店企业构建动态能力的一系列问题，接下来将对本书的另一主题——盈利模式进行讨论。

1.4.6 饭店星级评定的制度革命：多案例研究

本章继续以星级饭店为研究对象，使用访谈等质性材料，运用多案例研究方法，基于二元制度，剖析酒店企业饭店参与星评为何会行为分化。

过往40年中，饭店星级评定在提升饭店质量和经营业绩等方面起了重要作用。但近年来星级饭店数量持续减少，饭店在星评中的市场行为出现分化，现有研究对此解释不足。此研究从制度逻辑视角，通过专家访谈并采用三段式编码手法，构建理论框架解析饭店星评市场行为分化。研究发现：第一，旅游饭店星级评定中存在二元制度逻辑驱动机制，政府逻辑及市场逻辑贯穿星评发展历程；第二，饭店星评市场行为受二元制度逻辑驱动，政府逻辑对饭店行为的驱动体现在政府支持、政策影响等三个方面，市场逻辑则体现在质量认证、消费者代际更迭等七个方面；第三，二元制度逻辑通过双向影响路径驱动饭店星评市场行为，具备正向优化及负向强化。本研究补充了饭店星评研究，扩充了制度逻辑的理论价值及产业意涵，为星评制度的改革提供经验借鉴。

本章从经营出发，从制度层面讨论为何有些星级饭店会积极参与评星，有些星级饭店会放弃评星。其背后的原因是什么，又会对酒店经营业绩产生何种影响？因此，本章成为改进盈利模式部分的第一个研究。

1.4.7　星级饭店自助餐厅收益管理策略研究：广州富力君悦大酒店凯菲自助餐厅

过去十年中，收益管理已经成为航空公司和酒店集团增加收益的重要手段。尽管餐厅是实施收益管理的可行场所，然而，国内餐厅收益管理的研究才刚刚起步，国内对餐厅收益管理的时间控制、容量控制、差别定价以及菜单管理等相关策略知之甚少。本章以广州富力君悦大酒店凯菲自助餐厅（以下简称"富力君悦凯菲厅"）为例，研究时间控制、容量控制、差别定价和菜单管理策略在餐厅收益管理中的应用。

收益管理是指在合适的时间将商品以合适的价格卖给合适的顾客。这一概念最早起源于航空业，后来作为在生产约束条件下改善营收的重要手段，逐渐推广至包括酒店行业在内的服务企业。餐饮业也符合应用收益管理的企业所需具备的6个特征：企业的生产和服务能力相对固定；企业可以对客源市场进行细分；产品或服务无法储存；产品或服务在消费前出售；顾客对产品或服务的需求不断变化；产品或服务的固定成本较高，而且可变成本较低。国内对于餐厅收益管理的相关研究刚刚起步，而收益管理理论可以很好地帮助餐厅管理者解决餐厅如何通过外部营销和内部管理实现收益增长的问题。星级饭店的自助餐厅就具有较好的收益管理研究价值。一方面，星级饭店的餐厅相较于社会餐饮企业而言收费更高，并且有饭店住客作为餐厅相对稳定的客源。另一方面，星级饭店的自助餐厅往往比其非自助餐厅的上座率更高。因此可以采用案例研究的方法对该类型餐厅的收益管理进行研究，并为同类型餐厅的收益管理策略提供有益借鉴。

本章作为讨论盈利模式的第一个章节，通过对富力君悦凯菲厅的案例研究，对酒店持续经营过程中的收益管理问题进行了讨论，从动态能力的讨论转至关注自身收益管理，开启了对酒店改进盈利模式的讨论。

1.4.8　连锁酒店集团供应链盈利模式：东呈酒店集团

在连锁酒店集团快速扩张、要求供应链成为盈利中心的背景下，如何在加盟商的价格挑战、酒店物资市场激烈竞争和内部利益博弈中，找到适合的连锁酒店集团供应链管理模式，从传统的成本中心转型为盈利中心，成为各大连锁酒店集团都必须面对的重要课题。本章采用问卷调查、半结构化访谈等方法对东呈酒店集团进行案例研究。

从连锁酒店集团提升竞争力、布局更多酒店和盈利的角度来看，未来五年，连锁酒店数量在酒店业总数的占比将快速增长，国内连锁酒店集团将迎发展"黄金期"，且重点在中档酒店的布局。同时，多个品牌的激烈竞争，考验各连锁酒店集团的产品竞争力、筹建效率、投资回报周期、运营管理能力、会员输送能力等，传统酒店集团的加盟费收入、运营管理费收入，将随市场竞争的加剧而急剧减少。以东呈酒店集团旗下城市便捷品牌2013年和2018年的加盟费、运营管理费收入为例（见表1-1）。

表1-1　城市便捷酒店加盟费、运营管理费对比表（2013 & 2018）

项目 年份	加盟费		运营管理费	
	单房加盟费	占集团收入比	管理费比例	占集团收入比
2013年	3000元/房	34%	4.5%×营业额	66%
2018年	1000元/房	11%	4.0%×营业额	59%

资料来源：根据东呈酒店集团内部2013、2018年财务数据整理。

由表1-1可知,在激烈的市场竞争下,连锁酒店加盟费收入急剧下降,剔除人员薪酬及差旅费用,该板块业务呈亏损状态。而传统的运营管理费收入也在逐年下滑,个别区域性酒店品牌甚至与酒店投资人进行"业绩对赌",约定经营指标不达标则不收取运营管理费。

因此,在国内酒店集团大规模的轻资产、加盟连锁扩张中,以会员输送、筹建工程、采购、金融为代表的附加业务,成为连锁酒店集团重要盈利点,锦江、华住、东呈、尚美等行业巨头,纷纷布局这四个方面的增值业务,其中以有形产品为主的供应链盈利,从成本中心转型盈利中心最为普遍、最易操作。如何在供应链整合效率提升中获益、提升增值业务销售收入,将成连锁酒店集团的盈利重要点。连锁酒店集团的快速扩张,要求其供应链成为重要的盈利中心。

在连锁酒店集团快速扩张、要求供应链成为盈利中心的背景下,如何在加盟商的价格挑战、酒店物资市场激烈竞争和内部利益博弈中,找到适合的连锁酒店集团供应链盈利模式,为各大连锁酒店集团都必须面对的重要课题。

在国内连锁酒店集团普遍的轻资产"加盟"模式基础上,连锁酒店集团需要将资源集中投放到人力资源、技术资产、品牌输出和加盟商获取上,因此,定位为服务于酒店加盟、运营这一主业的供应链,难以获取酒店集团太多资源投入。因此,要想使供应链实现从成本中心转型为盈利中心,需要结合自身盈利要素,并在酒店价值链条上的品牌、设计、客户服务等环节上投入有限的资源,"撬动"上游供应商的生产和配送等低价值环节,找到轻资产盈利模式。

国内连锁酒店集团的供应链盈利模式有多种,其中,锦江、尚美采取贸易模式,即从供应商买进产品、再向酒店加盟商卖出产品,拥有产品库存,但通过与供应商的结算账期来实现不必投入大量资金购买(来源:锦江全球采购平台业务副总裁、尚美供应链事业群总裁的访谈);华住采取类似"天猫"的平台模式,为加盟商、供应商搭建采购平台,由他们两者直接交易和结算,华住收取一定比例的服务费(来源:华住集团采购高级总监的访谈);东呈采取"平台+代销"模式,为加盟商、供应商搭建采购平台,但供应商必须通过其全资子公司来代销产品,收取代销服务费(见表1-2)。

表1-2 供应链盈利模式及经营概况

序号	集团	采购平台	业务模式	PC端	终端	物流	在线支付	年交易额	SKU	供应商数	小结
1	锦江	全球采购平台	平台+贸易	√	APP	第三方合作	√	15亿+	8000	2000	新系统2018年上线，新增手机APP及在线支付、规模、系统、物流等在业内领先。
2	华住	华住易购	平台	√	×	供应商搭载	√	10亿+	7603	358	交易规模持续提升，产品价格及服务在业内口碑最好，预计2019年发展会更好。
3	东呈	东呈商城	平台+代销	√	微信	供应商搭载	×	5亿+	3847	115	采购率业内最高，性价比及服务也处于业内领先，支付等建设较缓慢。
4	尚美	易开店采购平台	平台+贸易	√	×	供应商搭载	×	3亿+	1000	110	绑定设计/工程、重心在新店筹建，非专业物资平台，产品少、系统体验差。
5	金陵	金陵酒店采购网	平台	√	×	无	×	1亿+	3325	97	没有自主系统，搭载"智彩云"平台，业务模式落后，整体能力不突出。
6	洲际	洲际商城	平台	×	APP	无	×	1亿+	6156	496	传统表格式管理的ERP，整体逻辑是被国内主流酒店集团淘汰的MRP流程。

资料来源：根据各大酒店集团公开资料、供应链负责人调研整理得出。

本章将价值共创从顾企关系拓展至供应链盈利模式上，深度剖析连锁酒店供应链如何从成本中心转变为盈利中心，其实践过程或许能为连锁酒店业提供轻资产盈利模式的经验借鉴。

1.4.9 酒店集团集中招标采购：粤海酒店集团

对于集团化的企业来说，集中采购模式的优势是形成规模经济、经验效应、品牌效应。本章对粤海（国际）酒店管理集团有限公司的集中招标战略采购制度进行深入调查，实行集中招标采购之后，其降低了成本，使得公司的利润进一步上升；规范了对外的采购口径；采购工作效率提高；产品形象提升，形成品牌效应；有利于公司的管理监控等。

酒店行业是一个高成本的行业，经营绩效很大程度上取决于采购（Pavia 和 Ivanovic，2007），所以酒店采购环节的成本控制将对酒店带来重要影响。伴随竞争的加剧，中国的酒店经营者逐渐认识到通过采购环节控制经营成本的重要性（姚文新，2009）。也有越来越多的经营者认识到提高采购管理水平可以降低成本、提高服务质量、满足顾客个性化需求（郭恒，2007）。与一般企业采购相比，酒店集团采购有其特点。第一，采购品种繁杂、数量少。酒店集团的各项业务需要的用料用品都不相同，故所采购产品的品种相互之间的共用性很少，但需要采购的品种却很多（拉瑟福德，2013）。第二，可预见性差，响应时间短。酒店集团的应急需求很多，且季节性非常强，销售可能很不均匀，造成预测困难（张帆、蒋亚奇，2000）。第三，不同酒店的同类物料用品具有差异性。酒店采购依据其市场定位，存在不同程度的差异，所用的大量物品都追求档次的区分（郭恒，2007）。第四，酒店集团属下的成员酒店既有相同的物料采购需求，也有差异化的采购需求，物料采购需要分类型对待。酒店集团物料使用具有多品种、小批量、连续性、分散化的特征，这些都给采购人员组织货源、进行供应商管理、库存保管增加难度，也让酒店集团无法照搬工业企业的采购管理模式。本章从粤海酒店集团的案例中讨论了酒店集中采购带来的优势。

1.4.10 酒店委托代理模式下的谈判力量获取：多案例研究

酒店在与管理公司签署管理合同的过程中，一些委托管理的条款明显有利于管理公司，例如所有雇员由业主雇佣，但是管理公司有挑选、任命、监管的权利和终止雇佣的权利，对于酒店总经理的任命由管理公司提名，业主有权拒绝该提名但不能超过三次；而另外一些委托管理的条款明显有利于业主，例如，在开业后一段时间的一个期限内，如果GOP模式下的当年的营业毛利少于当年年度预算所测算的营业毛利的85%，则业主有权行使特别终止权利。为何在双方签署委托代理合同时存在如此分歧？哪些力量决定着谈判合同的相关结果？

本章基于酒店管理合同和谈判力量文献梳理，通过对数份酒店管理合同进行文本分析以及对多家酒店的业主代表等进行深度访谈，着重研究在酒店委托代理的管理模式下，业主和管理公司双方在谈判过程中的谈判力量获取被哪些因素所左右。更进一步地，本章还将探究以上因素具体是通过怎样的作用机制来左右双方谈判力量获取的。现有文献对于谈判力量的研究局限于劳资关系以及合资企业控制权安排领域，而对酒店委托代理方面的讨论更多聚焦在这一管理安排下出现的问题及其解决方案，管理合同谈判及合同条款安排，所以本章的创新点在于将谈判力量理论引入委托代理模式下的酒店管理合同研究，讨论了影响业主和管理公司谈判力量获取的因素及其潜在的作用机制。

本章作为全书的最后一个章节，从酒店委托代理模式出发，讨论了中国业主和国际酒店管理公司之间的合作关系，以及业主和管理公司如何在合同谈判阶段争取更多的利益。同时也进一步提出了新的三点中值得商榷的部分留给读者和学者在未来的研究中思考。具体的内容安排和结构如表1–3所示。

1.5 研究方法

本书主要采用案例研究的方法，为了考察酒店业高质量发展过程中面临的实际问题，并寻求对应问题的解决方案，对包括酒店、餐饮企业在内的多家服务企业进行了包括但不限于问卷调查、深度访谈以及实地调查在内的方法，使用案例研究的方法对调查内容进行了整编。与实证研究方法相比，案例研究法

表1-3 内容安排和结构

章 节	案例对象	研究内容
第2章	美思威尔顿酒店	酒店如何在经营逆境中构建动态能力
第3章	广州白天鹅宾馆	酒店如何搭建数据中台：基于动态能力视角
第4章	和苑酒家两店	价值共创视角下的组织常规与动态能力
第5章	广州碧水湾酒店	酒店如何通过师徒制发展组织操作常规
第6章	广州碧水湾酒店	战略节奏如何推动酒店企业惯例更新
第7章	多案例研究	饭店星级评定的制度革命
第8章	富力君悦凯菲厅	星级饭店自助餐厅收益管理策略
第9章	东呈酒店集团	酒店集团供应链盈利模式
第10章	粤海（国际）酒店管理集团有限公司	酒店集团战略性集中招标采购
第11章	多案例研究	酒店委托代理模式下的谈判力量获取

有其自身具有的特点和优势，至少在以下三个方面会对管理理论研究有重要的启示作用：

其一，产生动机（Motivation）；其二，启发灵感（Inspiration）；其三，解释说明（Illustration）（Siggelkow，2007）。而这正可以弥补实证研究法仅凭既得模型和文献很难把握整个事件的来龙去脉以及管理实践的本质。中国酒店业企业管理本身具有与国外成熟管理体系不同的特点，在进行管理研究时必须要置于具体的情境之中，案例研究法有助于从中国酒店业的情境实际出发，采用新的视角和新的解释结构来研究中国酒店企业在高质量发展过程中面临的管理问题。案例研究是一种经验性的研究。其意义在于回答"为什么"和"怎么样"的问题。案例研究法就是通过典型案例，详细描述现实现象是什么，分析其为什么会发生，从中发现或探求一般规律和特殊性，指导得出研究结论或新的研究命题的一种方法（欧阳桃花、周云杰，2008）。本书所讨论的中国酒店高质量发展问题，总结成功经验的研究，亦是为了回答"为什么"和"怎么样"的问题。

本书在十个案例研究的基础上进行汇编，将十个案例按照研究问题的类型分为酒店构建动态能力、改进盈利模式两大主题，并将之按照一定的逻辑进行编排。辅以理论分析与比较分析的方法。在回顾前人对酒店动态能力和盈利模式研究的基础上，依据包括动态能力、数据中台、烙印效应、供应链盈利模式、集中采购、收益管理等因素对中国酒店高质量发展过程中遇到的现实问题进行分析。作为论证的过程，本书在进行理论和案例分析的同时，也有针对性地关注不同类型、不同地区、不同规模、不同品牌和不同服务内容的酒店业企业高质量发展路径，是对前人研究的总结和拓展，也为之后的比较研究提供了丰富的案例和素材，对不同地区、不同规模、不同品牌、不同服务内容的酒店业企业高质量发展路径进行了比较研究。

1.6　技术路线

本书的技术路线如下：在第1章对中国酒店业高质量发展存在的现实问题和理论缺失进行讨论后，后续又分为两大部分进行讨论，第一部分是酒店构建动态能力案例，包含5个章节，第二部分是酒店改善盈利模式案例，包含5个章节。在不同的视角下借由案例研究的方法来讲述中国酒店的高质量发展的故事。

在酒店动态能力部分中，本书将首先以美思威尔顿酒店作为案例，从制度环境变迁的视角探讨动态能力如何影响酒店组织变革；之后从动态能力的视角出发，对白天鹅宾馆的数据中台搭建过程进行分析，解决当前酒店业前台与后台脱节之现实问题，也是数字化研究领域亟待解决的理论问题；再通过对比广州和苑酒家的两家连锁店，进一步分析动态能力对操作常规的影响；然后通过碧水湾酒店的师徒制产生的烙印效应对酒店操作常规进行深入探讨；最后继续运用纵向案例研究方法对碧水湾酒店案例基于"认知—行动—结果"的理论逻辑，剖析酒店企业通过战略节奏推动惯例更新的动态过程与作用机制。这些案例展示了酒店如何发挥动态能力，根据制度环境变迁、客户需求变化、合作伙伴关系等因素，调整自身的组织结构、流程、资源和能力，以适应外部环境的挑战和机遇。这些案例也反映了酒店在组织变革过程中所面临的困难和风险，以及如何通过动态能力来克服和降低这些不利因素。这一部分案例编排按照由酒店内部问题逐步转向外部问题的逻辑，主要讨论动态能力与操作常规、价值共创以及企业惯例三个话题。

酒店盈利模式部分，本书首先通过多案例研究讨论了饭店星级评定的制度革命；后以富力君悦凯菲厅为例，探讨了星级饭店自助餐厅如何运用收益管理策略来提高收入和利润；随后在探讨连锁酒店集团如何通过供应链盈利模式与合作企业实现价值共创时，以东呈国际集团作为案例进行阐述；以粤海国际酒店集团作为案例，介绍其如何通过战略性采购来优化成本结构并提升竞争优势；最后通过与中国业主和国际酒店管理公司的高管进行深度访谈，使用多案例研究对二者委托代理模式下的合同谈判进行研究，并进一步讨论双方如何平衡利益达成长期合作。这些案例展示了酒店如何通过实施收益管理、调整供应链以及战略性采购等策略，来提高酒店的市场份额和盈利能力。这些案例也反映了酒店在持续经营过程中所需要考虑的各种因素，以及如何通过有效的市场调研、竞争分析、成本控制等手段来优化服务创新效果。这一部分的案例编排按照由内部问题转向外部问题的逻辑，主要讨论收益管理、供应链、盈利模式等多个话题。

这些基于实地调研、深度访谈、数据收集等方法所撰写的案例，具有较强的真实性和可信度。最后在终章给出本书的结论、贡献与不足，并提出将来研究的建议。本书的技术路线图如图1-1所示。

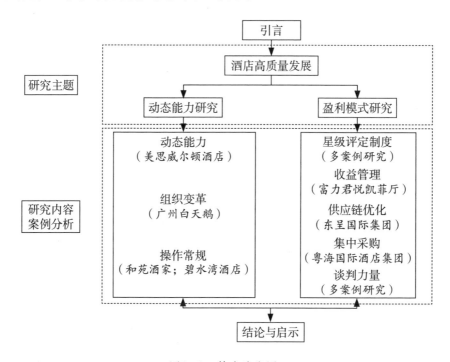

图1-1　技术路线图

〔第2章〕

酒店在经营逆境中构建动态能力：
美思威尔顿酒店案例①

① 本章改编自《酒店如何在制度环境变迁中构建动态能力——以东莞美思威尔顿酒店为例》，原文载于《旅游学刊》，2021，36(02)：104-116。

2.1 本章背景与研究问题

在经济转型期，中国的酒店产业经历了制度结构和产业政策的重大变迁，这种变化虽然带来了一些挑战，但同时也为行业的长期健康发展奠定了基础。一方面国家近年来相继推出政策，短期内减少了一部分公款消费，对酒店业绩产生了一定影响，行业更需要推动规范化和透明化；另一方面，媒体的宣传和报道放大了行业的一些负面现象，约束酒店行为，降低社会认同。无疑，制度变迁改变了酒店业原有的生存环境。为此，组织急需重新协调与客观环境的匹配性，在新的制度环境下找到适应的方式，实现健康、持续的发展。

值得注意的是，企业处于制度环境之中，其行为必然受到制度环境的塑造和影响（李浩铭、曾国军、张家旭等，2021）。企业嵌入的制度框架不同，致使其战略选择不同，进而促使竞争优势源泉不同，最终产生绩效差异。制度环境会有意或无意地影响企业与个人的行为，包括治理结构在内的企业内部制度环境。酒店若不能及时有效克服内部制度变迁带来的风险，同样难以解决酒店长远发展的存续问题。因而，内部和外部制度变迁作为影响酒店业持续发展的重要因素，不容忽视。当传统酒店因制度变迁带入一个全新环境时，需要自身重新平衡制度与组织之间的博弈。换言之，酒店应根据制度变迁的不同情境，综合权衡潜在风险，重新定位战略，摆脱困境。然而在突破原有组织惯性和脱离传统模式时，可能会因颠覆原有组织结构、核心能力和资源而面临变异的风险。酒店如何能在适应制度环境中得以生存和发展，成为学界和业界共同关注的话题，尤其是针对不同的制度变迁情境实现逆转是亟待解决的核心问题。

而动态能力理论为酒店如何应对制度变迁提供了一定的理论借鉴（李浩铭、曾国军、张家旭等，2021）。首先，动态能力具有涌现性、自我组织性和相对持久性特征，是系统保持动态平衡不可忽视的过程，从而可以有效解决酒店遭遇的难题，进而更好地理解企业如何通过资源存量的进化升级，获得和保持竞争优势。其次，企业在面对复杂动态环境时应当以动态能力为基础采取动态的战略，并根据环境和组织条件适时和适度地战略变革以动态地匹配环境。当能力嵌入组织过程时，企业可以通过选择、操作和创造等战略措施形成新的规则体系，从而塑造出符合自身需求的制度环境，以应对环境冲击。

动态能力是组织摆脱管理困境、提质增效实现企业成长的有力手段，但是中国情境下的酒店成功转型的案例并不多见。酒店转向一个全新的市场环境，缺乏成熟、可借鉴的模式。尤其随着旅游行业的发展、中国酒店企业越来越多跻身于世界酒店管理集团前列，酒店管理领域的动态能力研究具有运营及战略层面的必要性，也符合时间契机。而在这种情境下，东莞虎门有一家酒店经历大浪淘沙，成功摆脱困境。因此，基于上述研究缺口选定典型案例，以东莞美思威尔顿酒店为研究对象，探讨制度变迁情境下酒店如何构建动态能力的演化过程，从而揭示中国酒店企业在制度变迁情境下动态能力的作用机制，对于中国酒店创新转变和高质量发展提供了新的洞见。

2.2 文献综述与理论分析框架

2.2.1 制度变迁

制度是"人们间互动的约束条件"，同时也是企业在生产和交换等经营活动中必须遵守的"游戏规则"，主要由正式规则、非正式规则和它们的实施方式构成。而制度变迁则是对构成制度框架的规则、准则和实施机制的结合所做的边际调整，是新旧制度之间的转换、替代的过程。在制度变迁的过程中，制度与组织之间连续不断的相互作用是制度变迁的关键，促使主体不断根据环境的变化进行学习，并对原有游戏规则实施改变。现有研究将制度变迁分为外生变迁和内生变迁。前者主张导致制度变化的关键性因素外在于制度，后者认为其由制度内在地决定。具体而言，外生变迁导致制度失衡，催生对新制度的需求，主要形式是政府命令或法律实施；内生变迁意味着由制度诱导的行为与过程影响制度自身的稳定性，制度的内在特征可能诱发自身变革。企业总是存在于某一特定的制度环境中，并且会根据制度环境的变化来调整战略方向。企业嵌入的制度环境可以细分为：外部正式制度、内部正式制度、外部非正式制度、内部非正式制度。外部正式制度是一系列政治、社会和法律规则，如法律、法规、政策、规章等。内部正式制度是企业内部一系列合法、合规、合理承接外部政治、社会和法律的内部制度。外部非正式制度是社会规范、习俗、文化观念等形成的非正式制度，同样受地方政府行为（正式制度的供给）影响。内部非正式制度是企业内部不成文的规定，也受企业内部氛围影响。制度环境随着时间的推移而不断变化，具有一定的动态性。特别是随着市场化体制改革的推进和旅游产业的发展，制度及其变迁与酒店业生存发展的关系变得更加密切。已有研究表明正式制度影响酒店自身业绩、影响酒店跨地区整合战略的合法性；也有研究指出非正式制度影响酒店交易成本。但上述研究多关注制度本身，鲜少关注制度变迁情境下酒店企业的经营行为和组织反应。尤其是当前中国绝大多数酒店企业在外部变迁冲击和内部变迁失灵的夹击下经营发展逆市，步履维艰。鉴于此，有必要从酒店制度变迁涉及的外部正式制度、内部正式制度、外部非正式制度和内部非正式制度四方面进行深入讨论。

2.2.2 动态能力

动态能力理论作为酒店战略管理领域的重要研究内容之一，是指企业通过环境扫描发现机会并据此对内、外部资源不断进行整合和重构，从而形成持久、快速适应环境变化的能力。以往研究多强调异质性资源和核心能力是企业成长的基础，也有研究揭示出酒店变革成本、财务困难、缺乏资源、员工阻挠等是阻碍酒店发展的主要因素。但是这些研究存在两个缺口。

第一，在快速变化环境下主要以产品架构和操作常规两种视角来分析动态能力对竞争优势的影响，虽关注到动态能力的作用机制，但对其构建机制讨论还相对不足，尤其忽视了动态能力推动者形成的内在微观机理以及指导组织集体行为的过程机制。事实上，高层管理者其认知结构、价值观和洞察力会对管理决策产生影响，从而影响企业的竞争行为。尽管李晓燕和毛基业等人以制造业企业为例，提出了感知能力、决策能力和改变基础资源能力三个维度，但酒店业有别于其他行业，一方面，生产者或服务者需直接与消费者接触，以提高顾客价值为核心，进行不断的服务创新，获取核心竞争优势。另一方面，酒店业与社区的联系紧密，需协调多方面的利益相关者，包括政府、社区、股东、非营利组织、员工等，形成复杂的利益相关者关系；在此条件下，酒店通过整合异质性资源来实现竞争优势的难度更大，环境动态把控和不确定性的决策更具挑战性，因此有必要从企业家视角深层次探究酒店业自身动态能力构建机制。

第二，以往研究都是基于动态能力概念进行假定，即认为动态能力是企业在对资源不断进行整合和重构的过程中形成的一种持久的、能够快速适应环境变化的能力（张贤明、崔珊珊，2017；李宏贵、曹迎迎、杜运周，2018），忽视了情境对动态能力的限制。事实上，敌对环境下的酒店战略决策和动态能力的构建对企业生存有着重要影响，需进一步探讨其作用机制。

2.2.3 分析框架

制度环境作为影响酒店存续的关键因素，影响其行动与发展。一方面，制度环境变迁具有超前性，在企业不具备相应的主体能力时，制度本身由松变紧，限制原有的经营行为；另一方面，酒店如若不全面考虑制度环境变迁的具体情境，可能会因为变革速度过快或幅度过大而面临风险失控。如果上述难题得不到解决，就会导致制度环境要求与企业的实际生态位错位，影响组织存续。而企业动态能力是维持、提升和创造动态竞争优势的战略前提，为酒店克服能力刚性、抵御敌对逆境、持续改进和系统更新自身能力提供了保障机制，使制度环境变迁从难以识别变化到有效把控发展趋势演化即时调整，进而减少不确定性风险。而企业家是酒店持续成长的关键代理人，通过扫描环境识别制度环境感知来反映制度环境，体现警觉性和洞察力，并且利用决策逻辑评估当前实际情况与期望水平的差距来决定后续的行为选择。更重要的是，动态能力嵌套在企业的组织流程中，当企业所处环境变化时，企业家会激活隐藏在企业组织流程中的动态能力，剥离那些不适应动态复杂变化环境的冗余资源，重组企业优质内、外环境资源，吸收和整合以抵御制度逆境。

因此，本研究认为在企业发展进程中，企业家对未来机会的洞察和把握，对环境因素的感知和实时决策，有利于企业构建核心能力，扭转能力缺失的劣势，抢占市场制高点。但企业动态能力的形成是一个连续的过程，要想全面理解动态能力构成机制，就必须考虑管理者微观变化机理，承认其适配机制在企业能力生成过程中的作用。尽管李晓燕和毛基业等人从动态能力微观基础进行识别，提出了感知能力、决策能力和改变基础资源能力等三个维度，但该研究在理论探索方面还相对薄弱。在此基础上，李彬等人探索了酒店业动态能力影响组织操作常规的作用机制，更加完善了理论框架，但未能针对特定情境揭示出动态能力构建的前因变量和驱动因素。事实上，持续的制度环境变迁给酒店带来前所未有的挑战，对解读动态能力的感知、决策和改变基础资源有着直接的影响，是揭示动态能力与环境条件匹配的关键路径，更好地透视酒店动态能力转型特征，更贴近环境复杂性要求，所以深入挖掘制度环境变迁对动态能力生成机制的影响作用具有深远的理论意义与实践启示。鉴于此，提出制度环境变迁下酒店如何构建动态能力的研究框架，从感知、决策和改变基础资源维度进行分析和解构，以期更加完善动态能力维度框架。具体而言，感知能力可以确认制度环境变迁带来客源结构的变化与不确定性，为酒店战略调整提供依据。决策能力可以为酒店制定政策，及时采取行动提供变革保障。改变基础资源能力可以改变酒店原有的管理模式和整合重组资源，创新企业竞争力，同时支持感知能力和决策能力的发展。动态能力的三个维度在企业发展过程中需要匹配合适运营模式，克服障碍，从而有效实现动态能力的促进作用。

2.3 本章研究设计

2.3.1 研究方法

现有关于制度环境变迁下的酒店如何构建动态能力的演化过程和演化机理，还比较欠缺，也尚未有较为成熟或成型的理论框架，因此本研究属于理论建构式探索研究。考虑到具体的研究情境与酒店实际情况，且本章问题属于"怎么样"和"为什么"的问题，因此案例研究是符合本研究目的的研究方法。其合理性在于：

首先，制度环境变迁、动态能力在酒店管理学界的发展仍处于探索阶段，属于管理实践中的新现象和新问题，通过探索式单案例研究方法挖掘出新观点与新规律，可以更好地回答上述研究问题。

其次，制度环境变迁属于情境研究，已有文献难以回答和揭示研究问题的"黑箱"，需从过程情境深入分析，揭示现象特征和本质。案例研究在展示动态过程方面具有优势，能深入揭示变化特征和发展脉络，是探讨情境化研究较为合适的研究方法。

最后，主要围绕动态能力的作用进行研究，已有文献做出有益探索，并且多通过案例研究形成理论创新，鉴于本章是为了填补制度变迁下的情境研究，旨在探索理论模型而不是验证理论模型，适用案例研究。其中单案例研究能够更为深入地剖析案例，更适合提炼出可以解释复杂现象的理论，捕捉管理实践中的新规律，所以本研究选择单案例研究方法。

2.3.2 案例选择

本研究根据理论抽样选择东莞美思威尔顿酒店作为案例研究对象。具体地，结合许晖等研究观点，案例选择理由如下：

（1）行业典型性。东莞地区的酒店具有鲜明的制度印痕，不仅受到"三来一补"等正式制度、媒体宣传等非正式制度的深刻影响，而且酒店内生制度变迁同样困扰其发展，甚至导致个别高星级酒店被摘星。相反，东莞美思威尔顿酒店却依旧取得良好的业绩，不仅携程网评分由2014年的4.5增长到2019年的4.9，连续雄居东莞酒店业榜首，而且业绩逐年攀升，对国内酒店企业摆脱困境颇有借鉴意义，具有很高的研究价值。

（2）匹配性。美思威尔顿酒店的前身东方索菲特酒店位于东莞虎门镇，于2010年由黄河集团投资创建，创立之初由法国雅高集团代为管理，然而同期国家相关政策颁布、突发制度变化，让酒店业绩一度面临较强的短期压力；2013年6月，酒店正式更名为虎门美思威尔顿酒店，7月挂牌五星级酒店；2014年11月徐兵先生任职酒店总经理；2015年美思威尔顿酒店首次盈利；2018年酒店业绩突破历史新高，连续4年实现盈利。也就是说，这一发展过程的演进变化和阶段差异为探索和提炼理论创造了条件，有利于更翔实地呈现本研究问题。

（3）数据可获得性。研究团队长期关注美思威尔顿酒店，并从2018年开始多次赴东莞开展实地调研，收集了大量资料，为本研究奠定了可靠而扎实的数据基础，与此同时也为本研究的信度和效度控制以及理论饱和度检验提供了保障。因此，基于研究问题，美思威尔顿酒店具有极端性与启发性，是本案例研究的合适对象，切合酒店面对制度环境变迁的案例要求。

2.3.3 数据收集

为了更好地保证数据的信度和效度，根据学者Yin的案例研究原则，研究团队基于信度、内在效度、外在效度、建构效度四个质量评价标准对本研究进行控制和检验。为保证资料收集的客观性、调查结果的真实性、执行方案的可行性，研究团队成员在调研之前设计了调研方案计划书，并与酒店对接人员反复商讨，达成一致意见，才正式展开本研究的调研工作。

团队2018年开始关注美思威尔顿酒店，先后进行了3次调研，为期6个月。为保证资料收集的客观性和调查结果的可靠性，团队多渠道搜集数据资料。资料收集来源分别包括：①档案资料。在调研过程中得到美思威尔顿酒店总经理的大力支持，工作人员提供了酒店组织结构图、酒店员工薪酬结构图等文件和图片资料。②网络资料。通过携程、美团和去哪儿网进行筛选，抓取客户信息评价等数据。③访谈资料。这是研究最重要的素材，团队进行了三个阶段的访

表2-1 调研访谈内容与人员

序号	职位	访谈次数	访谈时长	访谈内容
No.1	总经理	3	3h	a.酒店动态能力构建发展历程；b.酒店在不同制度环境下的实施效果；c.酒店各部门在制度环境变迁影响下的战略出现的问题、不足和解决措施。
No.2	餐厅部经理	3	2h	a.酒店餐厅部门在制度环境变迁影响下的战略出现的问题与不足；b.酒店动态能力构建的内在逻辑等；c.餐厅部门的绩效考核和营运收入等情况。
No.3	市场部经理	3	2h	a.酒店市场部门在制度环境变迁影响下的战略出现的问题与不足；b.酒店动态能力构建的内在逻辑等；c.市场部门的绩效考核和营运收入等情况。
No.4	前厅部经理	3	2h	a.酒店前厅部门在制度环境变迁影响下的战略出现的问题与不足；b.酒店动态能力构建的内在逻辑等；c.前厅部门的绩效考核和营运收入等情况。
No.5	人事部经理	3	2h	a.酒店各部门反馈至人事部的战略出现的问题与不足，以及人事部出现的问题与不足；b.酒店动态能力构建的内在逻辑等；c.各部门的绩效考核等情况。
No.6	员工A	2	1h	a.个人工作流程与要求变化等情况；b.薪酬、福利、工作满意度等情况；c.酒店动态能力构建的路径与措施等情况。
No.7	员工B	2	1h	a.个人工作流程与要求变化等情况；b.薪酬、福利、工作满意度等情况；c.酒店动态能力构建的路径与措施等情况。

谈。第一阶段，针对主要管理团队进行开放式访谈，即不设定具体研究问题，具体了解酒店在制度环境变迁下动态能力建构的措施、发展过程和经营绩效；第二阶段，半结构化访谈，主要针对第一阶段的疑问进行补充调研，其中针对酒店各部门动态能力的问题则采用追问的方式进行深入挖掘；第三阶段，结构化访谈为主，新一轮的补充调研，完善调研资料，每次访问保证至少5名成员参加，2人主问，2人辅问，同时保证有3人记录访谈内容，并相互进行校对，访谈内容全程录音。在此过程中，研究团队与酒店人员建立微信群，进一步确认原始数据，避免模糊或定义不清数据问题出现，保证数据质量。此外，研究团队将收集的资料书写成文交回酒店，进行修正与补漏，以保证对案例描述的正确性。

2.4 数据编码与分析

借鉴尚航标等研究编码方法使所有成员对本研究有整体概念，而后要求所有成员仔细阅读制度环境和动态能力等经典文献，共同讨论文中所涉及构念的内涵、维度等。为了提高理论效度，降低编码过程中的个体主观因素影响，研究团队通过不同身份的多类型研究者在研究分析过程中严格执行获取原始资料、提取相关构念、建构范畴、形成逻辑联结、初步构建理论进行编码过程，对于编码过程、概念、范畴以及理论分析等研究问题进行相互论证。具体而言，首先，对初始资料进行逐字逐句的阅读和分解，然后对整理的资料"贴标签"，并通过多次比较，将其进行归类，概括初始概念，形成一阶编码；其次，基于以往文献及其相关理论指引，在一级编码的基础上挖掘各编码间的差异、联系和潜在逻辑关系并进行归纳和总结，得出二级编码；最后，采用"驱动因素—行动—行动结果"逻辑进行理论化整合，并与已有理论进行对接和比较，提炼出核心构念进而形成理论架构。

在开放式编码、选择性编码和理论编码的三阶段编码过程中，由团队6位成员，分成三组背对背编码，然后本团队其他成员根据研究编码结果表决支持或反对。若赞成，则对所提观点进行完善补充；若反对，则不断验证区分每个编码及基于编码形成的类属之间的边界，推进概念化的过程，进行新一轮修正，直至达成统一。最后将统一的编码和资料结果分别交给美思威尔顿酒店领导（业界专家）和相关领域教授（学界专家）进行验证，针对不符合实际或者存有疑问的编码进行再次校验与修正，直至意见完全统一，保证数据编码的严谨度和有效性。根据案例研究策略，团队成员采取"数据→关系→框架"之间的重复多次迭代，强化理论框架对现象的解释力，并且明确新理论框架的创新性和合理性（见图2-1）。

2.5　案例分析

2.5.1　外部正式制度环境变迁下动态能力构建

国家或社会层面的正式法律法规以及政府行政部门是构成制度情境的主体之一。酒店所在的外部正式制度环境变迁改变酒店行为，并最终影响到组织经营绩效。因此酒店管理者亟需改变自身固有动态能力以改善当前窘境，拓展业务自由度。东莞外部正式制度经历了剧变，外部制度环境的剧烈变迁是东莞酒店行业结构性改变的根本影响因素。相关制度连续颁布使得东莞酒店快速陷入短期震荡局面。尽管从社会和政治角度看，这些制度的颁布非常必要也是顺应时代的，为酒店行业长期健康发展奠定了社会、文化、政治基础，但从经济角度来看，这些制度直接影响了东莞酒店行业的经营业绩。但是，制度的变迁终究会从无序走向有序。国家性质外部制度的变化是地方及企业自身内、外部制度变迁的主因。外部正式制度影响下的动态能力响应包括以下三个方面：

（1）感知能力。感知能力是动态能力对组织变革作用过程的第一步。从访谈资料中发现，酒店的外部制度感知能力来源于：①主动搜索。2013—2014年东莞酒店业因国家上述政策、规定的相继出台，导致东莞外来务工人口降低，人力成本上升，来往洽谈业务的商务人士交流减少，从而导致本地工厂以及酒店周边产业链加快消失。在国家政府和地方政府双重正式制度环境影响下，改变了酒店原本相对固定的客源结构，影响了酒店业绩。"酒店与虎门行业伙伴、协会同仁们等都明显感受到业务订单不正常，大批量的商务订单和旅行团订单被取消，因而意识到酒店外部正式制度带来的影响"（No.1）。

表2-2　案例分析编码举例

构念	测量变量	引用句举例
制度环境变迁	外部正式制度环境	"国家八项规定、六项禁令相继出台，对行业冲击很大。"（No.1） "东莞政府扫黄和地方产业升级等政策给本地服务业沉重的一击。"（No.7）
	外部非正式制度环境	"媒体的大肆宣传、互联网信息的愈发透明化，使东莞酒店业的负面信息被毫无保留地暴露出来。"（No.1） "社区居民会因为酒店的负面，降低认同感，周围商户也埋怨自身生意受到影响，对酒店员工有抵触情绪。"（No.5）
	内部正式制度环境	"组织臃肿，人员众多，酒店运转机制安排极不合理，甚至出现同班次同岗位严重重叠，隔班次岗位短缺导致工作无法开展的情况发生，以至于酒店日常基础工作执行质量难以保障。"（No.7） "酒店原先奖惩机制不完善，无法激励和约束员工行为。"（No.4）
	内部非正式制度环境	"原有的领导出门开会，都讲究排场，需要员工都出门欢送，酒店官僚气息严重。"（No.1） "个别部门形成小团体利益，构建成上下级、员工之间固有的利益社会网络，严重影响酒店员工关系和工作氛围，以致部分员工消极工作，增加员工流动率。"（No.7）
动态能力	感知能力	"东莞的酒店因为负面新闻暴增，订单持续减少，特别是OTA客户。"（No.3） "小利益团体会阻碍酒店运营效率。"（No.7）
	决策能力	"酒店要走出去，不能把客户局限于本地或者想来的客户，我们应该制定合理的策略去外地招揽客户。"（No.3） "领导意识到内部制度环境的不断变迁使组织原有的战略结构、人员组成与新的酒店制度逻辑产生不适应，具有威胁与挑战，从而分部门实行渐进式变革模式。"（No.5）
	改变基础资源能力	"员工上街发问卷，根据市场分析独创小火锅，固定工作量，限定用餐人数，巧用噱头，开业三个月以来，仅团购都3000份了。"（No.2） "2012年酒店仅中餐厅便设编245人，中餐厅划分为11个部门，种类繁杂。在调整人力成本后，2019年中餐厅设编仅77人。"（No.2） "这一举措使得双方能够加深了解，也促使酒店整体文化氛围和当地社区民居相契合，既增强酒店的品牌和文化软实力，又成为当地居民愿意帮忙宣传的地标和文化符号。"（No.5）

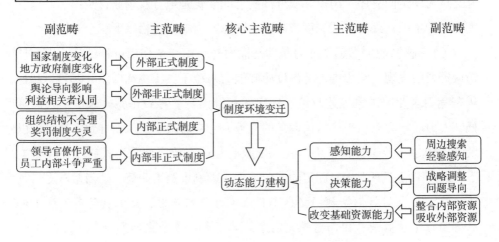

图2-1　案例分析

②经验感知。在当前酒店行业的大环境下，管理者发现自身原有产品、业务布局的战略行为难以满足当今市场的需求，须及时进行新的战略模式调整，以适应外部正式制度环境。另外，发现大量退单现象，尤其政府退单格外突出，导致酒店现金流吃紧，从而反馈给上级领导。

（2）决策能力。及时制定客户导向的决策是动态能力的重要组成部分。具体而言，管理者会根据自身对于当前政策信息的理解和市场反应，借鉴之前的认知结构做出相应的战略调整。同时结合原有的决策模式，对决策产出以及不同决策优劣顺序的偏好进行战略选择与布局。在问题导向上，重视会员。为增加企业长期利润，降低由于政府退单造成的损失，重点交叉营销会员和老客户，以更加优惠的活动刺激会员和老客户消费；在战略调整上，制定"走出去战略"。由于原有政策红利的消失，当地政府客户以及外来商务客户骤减，针对当前酒店的客源结合自身区位禀赋，酒店目光不再局限于东莞本土市场，而是放眼周边甚至国内大城市，依托广交会和高交会两个重要节事活动，使销售团队成员纷纷走出去，积极拓宽客源。

（3）改变基础资源能力。改变基础资源是指整合、重新配置、创造和扩大资源以应对环境变化。也就是说，改变基础资源能力是酒店业通过改变资源基础将潜质兑现为收益的能力。主要可从内部整合和外部调整：

外部：酒店实行多元化发展，不依赖某一个营收点，而是集中优势优化结构，针对不同类型的客人提供与客户匹配的服务。会议需求大，就以客房和餐饮为辅助；客房需求大，就以会议和餐饮为辅助等。具体而言，开拓新的业务。一方面，"2015年以前，酒店的主要业务是政府部门和旅行社，在2015年之后酒店不断扩大自身会议市场，与时下众多的微商会议、化妆品直销会议、保健会议、养生会议做洽谈"（No.3）。另一方面，餐饮作为酒店重要营收手段之一，"餐饮部门就会实时派员工发放问卷，调研客户的需求变化，尝试创新并以此为依据进行决策"（No.2）。酒店积极应对客户需求，会适时为客户提供近似定制化的服务。一方面，"维护老客户关系，加强产品捆绑，加强与老客户互动，产生转介绍业务"（No.5），"我们会及时整理老客户资料，形成客史档案，实时了解客户最新个性化需求"（No.5）；另一方面，"针对客户结构的改变，调整客房装修，酒店将原有的大床房部分改造成标双房，以满足会议客户的住房要求"（No.7），"商务会议客人28元的午餐让客户减少决策成本，客户可以充分利用会议时间且餐饮支出成本较低"（No.1）。

内部：（1）加强组织与员工学习，提升员工动态能力以便有效应对风险。具体而言，酒店抛弃了常规由培训部门一把抓的做法，让专业的人做专业的事，形成了从上至下、从管理到技能、从思维到执行力，建立了系统的培训管理流程及模式。酒店高管负责培训中层，宣贯管理理念，提高管理技能；中层负责部门员工培训，提升员工在销售、服务等方面的知识。以个人能力提升为抓手，嵌入高效的运营模式，促进竞争力提升。

（2）调整运营成本。自国家相关政策实施以后，酒店再也无法对成本问题视而不见。餐饮始终是星级酒店的标配，但是高额餐饮收入背后暗藏的是餐饮经营利润普遍不高的行业痛点。"餐饮最主要的成本来自高额的人工成本，高额的人工成本再溯源是餐饮的人力结构不科学。2012年酒店仅中餐厅便设编245人，中餐厅划分为11个部门，种类繁杂。在调整人力成本后，2019年中餐厅设编仅77人。"（No.2）

（3）激发员工主体性，提升员工竞争意识。酒店突破以往的固定销售班底模式，全新打造三支相互竞争的销售团队，激发员工斗志。同时酒店实行全员销售。"酒店的每一个员工，包括食堂阿姨和保洁都在销售酒店产品，到门店或前厅的客户销售业绩不归销售部所有"（No.2），并阶段性召集管理层人员头脑风暴，复盘市场分析和经营决策，检视内部运营流程。各级管理人员在各管理岗位同样利用此等方法，所以酒店总能够准确把握市场，保证客源充足且多为高价值客源。

2.5.2 外部非正式制度环境变迁下动态能力构建

非正式制度是指社会共享的不成文、非政府强制执行的规则，主要包括行为规范、传统习俗以及人们普遍接受的行为准则等（曾国军、李浩铭、杨学儒，2020；许晖、张海军、冯永春，2018）。非正式制度会成为正式制度重要的补充或替代机制。行业中隐性的知识、关系与文化作为一种非正式制度，已经成为人们普遍接受的价值观和行为准则，是维持行业秩序的重要规范（曾国军、李浩铭、杨学儒，2020；蔡晓梅、刘美新，2016），同时对企业的经营行为具有较高的约束性。东莞外部非正式制度的快速变迁，先切断了官员的不正风气，后切断了非正常的商业利益链，掀翻了东莞酒店行业"人构建环境、人决定环境"的隐形保护伞，断绝了潜藏在东莞制度层面下的"社会道义"，扭转了"解决了人就解决了事"的不良观念。外部非正式制度影响下的动态能力响应包括以下三个方面。

（1）感知能力。酒店的感知能力来源于其对外部环境的实时扫描，包括：①主动搜索。东莞扫黄爆发之后，一时间成为众矢之的，东莞酒店受到中国传统文化道德的无差别谴责，酒店行业被贴上黄色产业的标签，虽然有失偏颇，但却是长久管理不力的必然结果。"媒体的大肆宣传、互联网信息的愈发透明化，使东莞酒店业的负面信息被毫无保留地暴露出来"（No.1），甚至过度放大或偏离，也正是如此，美思威尔顿酒店业绩同样受到影响。②经验感知。由于制度的缺失，部分东莞人抓住了国家制度的漏洞，获得巨额财富，这些暴富的人当中大多选择了投资酒店，成为东莞豪华酒店的"地方精英"，从而导致酒店数量快速增长、市场竞争加剧，快速扩张但欠缺合理的布局致使客源重叠、服务质量参差不齐。由于市场竞争过于激烈，且东莞酒店市场曾经的隐性灰色收入来源被取缔，旱涝保收的行业环境不复存在，社区居民、周围商户生产与生活受到影响，道德合法性降低，认同感受到破坏。在这一背景下，美思威尔顿酒店强化了环境扫描，感知到外部环境变化，意识到必须在关注经营发展的同时重视外部社会责任与形象。

（2）决策能力。当东莞酒店市场环境日趋恶劣，所有酒店都不可避免地被放到聚光灯下。其一（问题导向），美思威尔顿酒店管理层清醒地认识到酒店外部社会结构和社区居民认知的重要性，尤其急需解决和改善周围社区居民对于酒店行为的抵触。因为除去旅行者，当地居民也是酒店收入重要来源之一。其二（战略调整），链接产业上下游企业，听取意见，确定整改方向。酒店管理者意识到外部非正式制度变迁涉及各方利益相关者，使其利益受损且难以平衡，尤其损害客户、股东及合作伙伴等利益相关者创造价值的信心，必须重树企业品牌，打造良好的口碑。美思威尔顿酒店管理层果断决策，承担变革风险，更新基础资源能力以适应制度变迁。

（3）改变基础资源能力。为应对外部非正式制度环境变迁带来的不利影响，酒店做出了积极响应与科学调整。

对外沟通与形象塑造，由于其特殊性，必须要从较为宏观层面出发把控，所以总经理亲自牵头组织小而精的独立部门，抓重点、克难点。具体而言，①加强与周边社区的沟通。旨在化解隔阂，酒店加大了对于当地社区居民的雇佣，提高了本地社区员工在酒店员工中的比重，不仅有利于解决居民就业问题，更易发现自身在本地社会交往秩序过程中存在的不足以及认识到融入周边社区社会结构的障碍与阻隔；其次，鼓励员工参与志愿活动，使员工深入社区，通过本地员工链接社区与酒店，为双方互动提供了一个长期、频繁开展相互影响的共生环境，利于建立彼此间的信任，促进关系升级，同时加强员工与周围商户价值同创，一方面消减群体对酒店的隐性偏见，另一方面通过互动，让客户了解酒店企业文化，强化酒店经营的合法性。2014年之后，总经理召集酒店员工，每年定期到东莞养老院与孤儿院做慰问，送温暖。"酒店始终坚持凝心聚力帮助更多的人，承担更多的社会责任，这也是传播正能量的一个过程"（No.1）。②重视维护各方关系。舆论的不利导向，阻碍着东莞酒店行业发展的信心。美思威尔顿酒店长期积淀酒店文化，重视维护OTA、东莞酒店同行之间以及政府的关系。在OTA方面，长期跟进记录携程点评分，追根溯源地进行评论回复处理，极大程度上避免了客户恶意点评、OTA吹毛求疵。酒店积极主动地与OTA进行沟通，及时协力跟进、反馈客户需求。在行业方面，酒店力求成为中国五星级酒店的标杆，酒店总经理积极配合旅游协会，多次分享酒店经营经验，也曾两度协助饭店协会行业调研。在政府方面，正式制度的规制使得政府消费骤减，但是酒店始终保持与政府之间的良好的信息互通，用部分政府招商引资的客源补充曾经的本地政府客源。③模式创新。酒店客户源不再局限于高端客户，而是利用网红爆款，进行新型营销，提高酒店自身品牌形象，借助与普通客户互动，扩大品牌效应，做到联动营销。酒店不再简单的模仿，而是致力于整个东莞酒店的模式引领，提出让平常百姓进五星级酒店用餐，从而实现产品配套创新。酒店定期举办美食节加大宣传力度，既做到回馈老客户，又用"噱头"吸引新客户，增加客源人流量。进一步，针对不同层次的客户，酒店配备不同的餐饮，提供高档自助餐、翠苑酒楼中餐、江户日本料理和59楼网红小火锅等一系列产品。

对内需要从微观处做好每位客人的服务，提供兼具个性化与标准化的服务务。在服务品质上，发挥榜样力量，不断提高酒店员工的服务质量和服务技能。酒店加大对优秀员工的激励制度，设置经理级员工，员工晋升无天花板。以优秀员工的榜样力量激发员工主体能动性，同时也具有借鉴和警示作用。具体而言，美思威尔顿酒店安排优秀员工与新员工或者服务主动性较弱的员工建立师徒关系，通过师徒关系中的互动培养员工主体性，约束员工行为，不仅提高了员工的职业技能和道德修养，而且有利于酒店服务品质的提升；在资质方面，2015年酒店主动申请加入金钥匙协会。酒店希望通过加强协会和外界对自身的服务监督，提升服务技能，打造精致服务品质。

2.5.3　内部正式制度环境变迁下动态能力构建

企业内部制度是经营管理行为的规范要求，其设计和执行直接影响企业的业绩水平，应遵循经营管理发展规律，并转化为实际经营管理中的强大执行力。美思威尔顿酒店因原有内部制度逻辑混乱，阻碍酒店运营效率，长期未能实现盈利。酒店先后经历了两次内部制度变迁。第一次是推倒国外知名酒店集团的欠合理制度，重建自身制度。第二次是在2014年11月之后。"扫黄"制度的出台，让东莞酒店行业另一隐性固有客源群体瞬间瓦解，当地客源断崖式下跌。之前还处于适应原有外部制度变化的阶段，如果不能重新匹配剧变之下的市场与客源结构，酒店将无法生存。因此美思威尔顿酒店及时调整了内部制度以响应市场环境变化。内部正式制度影响下的动态能力响应包括以下三个方面。

（1）感知能力。其一，酒店的前身是东方索菲特酒店，原有经营管理的理念无法有效控制和管理本土酒店经营运转，导致业绩持续下降，内部制度更加无法保证企业生存。其二，组织结构冗杂，等级制度森严。"组织臃肿，人员众多，酒店运转机制安排极不合理，甚至出现同班次同岗位严重重叠，隔班次岗位短缺导致工作无法开展的情况发生，以至于酒店日常基础工作执行质量难以保障"（No.5）。其三，酒店内部制度流程不通畅，沟通障碍阻碍酒店运营效率。尤其遇见客户投诉情况时，问题无法一时解决。酒店高管感知到上下级沟通困难，各部门负责人汇报工作，甚至需要提前多日向总经理秘书预约，关键事项沟通不及时现象频发，非关键的文书岗位权力超限，工作流于形式。

（2）决策能力。企业制度是约束企业行为发展的指向针，是企业经营发展的重要基石。当企业制度无法保障经营发展的时候，应当立即反思和调整。领导者和组织者的思想应突破以往形成的惰性，形成创新意识。第一，总经理意识到内部制度环境的不断变迁威胁与挑战组织原有的战略结构与制度逻辑，使组织难以快速适应，因而分部门实行渐进式变革模式。第二，缩短沟通流程，加快运营效率。一方面管理者致力于将低效的组织通过制度改造提质增效；另一方面，明确个人职责，划分职责范围，通过制度的改变潜移默化地传达到企业内部，降低企业内部的沟通阻力。

（3）改变基础资源能力。在整合内部资源方面：第一，实行扁平化管理，简化工作流程，告别滞后模式。具体而言，美思威尔顿酒店的内部制度通过工作流程再造，重新梳理相匹配的人力结构，以战略人力资源管理理念和人力资源规划理念承接感知能力，进而对组织内部架构进行调整，提高能力，实现转变，并且"建立分权决策和参与制度，激发员工主体性和自我效能"（No.5）。加强部门合作，形成联动机制。酒店横向部门之间，简化部门流程，不再由各部门助理确认部门经理时间，而是直接沟通并掌握形势预判权。建立一套行之有效、各负其责、齐抓共管、协同配合的工作机制，不仅利于各部门内部交流，而且利于部门间流程体系的构建，以此提高组织运营效率。

第二，考核模式转变。"酒店不再由人力资源部门考核，而是由所属部门直接考核，部门经理负责，签保障书"（No.5）。部门负责人以专业的角度考核部门员工，年底各部门向人事部负责，上报人才考核情况与结果；人事部门向总经理负责，组织酒店人才盘点，根据考核情况将员工按"服务型人才"或"管理型人才"分类，并将信息录入人才库。"员工可由上级直接招聘但需要业绩担保，直属领导对所招聘人员的业绩负连带责任"（No.5）。

第三，重视中层，加快酒店运营效率。总经理重点选拔有能力、有担当的员工做企业中层后备，做好企业承上启下的工作，避免组织内部出现信息传导不畅、决策周期过长、市场掌控力差且反应滞后、管理模式无法适应环境快速变化等问题。这一举措有效改变及规范了酒店员工原有的工作思维惯式和不良行为，突破以往层次复杂、权力距离较远的组织架构，加强上下层级沟通，激发员工自主行为。

在吸收外部资源方面：由于酒店内部制度能力失灵，总经理明显发现由下属反馈的外部信息全面性差、反馈滞后，难以作为判断与决策依据，因此着重强调建设社会资本，借助外部力量完善内部正式制度的不足之处。美思威尔顿酒店经常性将下属反馈的情况和迈点、美团、大众点评等网站意见结合，寻找自身差距，同时将所有分散的难点与痛点集中整合并实施管理改善，效果提升显著。"美思威尔顿坚持月、季、年时刻对标头部酒店企业运营模式最优化动态变化，岗位调整对事不对人"（No.5）。

2.5.4 内部非正式制度环境变迁下动态能力构建

企业内部非正式制度是人与人、部门与部门在交往过程中逐渐形成或渗透在个人行为和思维惯式上的风俗习惯、伦理道德、宗教信仰、价值观等方面的非显性社会网络关系。内部非正式制度是企业不成文的规章制度，更加近似于企业文化和企业氛围的体现，由于是不成文的、没有具体参照的规章制度，酒店员工多依赖于模仿与主观感受。酒店领导、各部门负责人作为最佳参照对象以身作则，构建出酒店的内部非正式制度，企业家精神是最关键的影响因素。内部非正式制度影响下的动态能力响应包括以下三个方面：

（1）感知能力。2014年11月之后，总经理徐兵正式接管酒店，感受到酒店内部关系混乱，个别部门形成上下级、员工之间固有的利益网络，"个别员工会因不满部门利益而欺负或排挤其他员工"（No.5），以致部分员工消极工作甚至员工离职率不断攀升。其次，酒店原有企业文化氛围过于官僚化，"原有的领导出门开会，都讲究排场，需要员工都出门欢送"（No.1）。这样一来，既耽误工作效率，又影响工作风气，员工养成关注领导喜好、不关注服务与业绩提升的不良恶习。最后，酒店浪费行为严重。酒店原有的成本分散在各个经营环节中，由于工作职责不明确，在领用库存等环节控制不严谨，导致酒店成本开销过大，造成资源浪费。

（2）决策能力。首先，徐兵总经理决定重新建构酒店内部的组织气氛，改善原本隐性的非正式内部环境，必须明确酒店愿景、使命、社会形象以及企业文化，才能有方向地进行发展。其次，禁止酒店领导摆出高人一等的姿态，避免让员工产生难以接触的认知。最后，实现精细化管理。针对现状，酒店改变原有经营理念和办事风格，奉行"开源节流、提质增效"理念，健全各部门费用管控制度。

（3）改变基础资源能力。在整合内部资源方面：酒店积极打造属于自己组织的"人格"，用企业文化培养员工认同感与归属感，尽量杜绝同事之间发生不和谐事件。具体内容包括：①酒店构建组织氛围，员工在其中感知与学习，建立和谐关系。将"与人为善""感同身受"等极具中国文化的理念，注入企业文化和核心价值观，潜移默化影响员工行为。"徐总喜欢和大家聊聊天，吃饭时就不谈工作，而是分享具有企业文化凝聚力的故事给员工"（No.3）。酒店还增加团队建设活动。例如，"去年华阳湖做拓展，在拔河比赛中，让我们感受到了团队力量，也正是因为这种力量使我们酒店变得越来越好。"这一系列的措施有助于消除个体与个体、个体与团队、团队与团队之间的芥蒂，利于实现组织内部融合，避免人心涣散。②酒店提高员工福利，真心实意为员工解决难题。一方面不断提高员工福利待遇，"奖励员工带家人去61楼客用自助餐厅吃饭"（No.3）；另一方面，酒店积极了解员工生活中碰到的问题，并想办法解决。"酒店摒弃传统的官僚作风、做派，领导深入基层员工之中，积极询问生活与工作难题，经常换位思考，提供了很多思路"（No.5）。酒店用自身温度让员工改变原有的思想与行为，进而更好地为持续发展提供了坚实的组织支持。

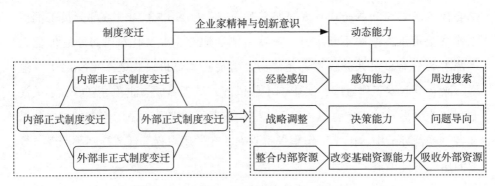

图2-2　制度环境变迁推动动态能力构建

在外部吸收资源能力方面：传承和创新社区文化是酒店可持续发展的重要方式，美思威尔顿酒店在重塑企业文化时注重吸收本土文化与周边社区文化，旨在通过组织人格和企业文化的参与，使社区居民更好地了解企业、企业使命、企业文化和企业经营理念。"这一举措使得双方能够加深了解，也促使酒店整体文化氛围和当地社区民居相契合，既增强酒店的品牌和文化软实力，又成为当地居民愿意帮忙宣传的地标和文化符号"（No.5）。

2.6 本章小结

本章针对中国酒店业的独特制度情境，发掘了较为成功、组织绩效突出且时间序列较长的美思威尔顿酒店案例，借助动态能力理论分析和揭示在制度环境变迁作用下动态能力响应和摆脱困境的过程和演化机理，剖析了制度环境变迁下酒店动态能力构建的不同发展状态和应对模式。研究发现：第一，制度环境变迁下的酒店业应根据不同的制度环境，结合自身发展特点，进行战略澄清与拆解，从而各个击破，构建适应性战略模式。第二，在酒店动态能力的构建过程中，企业家精神与创新意识是有条不紊进行的根本动力。美思威尔顿酒店变革的起点正是缘于徐兵总经理的企业家精神和敢于大刀阔斧的创新意识。这不仅能够确保企业内部转变的战略方向，而且帮助酒店在适应外部环境过程中实现了组织勘误，形成问题解决方案或重塑组织认知，为美思威尔顿酒店摆脱困境提供了坚实基础。第三，酒店面对制度环境的不断变迁，除了重构酒店自身内、外部资源和结构之外，还应重视各方利益相关者，解决社会问题，共同抵御冲击，推动企业持续成长。

理论贡献如下：首先，创新性地将酒店动态能力理论与制度环境变迁情境相结合，建构制度环境变迁下酒店如何进行动态能力构建的理论框架。这一举措不仅有助于将国际前沿酒店管理知识与本土酒店业所处实际制度环境相结合，而且贡献了动态能力研究中情境化的知识。其次，援引动态能力理论，从酒店管理者的视角解读了制度环境变迁推动酒店组织运营的作用机理，揭示出酒店动态能力构建的前因变量和驱动因素，演绎了动态能力推动者形成的内在微观机理和指导组织集体行为的过程机制。最后，以动态视角深入剖析酒店在不同的制度环境变迁作用下实现酒店持续成长的模式匹配和路径，既回应了Harrington等阐述的动态能力是酒店战略管理的理论基础，又进一步拓宽了感知能力、决策能力和改变基础资源能力三个维度动态能力的研究框架，从而丰富了动态能力的研究视角。

制度环境与酒店业自身的发展密不可分。制度环境变迁给酒店业市场定位、营销渠道、业务战略、人力成本结构带来了巨大转变，使原本处于业绩颓势的酒店业更加雪上加霜。鉴于此，企业家的视角系统地讨论了这一现实情境，提供几点启示供酒店业参考。首先，酒店业应重视其经营行为与制度环境之间的关系，根据不同的制度环境和自身发展特点，结合酒店自身优势采取针对性建构组织模式，从而各个击破，实现酒店持续发展。与此同时，酒店业也应重视各方利益相关者协同发展。利益相关者各方相互影响和相互依赖形成更好地匹配制度环境下的组织模式，以提升自身竞争力。其次，酒店业在制度环境变迁冲击下摆脱困境，有赖于动态能力所建构的作用机制。管理者的企业家精神与创新精神是动态能力发展的重要源泉。面对不同制度变迁的具体情境，管理者不是依赖以往惯常的思维范式与企业行为，而是应该积极主动分析市场，实时进行模式调整以应对挑战。

此研究仍然存在三方面不足。第一，此项研究采用单案例研究对具体情境进行了较为系统的探求，但研究对象的单一性依然是此项研究无法避免的局限。因此，未来研究可以发展此项研究提出构念用定量或多案例研究方法进行实证检验。第二，讨论制度环境变迁影响下酒店构建动态能力在理论与研究范式上还处于探索阶段，所以本研究必然存在理论解释不全面或相关细节不完善、未能完全揭示的瑕疵。因此在未来的研究可借助跨企业或跨地区调研，以增强结论对酒店管理启示的普适性。第三，此项研究针对不同制度环境变迁，阐释了不同动态能力构建模式的应对措施，但是外生环境变迁与内生环境变迁在一定程度上是互动的或者是多重互动共同作用于酒店发展，则缺乏探讨。因此，未来研究可以围绕对多重互动共同作用的管理展开，探究动态能力的战略匹配问题，进一步发展研究。

〖第3章〗

白天鹅如何搭建数据中台：基于动态能力视角的案例研究

3.1　本章背景与研究问题

随着数字技术的快速发展，许多企业开展数字化转型以实现资源共享、能力重构，从而提高企业的竞争能力。新冠肺炎疫情的影响则让企业的数字化转型需求更加迫切。特别是对酒店企业而言，新冠肺炎疫情让酒店客源减少，也让人力成本浪费增加。酒店企业迫切需要基于数据分析能力的组织变革，实现运营升级，以降低成本并提高效率。然而，50%的酒店企业经营者与经理人都无法获得及时、完整的经营数据，更有90%的酒店人不会使用已经呈现的数据。提升数据识别和整合分析能力是企业经营决策科学化的关键。

酒店业虽然很早就实现了信息化，但目前大多数的酒店企业所使用的信息系统都来自第三方，而这些第三方系统虽然能保障酒店运行，但其系统间数据难以连接。由于酒店数据分布于前台和后台两种架构之中，数据大多掌握在后台的手中，当前台需要基于数据做出决策时，只能通过后台获取数据，然而后台对业务了解不足，数据的敏感性也就较差。这就造成了前台依赖经验进行决策，后台数据难以支撑业务的断裂现象。因此酒店企业急需设置中台组织架构，并建立起一套能够连接前、后台的数据中台。数据中台对企业有着显著的增益，是其实现数字化转型的催化剂。

不过投资建设数据中台对企业来说并不总是有效的，数据中台只是企业开发新服务和数字能力的基本组成部分，只有将数据中台嵌入组织能力，让数据中台能够真正地为企业服务，才能实现创新目标。目前诸多文献都强调了动态能力在数字化中的重要程度，认为动态能力有助于企业的数字化转型。动态能力是指企业在面对环境变化时，识别机会并重组资源以发展自身的能力。数字技术蓬勃发展的背景下，商业环境本就更为动态复杂，发展数据驱动的动态能力是企业应对快速变化的环境、构建竞争优势、战胜竞争对手的重要手段。

酒店企业如何才能构建数据中台？在这个过程中需要哪些动态能力？这些能力是如何相互作用？现有关于企业数字化问题的文献，少有专门探讨数据中台搭建的研究。而且，现存文献多数关注互联网企业和传统制造企业，而传统服务业作为国民经济的重要产业却少有研究，酒店业正是数字化水平落后、转型需求迫切的传统服务业代表。已有数字化动态能力的研究大多关注数字化后的结果能力，缺乏对数字化过程，即数据中台搭建过程中动态能力的关注。因此，此研究以白天鹅宾馆为例，从动态能力这一理论视角入手，深入解析数字化转型背景下酒店企业数据中台的构建流程，具体包括"酒店如何搭建数据中台""酒店数据中台动态能力是如何形成的""酒店数据中台动态能力是什么及彼此之间如何相互作用"三个问题，尝试归纳酒店企业数据中台动态能力的形成过程和内在机制。研究结论有助于从动态能力角度出发，探明酒店数据中台动态能力的形成机制与关系，也对酒店建立行之有效的数据中台有着实践指导意义。

3.2　文献综述

3.2.1　动态能力

动态能力最早由Teece提出，被认为是企业在面对环境变化时，识别机会并整合重组资源以发展自身的能力，而且，动态能力是模糊的、独特的、难以模仿。但Eisenhardt和Martin（2000）则认为动态能力是由一系列简单、可识别的战略流程组成的，是可以跨越企业进行复制和模仿的，容易被替代。这两种对动态能力的主流见解虽然有差别，但并不矛盾，因为它们适用于不同情景。在环境变化有限的行业和市场中，Teece描述的动态能力就更适用，而在高度变化的市场中，Eisenhardt和Martin（2000）的观点则更贴合。

动态能力提出后，Teece对动态能力进行了三维度划分，即感知能力、获取能力、重构能力。感知能力是指通过分析系统（或个人能力）来识别、辨析出机会与威胁的能力；获取能力是指在明确机会与威胁的基础上，通过调动资源、实现价值、塑造市场以满足企业需求的能力；重构能力是指企业持续调整具体有形和无形资源，从而持续有效管理变革带来的冲突的能力。随后许多学者也基于不同情景和主体对动态能力的维度进行了研究。在数字化情境下，企业内部的数字动态能力包括知识开发能力、风险管理能力、营销能力，合作组织则主要构建了合作创新能力和协同变革能力。在酒店惯常情境下，动态能力可以根据外部环境和内部运营，分为创业性适配能力和技术性适配能力。但尚未有文献识别酒店数字化动态能力。

　　Teece在提出三种动态能力时，还指出三类能力之间存在明显的相互作用关系，这种观点在不同的研究情景中得到了验证。比如制造供应链的18种能力可以被分为感知、获取和重构三种动态能力，且它们之间存在因果关系，如领导力（感知和获取能力的一种）对创新（重构能力的一种）有着重要贡献，公司文化（获取能力）可以通过促进技能发展（获取能力），进而影响合作（重构能力）。而在跨国公司中，重构能力有利于提高感知和把握新机会的能力。波兰471家公司的数据表明，动态能力发展过程中的五项活动，即寻找机会、知识管理和学习、协调、资源配置和重组、组织适应，是相互关联的，通过相互作用和耦合，对企业绩效产生积极影响。可以认为动态能力间存在关系，但学者们多将动态能力当作不同的阶段来进行分析，却较少探究其是如何发展和相互作用的。少量研究对其关系进行过简单的阐述，比如企业获取机会和重置战略的能力，反过来可以为企业提供创新威胁和机会的预警信号，提升感知能力。感知能力是数据驱动的动态能力作用机制发挥的前提条件，为后续获取能力和重构能力发挥作用提供基础数据支持。然而，学者们并未对此关系进行深入探究。探明动态能力间的关系有助于厘清动态能力内部间作用机制。

3.2.2　数据中台

　　中台这一架构最先是在互联网公司率先使用，在互联网企业中，中台是"由业务中台和数据中台构建起数据闭环的运营系统，实现以数字化资产的形态构建企业核心差异化竞争力"；前台是用户直接使用的产品，后台是支持前台的各个系统。中台的作用在于连接前台，整合后台。

　　可以认为，前台的核心是对客，后台是支持，中台则是连接，按照这个核心，可以得到酒店的前、中、后台概念。前台主要指的是直接对客的前厅、客房、餐厅三大一线部门，后台是财务和HR两大部门及各种业务支持系统，中台则是IT部及其建立的可以用以指导业务发展的数据中台系统。在传统的酒店"前台—后台"架构中，各个业务功能相对独立或者又高度重合，导致前台新的功能需求经常得不到及时的响应和处理，最终影响前台的运营。因此需要增加中台这一组织架构，并建立数据中台，将原先前台的功能分解，并将原后台涉及前台的功能进行合并，以更好地服务于前台，进而可以更好地服务用户，真正做到与用户需求的零距离。其中，建立的数据中台是战略工具和非物质化过程，有助于企业降低成本并增加收入。数据中台通过提供不同的技术元素（如软件和硬件设备）来支持业务运营，这些技术元素有助于降本增效，提高对外部环境的响应以及适应能力。可以看出，数据中台对企业有着显著的增益，是其实现数字化转型的催化剂。

3.2.3　数据中台与动态能力

投资建设数据中台对企业来说并不总是有效的，数据中台只是企业开发新服务和数字能力的基本组成部分，只有将数据中台嵌入组织能力，让数据中台能够真正地为企业服务，才能实现创新目标。

然而现有研究在讨论数字化和动态能力的关系时，关注的多是数字化实现后企业获得了怎样的动态能力。比如大数据驱动的运营、快速迭代与规则制定等交互下的研发决策机制转变带来了新的动态能力。但少有学者关注在数字化的过程中，特别是在数据中台搭建的过程中，企业需要哪些动态能力。

在动态能力的形成机制上，最早有学者认为动态能力是在重复实践、记录、不断学习并积累经验的过程中形成的。但后来的学者发现其形成机制因不同组织类型和情境而异。从组织学习的角度出发，企业在组织内部构建智力资本和组织学习文化，从而持续开发动态能力。从领导力的角度出发，高管被认为对发展动态能力至关重要。能力在有意、持续的企业特定战略决策和"干中学"的相关行为共同影响下不断发展。即企业的战略决策及相应的战略行为影响了能力形成。这一观点在后来学者的研究中，也可以得到验证。战略导向被发现能与组织结构交互作用，从而促进动态能力不断演化。例如数字商务战略对于组织重构能力的提升具有重要作用。由此可知，战略乃至于数字战略对动态能力形成的影响是十分确定的。而战略选择是企业经营理念的体现，能够决定企业行为，这种行为也可以看作是企业内部的资源配置，资源的重新配置会进一步影响动态能力的形成。

文献回顾发现现有研究存在以下三个研究缺口：其一，未回答酒店如何建立数据中台，以及前、中、后台组织分别承担了怎样的功能的问题。这有助于明确中台组织的作用，以及如何与前、后台互动；其二，在"战略—行为—能力"的战略框架下，数据中台战略如何指导数据中台的搭建，进而影响动态能力形成有待探明，这有助于打开数据中台搭建的黑箱；其三，现有学者已在多行业、多情境中讨论了数字化和动态能力的关系，但多数只关注了数字化后的结果能力，缺乏对数字化过程即数据中台搭建中的动态能力关注，仍需识别具体的动态能力有哪些。且多种动态能力之间是相关的，但现有案例研究还停留在单纯将其作为不同阶段的视角，缺乏对其相互间作用的探究，故不同能力具体如何对彼此发挥作用、发挥怎样的作用等方面的研究仍有待揭示。基于以上思考，此研究将动态能力视角下"数据中台战略—数据中台搭建行为"作为出发点，分析在数据中台战略指导下，酒店的数据中台搭建行为和动态能力，及动态能力彼此间相互作用的过程，同时认为，不仅行为会促进动态能力的形成，动态能力也会给予行为相应的支持与反馈。具体的理论框架如图3-1。

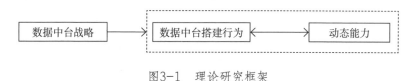

图3-1　理论研究框架

3.3　本章研究设计

3.3.1　研究方法

此研究使用探索型单案例研究方法，主要有以下三点原因：第一，此研究旨在探究酒店数据中台为何搭建？如何搭建？数据中台动态能力是什么？如何形成？有何关系？而探索型单案例研究的意义恰好在于回答"为什么"和"怎么样"的问题。第二，此研究期望从过程性视角讨论酒店数据中台搭建和动态能力，采用探索型案例研究方法，可以更好地从动态能力这一视角解析酒店数据中台搭建的过程，挖掘出其中的新规律。第三，单一案例研究能够深入、深度地揭示案例所对应现象的背景，以保证案例研究的可信度。由于不同酒店的数字化进展、数据中台模式都不同，因此深入探究一个酒店既能更好地体现酒店如何才能有效搭建数据中台，又能挖掘出数据中台搭建过程中动态能力的形成过程和相关关系。

3.3.2 案例选择

此研究选择广州白天鹅宾馆作为案例对象，主要理由如下：第一，白天鹅是全国知名酒店，也是中国第一家引入"PMS系统""收益管理体系"和"移动信息化"的酒店，进入数字化时代后，白天鹅更是建设了酒店数字智能化生态运营管理系统，该系统在提升服务效率和辅助管理决策上都有很好的帮助，因此认为白天鹅能够代表酒店行业目前较高的数字化水平。第二，白天鹅的数据中台搭建经历能够很好地匹配此研究的研究问题。白天鹅很早就实现了信息化，但使用的第三方系统之间并不连接，集团内部数据孤岛的效应日渐，且这些系统是十分标准化的，不能完全满足使用者的需求，于是白天鹅管理层从2018年开始思考如何借助数据中台进一步提高酒店的数字化水平，由此开启了数据中台的搭建。可以认为，白天鹅是从发现数字化不足到主动搭建数据中台的典型酒店，从中能识别到酒店数据中台搭建的全流程。第三，白天鹅的数据中台不是使用的外部企业的成熟产品，而是在借鉴外部技术的基础上自主搭建的，因此白天鹅在搭建过程中遭遇的挑战和应对策略有助于发现更多、更全面的信息，对广大面临数据中台搭建的酒店有示范效应。

由以上三点可知，白天鹅的数字化处于行业领先水平，数据中台搭建历程完整且全面，是十分具有代表性、典型性和启发性的案例。

3.3.3 数据收集与分析

数据主要通过半结构化访谈获得，研究团队共通过4次访谈收集数据：于2018年11月了解到白天鹅开始实施数据中台战略并开始第一次对白天鹅总经理进行预调研，以此为基础确定研究主题并设计研究方案；作者于2021年9月前往白天鹅进行了第一次实地调研，对白天鹅的总经理进行了访谈；作者于2022年3月再次前往白天鹅对其总经理和各部门的管理层进行了为期一天的实地访谈；两位成员于2022年4月对管理层进行了为期一天的补充访谈，由于疫情影响，该次访谈在线上进行。访谈转录资料累计17万余字。另外，还通过多渠道搜集了二手资料，综合书籍、网络报道等不同来源数据进行交叉验证与补充，最终形成了本次研究的数据库，详细情况如表3-1所示。

表3-1　数据来源

数据类型	数据编号	访谈对象	访谈内容/数据功能	描述性统计
半结构化访谈	A1	总经理	数字化历程 数字化战略	80min，转录文稿2.7万字
	A2	IT总监	数据中台介绍 建设历程、阶段 问题与困难	130min，转录文稿3.3万字
	A3	餐饮主管	餐饮工作介绍 数字化需求 平台使用	60min，转录文稿1.4万字
	A4	前厅主管	前厅工作介绍 数字化需求 平台使用	50min，转录文稿1.4万字
	A5	房务总监	客房工作介绍 数字化需求 平台使用	60min，转录文稿0.7万字
	A6	财务总监	酒店数据情况 数据中台介绍	70min，转录文稿1.7万字
	A7	财务经理	酒店数据情况 数据中台介绍	50min，转录文稿1.0万字
	A8	销售总监	销售工作介绍 数字化需求 平台使用	50min，转录文稿1.5万字
	A9	人力资源总监	数据中台建设	50min，转录文稿1.5万字
二手数据	B1	出版书籍	一手数据校验与补充	2本白天鹅的出版书籍
	B2	媒体采访	一手数据校验与补充	3篇白天鹅总经理的采访

　　数据分析阶段。首先，对数据库进行了格式化、叙述性精简。其次，根据显著性原则识别出数据中台搭建过程。然后，作者共同对数据中台战略、数据中台搭建行为与动态能力等变量进行概念化编码，以支持者或反对者角色扮演的讨论形式达成一致结论。在讨论中，对编码结果进行反复提炼、比较、验证及迭代。如果出现矛盾的观点则通过与受访者二次确认的方式进行争议处理，直到意见统一，以确保编码的信度和效度。最后，根据证据链指向建立"数据中台战略—数据中台搭建行为—动态能力"的分析框架，过程充分强调数据呈现、理论涌现和文献递归循环，以确保所示理论模型的合理性与创新性。

3.4　案例分析

白天鹅早在1985年就引进电脑管理系统，于1995年升级到全球知名的 Fedelio酒店管理系统，并在后来进行了多次更新：PMS系统使用了Opera，餐饮系统更换至Infrasys系统，后台选用了金蝶的ERR系统（B1）。虽然这些系统只是停留在信息化阶段，未进入真正的数字化，但可以从中看出白天鹅在信息化、数字化方面一直都有着较好的主动意识。

白天鹅于2021年6月开始搭建自有的数据中台——酒店数字智能化生态运营管理系统，这个系统能将所有第三方系统的数据整合，并根据使用需要将这些数据进行组合利用，在提升服务效率和辅助管理决策上都有很好的表现。最终，白天鹅在数据中台的搭建上取得了很好的成果。

3.4.1　数字化中台战略的确定

白天鹅搭建数据中台是一个自上而下的过程，即领导层先提出数据中台战略，接着各部门开展数字化工作。数字化技术和数字化业务两大战略是搭建数据中台和形成动态能力的前提条件和动力来源。

2018年，白天鹅管理层开始思考如何进一步提高酒店数字化水平，最后发现要将产生的数据利用起来，才能帮助酒店的经营，因此白天鹅的总经理率先做出了打造数据中台的战略决定，他认为"数字化一定要从上面开始，不断给下面灌输"（A1）。

数据中台战略确定前，白天鹅的组织架构只有前台和后台，前台虽然已经实现借助数字系统进行运营，但各个系统产生的数据仍在后台手中，前台只有借助后台的帮助才能获得数据。数据中台战略的重点就在于增加以IT部为核心的中台架构以及搭建数据中台，连接前、后台。白天鹅的数字化战略主要可以分为发展数字化技术和实现数字化业务两大方面。

3.4.1.1　数字化技术

发展数字化技术是指通过技术手段让数据中台实现数据串联、数据实时化和数据移动化的功能。

白天鹅成立以来便引入了许多第三方系统帮助酒店进行信息化管理，但随着数字化运营、数字化管理的要求日渐突出，管理层发现这些数据系统之间并不连接，集团内部数据孤岛的效应日渐凸显（B2）。因此数据串联成为其数字化技术战略的重要目标。数据串联就是将各个信息化系统的数据连接，这也是数据中台的基础功能。数据串联后，当管理者需要不同数据时，如营业额、出勤人数、能耗等，不再需要查找不同系统、导出数据，而是可以在数据中台上获得所有数据。

数据串联只是数据中台的基础技术目标，为了更好地利用数据系统，白天鹅管理层进一步提出了数据实时化目标。数据实时化是指数据中台需要实现数据的响应、更新，与各个系统的数据情况保持同步，只有做到了数据实时化，才能让数据更及时地体现问题、更精准地指导决策。正如白天鹅的总经理所说："我们要做到让我们的团队实时地了解情况，让数据能够对我们接下来的决策起到作用。"（A1）

同许多酒店一样，数据中台搭建前，白天鹅多数数据都集中于后台，管理层、前台需要数据时只能依靠后台部门提供。在此背景下，白天鹅管理层还提出了数据移动化的目标。数据移动化即可以支持在平板、手机等移动终端上打开数据中台，这是数据中台的保障功能，移动化后，不需要询问，随时在手机上就可以看到经营情况。

3.4.1.2　数字化业务

实现数字化业务是指数据中台的内容需要包括运营指标数字化和运营指标同/环比，这是白天鹅数据中台战略的实质所在。

运营指标数字化是指将运营所需的指标直接计算出来展示在数据中台。白天鹅的财务总监指出，"在数据中台搭建以前，管理层和前台部门需要的许多关键运营指标，比如客房开房率、餐厅开台率、酒店成本费用等，这些数据都不是直接产生的，而是需要后台人员找到相关数据，然后整理计算得出"（A7），因此，总经理提出"需要摆脱依赖人工和获得关键指标的滞后性，要通过数据中台计算并直接展示出运营所需的关键指标"（A1）。

运营指标同/环比是指基于运营指标数字化，实现和上年同期、当年近期的对比。白天鹅总经理认为单一的运营指标难以辅助决策，需要和过往对比，才能体现差异和问题，并进一步指出我国有许多传统节日，而国外引进的第三方系统都是以公历日期为准，因此人工计算对比很麻烦，如"需要对比今年春节和上年春节的运营情况，就需要查找日历找到对应的公历日期对比"（A1），因此数据中台还需要实现传统节假日对比功能。

白天鹅数据中台战略的核心目标，是让使用者更快、更及时地看到所需数据，以往白天鹅管理层和前台获取数据的途径，是系统产生数据—后台整理数据—后台计算数据—提交数据给管理层，即只有产生数据是通过技术实现，其余全是靠人工操作，历时长、滞后性严重。因此白天鹅总经理意识到即时数据对业务决策帮助的重要性后，便提出了数据中台战略。在数据中台战略下，数字化技术能减去整合数据、提交数据的时间，数字化业务能减去计算数据的时间，两者共同作用，可以让全流程技术将业务所需的数据内容完全、即时地展示给管理者，让数据不再依赖于后台部门，而是覆盖酒店全部门。白天鹅总经理认为只有这样，"才能真正地改变各部门经理的观念，管理人员对数字敏感度会更高，让数字化能够真正满足管理需求"（A1）。

表3-2归纳了上文所述的核心概念与例证援引。白天鹅总经理做出了打造数据中台的战略决定，那么是如何实施这一战略的呢？下文将继续论述白天鹅数据中台的搭建行为。

表3-2　数据中台战略的核心概念与例证援引

维度	二阶编码	一阶编码	描述	示例
数据中台战略	数字化技术	数据串联	数据中台将各个信息化系统的数据连接在一起	"把整个酒店所有系统的数据整合在一起，形成一个生态系统。"（A2）
		数据移动化	可以在平板、手机等移动终端上打开数据中台	"我不需要去询问，随时在手机上可以看到经营的情况。"（A1）
		数据实时化	数据中台的响应可以与运营情况保持同步	"我们现在很多数据都是滞后，我们要看就是一个月后的事了，所以我们现在就是一定要做到实时在线的。"（A1）
	数字化业务	运营指标数字化	将运营所需的指标直接计算出来展示在数据中台	"第一阶段就把运营指标数字化，比如说营收、上座率、开房率、人均消费，很多运营指标做出来。"（A2）

3.4.2 数据中台搭建行为

案例发现，白天鹅的数据中台战略实践行为，是基于两大战略——数字化技术和数字化业务同时推进，具体可以分为数据中台的技术搭建和业务搭建，接下来也将从该两条路径对白天鹅数据中台搭建的具体行为进行说明。

3.4.2.1 数据中台的技术搭建

白天鹅技术搭建的具体行为包括3大行动主体，分别是以IT部为代表的中台部门，负责数据中台搭建的主要工作；以餐厅、前厅、财务、人力为代表的前、后台部门，是数据中台的主要使用部门；外部企业，负责数据中台的主要开发。三者的行为可以分为以下3个阶段：

一是技术识别。数据中台战略提出后，白天鹅便对外部企业进行筛选，以找到合适的企业。在这一阶段中，是由外部企业展示技术能力，IT部评估考核。白天鹅在淘汰了两家企业后，接触了荃数字公司，其开发的产品雏形得到IT部的认可，并且经过了前、后台部分部门的试用。通过三方的互动合作，完成了技术识别与匹配。

二是技术获取。技术识别后，白天鹅开始了发展数字化技术的最核心步骤——搭建数据中台。这一过程还是由外部企业主导，IT部进行支持。IT部帮助外部企业从后台部门获取第三方系统接口，然后外部企业通过编码、开发技术让数据中台拥有数据串联、数据实时化和数据移动化的功能，并赋予各个部门人员不同数据权限。最后由IT部负责数据中台的界面设计和UI制作。至此白天鹅数据中台的技术获取基本完成，数据中台战略有了基础保障和根基。

三是技术迭代。数据中台搭建后，白天鹅发展数字技术的行为并未停止，而是开始修正、完善技术。正如白天鹅IT总监指出的那样，"我们这个系统属于一个成长品，不算是一个成品"（A2），因此需要对数据中台不断迭代以保障数据中台战略的后续推进。在这个阶段，前、后台的作用得到了突出——前、后台部门使用数据中台后，提出反馈与修改意见，IT部和外部企业共同进行调整与改进。通过多次循环往复，白天鹅的数据中台最终达到了相对稳定和完善的状态。

3.4.2.2 数据中台的业务搭建

白天鹅数据中台战略的最终目的是帮助酒店的经营管理，所以技术只是数据中台的基础和载体，其核心还是数据中台的内容，因此白天鹅同时还展开了业务搭建。白天鹅实现数字化业务的具体行为也包括3大行动主体，分别是IT、前台和后台部门，由于数字化业务主要与酒店运营有关，所以外部企业的角色被弱化，前台、后台部门的作用突出，IT部仍然承担重要的中间作用。三者的行为也可以分为以下3个阶段：

一是数据识别。业务搭建的第一步即是收集、发现数据中台所需的运营指标。这一阶段是由前台部门识别需求，明晰哪些数据指标是业务所需的，然后IT部收集和整理需求，与此同时后台部门评估与标记相关数据。这一过程除了是业务搭建的基础，同时还促使白天鹅对酒店业务的数据关注更加合理。以餐厅业务为例，过去，白天鹅关注餐厅运营情况时，通常会使用开台率指标，但在本次数据中台搭建的评估中，将其优化为更精确、具体的上座率指标。最后通过三方的互动协作，识别与完善了数据指标。

二是数据搭建。数据识别完成后，白天鹅便开始了数据中台业务搭建的核心行为——将运营指标通过计算、整合展示到数据中台。这一过程中，IT部负责分析数据需求，然后向后台部门索要相应数据，将其分门别类地放到数据中台上。在这个过程中，IT部会不断地与前台、后台部门沟通，以保证其需求得到充分满足。最后由各个部门验收、使用数据中台的相关模块。至此运营指标数字化和运营指标同/环比功能基本实现，数据中台业务搭建初步成型。

三是数据迭代。前台、后台部门在使用数据中台时，会发现数据中台的错漏以及提出新的数据需求，然后由IT部进行修改、完善，即数据中台的业务搭建也是不断迭代的。据IT总监介绍，目前一共迭代了20次左右，迭代过程即重复前两个数据识别、搭建的步骤，在不断循环往复中，最终数据中台的业务功能相对精确、完善，为白天鹅的数字化经营管理提供了扎实可靠的保障。

表3-3归纳了上文所述的核心概念与例证援引。虽然上文对白天鹅数据中台搭建行为的梳理是从技术和业务两个方面展开的，但在实际操作中，它们并不是完全独立的，而是同时进行，特别是技术获取和数据搭建两者是不可分割和相互交叉的。

表3-3 数据中台搭建行为的核心概念与例证援引

维度	二阶编码	一阶编码	描述	示例
数据中台搭建行为	技术搭建行为	技术识别	通过甄别、判断，找到拥有开发数据中台技术的外部企业的行为	"之前谈过两家呢，不是很理想，这家通过一个朋友介绍，技术力很强，然后几个月以后呢，我们IT的人去跟他们对接，正好他们做出了雏形。"（A1）
		技术获取	引入外部企业技术在酒店开发数据中台的行为	"IT作为中间纽带，把需求提供给工程师，然后工程师进行开发。"（A8）
		技术迭代	数据中台搭建后对其进行技术上的修正、完善的行为	"我觉得功能有大的优化的时候，我就把它迭代。"（A2）
	业务搭建行为	数据识别	收集、发现数据中台所需的运营指标的行为	"我们要把这些数据的关联，这些东西做设计，做需求分析。"（A2）
		数据搭建	将所需的运营指标通过计算、整合展示到数据中台的行为	"我们进行调研的时候，他会跟我说我需要这些运营指标，我就会去从数据里面，给他们去生成这些指标。"（A2）
		数据优化	修改、完善数据中台上的运营指标的行为	"我们会根据使用部门的需求，再去优化一些运营指标，会增加一些运营指标啊。"（A2）

3.4.3 动态能力形成

从上文可知，在搭建数据中台的过程中，白天鹅各部门都进行了以前从未接触过的新行为，在探索、实施、重复这些行为的过程中，逐渐形成相对应的动态能力。下文将对各部门形成的动态能力进行具体说明。

3.4.3.1 中台动态能力

中台动态能力是以IT部为主的中台部门形成的动态能力。在中台战略和行为实施前，IT部只有维修电脑、系统、培训的能力，并没有承担起中台作用，也没有相应能力。在搭建数据中台的过程中，该部门逐渐获得了以下动态能力。

技术识别的过程中，IT部通过和多个外部企业沟通、接触，增加了对数字化技术的认识，并在多次的对比中，形成了甄别、判断出足够技术的技术选择能力，并且这一能力随着IT部识别外部企业技术的次数增多而不断进化、增强，最终，帮助IT部识别出荃数字公司"技术力量比较强，能够完成我们的要求，做成这个系统"（A2）。

技术获取的过程中，IT部主要负责帮助外部企业明晰技术需求、获取数据端口。在不断支持外部企业的行为中，IT部经历了从被动维修、培训，到主动引导的角色转变，同时IT部还需要主动学习如何搭建界面、UI设计等前端技术，即IT部形成了掌握、熟悉搭建数据中台所需技术的技术学习能力。这种能力主要源于其主动进步意识的形成。正如IT总监所说："当企业要开始主动化地去做这种数字化搭建的时候，这个IT部的角色也变成了一个很主动、很关键的中介角色。……如果你不去转变IT的角色职能，跟不上这个社会的需要的……我们IT也是要去多思考这方面问题的。"（A2）因此这一能力不只是存在于技术获取阶段，而是成为IT部的永久伴随能力，帮助后续的技术迭代。

技术迭代的过程中，IT部除了已有的技术学习能力，还形成了新的能力，即与外部企业共同贡献技术以达到搭建数据中台目的的技术合作能力。与由外部企业主导的技术获取阶段不同，迭代阶段，IT部已经较好地掌握了技术，变为外部企业更改代码、IT部进行UI更新的高效合作模式。

数据识别过程中，为了充分理解前、后台部门的数据需求，IT部深入各个部门，熟悉其日常运营，例如了解财务的基础模块运作需要包括哪些东西、客房清洁时间和房间类型的关系等等。由于各个部门各自具有较强的运营特质，所以IT部在这种复杂、急迫的情况下，逐渐形成了掌握各个部门运营的业务学习能力。在这种能力下，IT快速地了解了其他各个部门，对理解数据需求有着很大帮助。

数据搭建过程中，IT部负责分析各个部门的需求，和前、后台部门不断互动、沟通，再结合自己的认知，将其整理为能放到数据中台上的形式。通过对多部门、多数据需求进行分析、搭建，IT部训练出了分析需求、得出最终运营指标并展示在数据中台的业务数据整合能力。

数据优化过程中，IT部会定期和前、后台部门讨论数据中台的现有运营指标。在交流中，前、后台部门会提出自己的使用想法和反馈，IT部会和其讨论某个指标是不是添加什么东西进去会更准确有效，然后IT部就会对数据进行改进。在多次的优化实践中，IT部形成了根据反馈重新设计、调整数据中台运营指标的业务数据重构能力。

表3-4呈现了上文所述的核心概念与例证援引。虽然中台在搭建数据中台的过程中形成了不同的核心动态能力，但这些动态能力并不是独立存在于各阶段的，而是存在一定的联系。比如技术学习能力和业务学习能力，本质都是学

表3-4 中台动态能力的核心概念与例证援引

维度	二阶编码	一阶编码	描述	示例
中台动态能力	中台技术搭建动态能力	技术选择能力	甄别、判断出足够技术的能力	"我们想找到一个技术力量比较强的，能够完成我们的一些要求，做成这个系统。"（A1）
		技术学习能力	掌握、更新搭建数据中台所需技术的能力	"但到现在，当企业要开始主动化地去做这种数字化搭建的时候，这个IT部的角色也变成了一个很主动、很关键的中介角色。现在角色都要转变，因为你现在互联网+的时代，如果你不去转变IT的角色职能，跟不上这个社会的需要，比如说我们现在做数字化那个转型。我们IT也是要去多思考这方面问题的。"（A2）
		技术合作能力	与外部企业共同贡献技术以达到搭建数据中台的目的的能力	"我们现在跟外部公司的合作是这样，他们负责编码，就是开发，我们就把设计理念，他们再来写代码，但UI各方面都在我这边。"（A2）
	中台业务搭建动态能力	业务学习能力	掌握、了解各个部门运营的基础情况的能力	"但现在因为我要了解到，就是别的部门是怎么去运作的，他跟外部是怎么沟通的，像刚才可能我要了解一些财务的知识，或者基础的一些模块运作它需要包括哪些东西，然后餐厅他需要哪些东西。这个就是说到各个岗位都去学习。"（A2）
		业务数据整合能力	分析各个部分的需求，得出最终运营指标并展示在数据中台的能力	"我们对于这些运营指标也是比较清晰了，需求分析再深入一下，基本上我们是自创的，就没有说去参考哪个系统，基本上是自己创立。"（A2）
		业务数据重构能力	根据使用情况反馈重新设计、调整数据中台的运营指标的能力	"当然这个谈的过程中，也有他们的想法，也有我们IT人员的一些想法，那么这两方面去结合，或者有了一些新的东西，比如原来有一些新的运营指标也是这么出来的，就大家一起需求分析的时候去讨论，这个指标是不是添加什么东西进去，可能会比较准确，这个比较有效，那我们就会去做这方面的工作。"（A2）

习能力，都来源于IT部的主动意识，并且几乎同时产生：技术学习能力是技术合作能力形成的基础，这种学习能力帮助其在合作阶段更快、更好地汲取新知识，进而促进合作能力的产生；业务学习能力对业务数据整合和重构能力也有着同样的帮助，在数据搭建和优化阶段，IT部依然会不断地接触到运营的新方面和新知识，学习能力保障其快速理解这些知识，进而发挥整合和重构能力。正如白天鹅IT经理所述："我们对于这些运营指标也是比较清晰了，需求分析再深入一下。"（A2）

3.4.3.2 外部企业动态能力

外部企业动态能力指的是数据中台的技术搭建时，外部企业形成或具有的相关动态能力。在技术识别的过程中，外部企业准确感知了白天鹅的需求，并以产品雏形的形式展示了相关的技术实力，这说明其具有全面了解自身资源并能将合适资源匹配合作方需求的业务技术筛选能力。

技术获取的过程中，外部企业承担了开发接口、连接系统等主要的技术搭建工作。在为白天鹅搭建数据中台前，该企业并未有过搭建酒店行业数据中台的经历。面对陌生而复杂的环境，外部企业形成了利用自身资源，实现技术开发，满足酒店行业数据中台需求的技术开发能力。以数据串联为例，这一能力帮助其及时"开发个接口，去把需要的数据抽取出来融合在一块"（A2）。

技术迭代的过程中，外部企业和白天鹅保持随时沟通，一旦有问题或新需求，就会及时改进数据中台。在这种持续调整自身拥有的资源和技术，从而有效应对合作方需求变化的行为中，外部企业拥有了更高级别的技术重构能力。

表3-5呈现了上文所述的核心概念与例证援引。同样的，外部企业在这三个阶段中的三大核心动态能力，彼此间也有着密切联系：首先，技术筛选能力是其他两个能力的基础，因为在开发和重构阶段，仍需要不断地识别、找出与需求相匹配的能力；其次，技术重构能力也同样可以视为是技术开发能力的更高阶形式，开发能力是利用自身资源实现平台技术搭建，重构能力则是在利用的基础上持续调整资源组合以实现迭代。

表3-5 外部企业动态能力的核心概念与例证援引

维度	二阶编码	一阶编码	描述	示例
外部企业动态能力	外部企业技术搭建动态能力	技术筛选能力	找出符合合作方需求的技术的能力	"他说他们有技术力量可以帮我们实现。"（A1）
		技术开发能力	根据合作方需求将合适的技术用于搭建数据中台的能力	"他们就开发，比如说开发个接口，去把需要的数据抽取出来融合在一块。"（A2）
		技术重构能力	根据合作方需求调整数据中台的能力	"我们都是及时沟通了以后，开发人员收集了，就马上改善。"（A2）

3.4.3.3 前、后台动态能力

前台动态能力指的是前厅、客房、餐厅三大一线部门形成的动态能力，后台动态能力指的是财务和HR两大后台部门形成的动态能力。在中台战略和行为实施前，白天鹅的前台部门多依靠经验进行决策，对数据的接触和了解不多，进而缺乏数据及数据技术的相关能力，后台部门虽然会使用数据，但也很少让数据支持前台业务，因此也缺乏相关支持能力。前、后台在数据中台的搭建过程中逐渐获得了以下动态能力。

技术搭建过程中，前、后台部门均主要提供辅助作用，两者形成的动态能力一致。但业务搭建过程中，前台主要是提供需求和反馈，后台则要提供更多数据帮助和辅助决策，因此两者形成的动态能力有一定差异。

技术识别的过程中，前、后台部门的经理负责试用外部企业开发的数据中台雏形。在使用过程中对数据中台形成了初步的了解，并基于使用情况对其进行判断，以辅助IT部和总经理的决策，由此便在这种实践中形成了识别出对业务有帮助技术的技术感知能力。

技术搭建的过程中，前、后台部门虽然没有参与数据中台的直接技术搭建，但因为其是数据中台的最主要使用者，因此需要充分了解和熟悉数据中台的操作、使用。数据中台的搭建初期，前、后台部门便遇到了许多困难，使用起来难上手，在经过培训和反复的使用后，逐渐调整状态，从而形成了习惯数据中台技术的技术适应能力，这种能力也使其在随后的多次迭代中都能快速上手。

技术迭代的过程中，前、后台部门已经对数据中台足够了解，开始逐渐发挥

更重要的作用，它们不只是适应平台，还会主动发现平台的不足，并思考如何改进，然后向IT部、外部企业反馈，就自己所用模块提出建议。经过多次循环往复，前、后台部门最终形成了稳定发现数据中台技术不足的技术缺点感知能力。

数据识别的过程中，因为前台部门是本轮搭建的数据中台的主要使用者，所以多数数据需求都是由前台部门提出，它们对自己日常的运营工作进行审视与思考，从中挖掘、识别出需要进行数字化的重要运营指标。如餐厅经理就提出了"我们的营收开台率，人均消费，还有客人到大厅的人数做一个综合的统计"（A3）以及过往对应数据的需求，这样可以帮助其判断历史、未来走势及疫情影响。从中可以发现，虽然前台部门是在总经理提出的战略要求下，才开始思考、提出数据需求，但在这过程中逐渐认识到数字化运营的好处，数据思维越来越敏感，形成了识别出对业务所需运营指标的数据需求感知能力。后台部门作为酒店数据管理者，在这一阶段主要负责将各个系统中的数据进行整理、标记，以方便后续数据中台对数据的抓取。比如为了在数据中台上面实时呈现采购全链条数据，让收入和成本能够匹配，财务部就要在系统收货、采购的时候做标示，方便系统匹配。在这个过程中，后台部门形成了对现有数据进行处理使其便于形成运营指标的业务数据规划能力。

数据搭建的过程中，主要是IT部主导，后台的各个部门为其提供数据支持，将数据所在的系统位置准确告知IT部。比如，"能源费用……是工程电力系统的数据，……客房收入……怎么抓取到"（A7），就需要财务部门进行支持，为IT部指明是在哪个地方，能够达到数据获取和呈现的目的。在这一过程中，后台部门通过运用自身资源，逐渐形成了准确给出数据所在系统的业务数据提供能力。前台部门作为数据中台的主要使用者，在这个阶段开始将数据运用到日常运营、管理中，比如前厅、客房部门开始根据数据中台上所统计、呈现的每个礼拜预订量来分配工作（A4、A5），由此前台各个部门都逐渐获得了在日常业务中有效使用数据中台运营指标的业务数据运用能力。

数据优化过程中，前台部门在适应了运用业务数据后，还能进一步感知到其中的不足之处。后台部门也同样会关注前台部门的相关数据作为管理依据，因此也会在使用数据中台的过程中发现不足，比如财务总监"要看整体数据的，所以我们成天会去看，然后有些什么数据会有敏感性，……发现这个系统编错了，就会提出问题"（A7）。在这一阶段，前、后台形成的都是在使用数据中台过程中发现其中的运营指标错误或缺少的数据不足感知能力。

表3-6呈现了上文所述的核心概念与例证援引。前、后台部门的动态能力之间也存在着较为紧密的关系，比如技术感知、技术缺点感知、数据需求感知、数据不足感知都属于感知能力。在形成上，最开始是在战略的指导下被动进行技术了解和需求挖掘，逐渐锻炼出了较好的技术和数据需求感知能力，使其在之后拥有了主动发现技术缺点、数据不足的能力。比如白天鹅的餐饮经理就"主动向现有的数据中台进一步提出了统计月饼各渠道销售数据的需求"（A3），人力经理进一步提出"接入培训和招聘数据的需求"（A9），这与其前期形成的初步感知能力是分不开的。此外前台部门的技术适应能力和业务数据运用能力对其技术缺点、数据不足感知能力的形成也有帮助，因为不论是技术还是数据不足的感知都是建立在数据中台使用的基础上。后台部门的业务数据规划能力也让其对各系统的数据有了更清晰的全面掌握，为业务数据提供能力形成提供了很好的支持与促进。

3.5　本章小结

3.5.1　中台组织在数据中台搭建中具有关键作用

数据中台搭建可以分为技术和业务两大路径，相应的战略也包括数字化技术和数字化业务两方面的战略，实践行为也是技术搭建和业务搭建双路径同时进行，形成的动态能力也分为技术和业务两大部分。这说明数据中台搭建不仅仅代表的是技术上的提升，更需要将合适的内容以恰当的方式呈现出来。数字化技术只是数据中台的外在表现，而要把哪些东西数字化，如何数字化，才是数据中台搭建成功与否的关键所在。技术搭建可以分为技术识别、技术获取、技术迭代三个阶段，业务搭建也可以分为数据识别、数据搭建和数据优化三个阶段，技术和内容的搭建都遵循的是一个"识别—搭建—再识别—再搭建"的循环（见图3-2）。

表3-6 前、后台动态能力的核心概念与例证援引

维度	二阶编码	一阶编码	描述	示例
前、后台动态能力	前、后台技术搭建动态能力	技术感知能力	识别出对业务有帮助的技术的能力	"所以我在去年底的时候已经给一些部门的经理试运作了。"（A1）
		技术适应能力	调整状态从而习惯数据中台技术的能力	"因为我们开始的时候也确实遇到困难，有些人说哎呀这些数字我看来也是没什么。第一个是培训还没到位……造成他们的使用起来呢，就没那么上手，嗯，那么后面基本上我们迭代完了以后呢，就进行了培训。"（A2）
		技术缺点感知能力	发现数据中台中的技术不足的能力	"各个管理层、部门的都去跟这个系统工程师去做过对接啊，希望能够在他所用的这个模块里面打造成什么样子啊他们也会提。"（A7）
	前台业务搭建动态能力	数据需求感知能力	识别出业务所需的运营指标的能力	"我们就可以看到，没有疫情情况下，是怎么样一个走势，可以从我们的营收开台率，人均消费，还有客人到大厅的人数做一个综合的统计，那只要有这些数据能够给到餐厅，他就可以看着未来几天，或者未来一个月，有数字掌握在手，随时随地我都很清晰，我觉得这个对于任何一个管理人员来说都是非常有必要。"（A3）
		业务数据运用能力	在日常业务中有效使用数据中台的运营指标的能力	"我们现在中台把marketing客源已经分得很细啊，年龄层，然后呢，男性女性省份，然后我们还能够知道每个礼拜的预订量，根据预订量，来分配工作。"（A4）
	后台业务搭建动态能力	业务数据规划能力	对现有数据进行处理使其便于形成运营指标的能力	"如果想实时反映的话，我们要从他下采购单开始，正常的话应该有一个明显的标志，到我们仓库里面呢，他当初买回来的时候，他大概怎么使用的，以前就不会马上反映得这么细，如果现在想在数据平台上面实时的一个呈现，就是收入和成本能够有个大概的一个匹配，就要沟通一下，在我们的系统收货或者是采购方面的时候做一个标示，就当时方便这个系统它可以匹配。"（A6）
		业务数据提供能力	准确给出数据中台所需数据所在系统的能力	"这个数据要怎么抓取和呈现呢？就是我们财务指明是在哪地方，它能够达到数据呈现的目的，比如说，你的能源费用从哪里出来，哪里取得到数，这个就是工程电力系统里面的数据，然后如果是客房收入里面它怎么抓取到，就是需要财务进行一个支持。"（A6）
	前、后台业务搭建动态能力	数据不足感知能力	在使用数据中台的过程中发现其中的运营指标错误或缺少的能力	"对我来说，我是要看整体数据的，所以我们成天会去看，然后有些什么数据会有敏感性，所以成天在看，看完以后就发现这个系统编错了，就会提出问题了。"（A7）

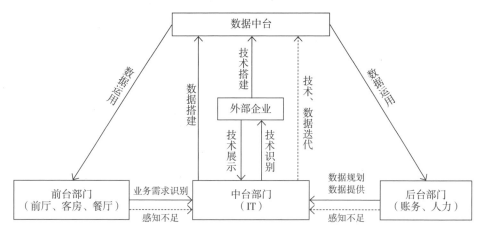

图3-2 数据中台搭建模型

在行动主体上，外部企业是酒店数字技术搭建的重要来源，这是因为酒店本身的技术水平较低，所以和外部技术企业合作是最高效的方式。其次，酒店的中台组织（IT部）在其中起到了重要的作用，在数据中台战略的要求下，酒店的IT部发生了较大的角色转变，在技术和知识水平上有了较大进步，承担了平台搭建的主导和协调作用，保证前台、后台部门、外部企业之间能顺利合作。

数据中台的主要作用在于赋予前台部门数字能力，将后台部门从数字工作解放出来，是一个将数字从数字部门推广到非数字部门的过程，也是一个将数据从各个系统中抽取出来使其以更直观、更便捷的形式呈现给用户的过程。

3.5.2 数据中台动态能力的形成沿袭"战略—行为—能力"的路径

第一，高度动荡与极不稳定的外部环境决定了酒店数据中台战略的选择与制定；第二，酒店数据中台搭建是一个自上而下的过程，管理层制定了战略后，各部门为实现该战略便会实施一系列相关行为和措施，实施的行为和战略目标相匹配；第三，动态能力在行为实施的过程中积累形成，形成的动态能力和实施的行为相匹配，且形成的动态能力会反过来促进、保障行为的更好实施。据此，此研究提出基于数据中台动态能力形成的模型（见图3-3）。

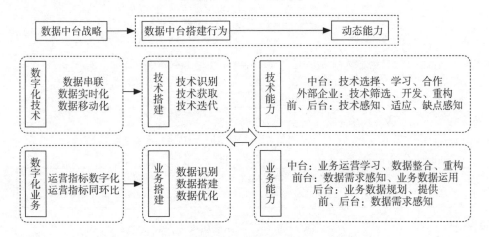

图3-3　数据中台动态能力形成模型

数据中台战略是最上层的推动力，数字化技术和数字化业务都是在战略的指导下获取，尤其是在酒店业这种服务行业的情境中，多数低职级员工的受教育水平都不高，难以主动获得数字化相关能力和技术，必须要由管理层感知环境的变化，提出数字化战略，让员工有战略意识和战略指导，才能保证数字化改革的顺利推动与动态能力的形成。在"战略—行为—能力"的路径基础上，能力也会反过来促进行为的更好实施，因为数据中台搭建行为不是一次性的，而是长期、反复的。当能力形成后，就会帮助同样的行为再实施。

数据中台搭建是酒店数字化转型最关键的第一步，也是以往研究中较少关注的一个阶段。一些研究认为数字化转型是在战略和动态能力的作用下进行的，但本案例发现酒店在数据中台搭建时才逐渐形成了相关的动态能力，这些能力又会反过来助力数据中台的搭建，数据中台在酒店随后的转型阶段中和战略共同发挥作用。

3.5.3　酒店数据中台动态能力互相关联

从能力主体来看，主要是前台、中台、后台和外部企业在这个过程中获得了动态能力。进一步从搭建行为来看，形成了技术和内容两方面的动态能力，其中外部企业仅有技术搭建能力，包括业务技术筛选、开发和重构的能力；中台部门拥有业务技术选择、学习、合作的技术搭建能力和业务数据学习、整合、重构的业务搭建能力；前、后台部门形成了技术需求感知、业务技术适应和技术缺点感知的技术搭建能力。在业务搭建能力方面，前台具有数据需求感知、数据不足感知和业务数据运用能力，后台具有数据不足感知、业务数据规划和业务数据提供能力。

这些动态能力可以分为四类常见的动态能力：感知能力、学习能力、获取能力和重构能力。各主体形成的技术和业务相关的能力都属于这四类动态能力中的一种（见图3-4）。

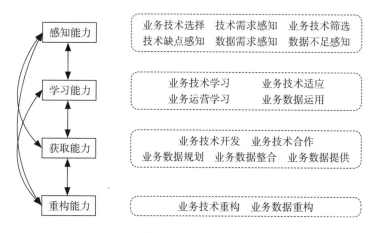

感知能力
业务技术选择 技术需求感知 业务技术筛选
技术缺点感知 数据需求感知 数据不足感知

学习能力
业务技术学习 业务技术适应
业务运营学习 业务数据运用

获取能力
业务技术开发 业务技术合作
业务数据规划 业务数据整合 业务数据提供

重构能力
业务技术重构 业务数据重构

图3-4 数据中台动态能力间的关系

动态能力之间并不是独立的，而是从纵向、横向互相关联，相互促进。

从纵向上来看，首先是各个部门主体自身的动态能力相关，各部门最先形成的都是感知机会能力，然后在对机会的进一步了解中获得学习能力，在机会感知能力和学习能力的共同支持和帮助下，逐渐开展实际的平台搭建行为，进而形成了获取能力。其次，感知、学习、获取能力都对重构能力形成有积极的正向作用，因为技术、数据的重构其实就是再感知、再学习、再获取的过程。最后，获取和重构能力又反过来提升感知和学习能力，因为在搭建、使用了数据中台后，部门经理拥有了数字化思维和知识，且熟练掌握了数字化工具的使用，因此能够更好、更快地感知到威胁或新机会，以及学习、掌握新的知识。总而言之，感知、学习、获取、重构能力是逐渐形成的，先形成的动态能力对后面动态能力的形成起到促进作用，获取和重构能力形成后又反过来加强了感知和学习能力。

从横向上来看，各部门之间的动态能力相互促进，比如在技术搭建中，外部企业的业务技术重构能力在中台的业务技术合作和前、后台的技术缺点感知能力的共同作用和帮助下形成；在业务搭建中，中台的业务数据整合能力离不开后台的业务数据规划、提供能力的支持与保障，业务数据重构能力也是在前、后台的数据不足感知能力的作用下得以发展。

3.5.4　理论贡献、实践启示与展望

此研究的理论贡献如下：第一，此案例打开了酒店数据中台搭建的黑箱。虽然已经有大量学者对数字化转型进行了研究，但这些研究缺乏对酒店数字化的关注，酒店属于传统服务业，技术能力较低，具有一定的特殊性，且这些研究多关注数字化运用阶段，缺乏对数字化搭建阶段的分析。此研究则发现了数据中台是酒店数字化的重要手段，技术搭建和业务搭建是搭建数据中台的两大重点。外部企业提供技术支持，中台组织承担重要的主导和协调作用，揭示了酒店数据中台的搭建规律。第二，搭建并检验了"战略—行为—能力"的研究框架，并进一步发现能力会反哺行为。这验证了过往学者提出的数据赋能会导致战略和行为与动态能力的关系发生变化的观点。既往研究仅从战略导向或资源的角度探明动态能力的形成路径，此研究进一步阐明这一框架对于动态能力依然适用。第三，识别了酒店数据中台动态能力。此研究不同于以往研究只关注数字化的结果能力，而是识别出数字化过程中的数据中台动态能力，主要是以中台、前台、后台、外部企业为主体的感知、学习、获取和重构能力，其中包括了三大经典动态能力。数字化动态能力和非数字化情境下的酒店动态能力存在差异，可以认为动态能力会因企业的情境与环境而变化。第四，进一步明确了动态能力之间存在关系，这种关系主要是对彼此的促进作用，这与部分学者实证研究的结果基本相符，且进一步在酒店数字化情境下明晰了动态能力间的作用，即先形成的动态能力会影响后面的动态能力的形成，不同组织间的动态能力也能相互作用。

此研究主要为酒店数字化的实践提供了以下启示：第一，酒店的领导者一

定要有数字化意识，要将数字化放到战略层面，自上而下的战略推进才能有效地调动资源，进而保证数字化的推进和建设。第二，搭建数据中台对酒店来说十分重要，但须与业务中台紧密关联。数据中台搭建驱动业务重构和流程优化，才能推动酒店业绩提升。第三，在搭建数据中台前，首先要明确业务目标和技术需求，然后中台组织需要充分发挥主导和协调作用，从技术和业务两方面同步推进建设，最后数据中台搭建完成后还需要不断反思与改进，形成良性循环。第四，酒店数字化不能完全依赖外部企业，酒店的内部部门特别是IT部一定要积极发挥自己的作用，主动地学习、参与数字化建设，一方面这样能够使数据中台更契合自身的需求，另一方面能够培养相关管理者的数字能力，才能有效地利用数据，避免数字化成为形式和摆设。

此研究也存在以下不足：第一，酒店的数字化开始较晚，还未完善，此研究目前只关注其数据中台的初步搭建阶段，但其数字化仍在发展中，如白天鹅还在持续建设其数据中台，未来还将引入新的数据技术以实现决策优化，可持续关注其变革以丰富酒店数字化的研究。第二，此研究选择的研究对象白天鹅是单体酒店，未能讨论酒店集团层面和母公司数字化关系，未来基于案例可以从原因层面探究酒店数字化过程。第三，此研究选择酒店行业作为研究情景，发现了动态能力间存在关系，未来可以通过实证研究对这些关系进行检验，也可以在更多的行业、情境中探究动态能力的关系。

〔第4章〕

价值共创视角下的组织常规与动态能力：和苑酒家案例①

① 本章改编自《价值共创视角下的操作常规与动态能力》，原文载于《管理案例研究与评论》，2018,(1)。

4.1　本章背景与研究问题

高端餐厅需要提供与高价格相匹配的环境、服务和出品。然而，随着2014年中共中央办公厅、国务院办公厅印发《关于厉行节约反对食品浪费的意见》的出台，高端餐饮目标客户急剧减少，高端餐厅竞争加剧。通过与顾客平等对话互动，共同调整产品以应对快速变化的市场，实现价值共创，成为高端餐厅必由之路。例如，广州富力君悦大酒店通过动态管理餐位，建立最优餐桌结构，实现对自助餐厅的收益管理，以应对相关政策出台后短期内高端酒店业绩下降压力的冲击（曾国军、刘梅、张欣，2016）。如何提升企业快速适应外部环境变化的能力，成为决定高端餐饮经营绩效的重要理论问题。面对市场变化和技术发展，高端餐厅一方面需要将其服务操作常规化，以支持其扩张；另一方面也需要改变固有组织常规以适应外部环境变化。无论是创造组织常规还是改变组织常规，高端餐厅都必须基于顾企互动关系，因为顾客不仅是消费者，更是价值的体验者，顾客与企业的价值共创对于创造和改变常规有着重大的意义。

此研究围绕"动态能力如何影响组织常规变化"这一核心问题，通过广州和苑酒家的两家分店（粤财店和时代店）的双案例比较，从价值共创角度讨论如下问题：外部市场变动是餐饮企业必须重视动态能力的原因，然而市场动态性与企业动态能力之间的关系如何？高端餐厅的动态能力构成维度有哪些？企业决策者和操作者在动态能力对组织常规变化的影响机制如何？顾企互动的价值共创如何在动态能力影响组织常规变化的过程中发挥作用？

4.2　文献综述

4.2.1　价值共创

价值共创是企业和顾客价值创造的共同体，允许顾客与企业一起共同构建服务体验以适应顾客自己的情境（Prahalad和Ramaswamy，2004）。通过价值共创，企业和顾客能够共同定义和解决问题，共同创造体验的环境，在价值共创过程中，互动成为价值创造的核心，互动不仅只在对客服务和销售发生的节点上，而是在价值创造的过程中无处不在。

对话是价值共创理论的重要元素。市场被看作是顾客与企业之间的对话。对话意味着互动、深入融入以及平等的交流。企业与顾客共同解决问题，分享解决方案。但是如果顾客获取信息的途径和透明度与企业不同，对话就很难发生。传统上，企业利用其与顾客的信息不对称性来牟利。但是现在，信息交流十分便利，顾客可以从顾客之间的信息交流或顾客与企业间的信息交流获得同样大量的信息。因此，信息获得的途径和透明度对有意义的对话而言至关重要。更重要的是，对话、途径和透明度导致了顾客可以对其决策和活动进行清晰的评估，形成个性化的风险收益。

4.2.2　组织常规

在企业经营中存在三类组织常规（Nelson，1985）。第一种叫作"经营特点"，是支配企业短期行为的常规，"短期"是指在这个期间内企业的设备、设施和其他生产要素都不会显著增加。第二种是投资常规，它决定了企业资本存量从一个时期到下一个时期的增加或减少，这些企业资本存量就是在第一种常规中短期固定的生产要素。第三种是搜寻，这种常规随时间流逝而去修改企业经营特点的方方面面。他们认为存在这样一种决策规则体系，由较高层次的程序去修改较低层次的程序。搜寻就是高阶的常规，而经营特点则是低阶的常规。

Feldman和Pentland（2003）提出了常规的述行观点。常规的表述部分是我们如何从结构上思考常规，执行部分是特定的人在特定的时间和地点执行常规的特定活动。他们认为表述部分使人们能够指导、说明和提及常规的特定执行，执行部分创造、保持和修改了常规的表述部分。常规的变化是表述部分和执行部分持续相互作用的结果。这种观点突出了组织成员的主体能动性对组织常规变化的影响，认为组织变化本质上是内生的。

李彬、王凤彬、秦宇（2013）采用案例研究法对动荡的市场环境下企业动态能力如何作用于操作常规进行了研究。认为操作常规变化分为突变和渐变两种类型；企业动态能力由感知能力、获取能力和转换能力构成；动态能力类型分为管理型动态能力和创业型动态能力；不同类型的动态能力会产生不同类型的主体能动性发挥，进而对操作流程运作的特定主体及其能动性发挥产生影响。

许萍（2015）从参与者互动视角分析了常规的变化，提出参与者个体层面的互动是常规变化的微观基础，在企业与员工或者员工与员工的互动过程中，员工会获得基于情境的经验，并利用主体能动性反思、筛选、保持和积累这一经验，在此基础上指引和修改自身以后的互动行为。这种个体的适应性学习会导致原有常规的变化，从而形成新的常规。

也有研究持组织常规变化的外生观。尽管Nelson（1985）认为常规是稳定的，但他们并不否认常规的变化，他们将指导和改变常规的过程定义为"搜寻"，类似于生物进化理论中的"突变"。同时，这种变化是外力作用的结果（如组织危机或外部环境冲击），当外力均衡时，常规又会趋于稳定。国内学者高展军和李垣（2007）将这种"强调常规在外力下突变"，而"忽略组织常规执行者作用"的观点称为常规变化的外生观。

徐小琴和马洁（2016）在承认外部环境变化是常规变化原因的前提下，强调了组织成员的中介作用，认为外部环境的变化激发组织成员搜寻问题解决方案，促使组织持续学习，形成新的组织常规从而改善所面临的困境。进一步，他们认为，企业高层管理者从企业外部学习他人经验，从而改变现有常规；而中低层管理者则通过已有的工作经验，影响组织成员对现有常规的理解和执行。

研究者认为，组织常规的外生观揭示了外部环境变化对企业内部常规变化的影响，尤其是从组织学习角度，说明了企业如何从组织外部获取知识改变现有常规。但是，这一组织学习的过程仅仅是单向的，即企业单通道地从外部汲取知识。基于价值共创视角，在组织学习的过程中，顾企互动同样发生积极作用（张若勇、刘新梅、王海珍等，2010）。顾客不仅是企业产品的消费者，同时也是知识的提供者，即顾客主动将自己对产品和服务的体验分享给企业，形成双向互动学习，通过这种互动，顾客与企业可以共同改变常规。

4.2.3　动态能力

Eisenhardt和Martin（2000）对动态能力研究有两项贡献，一是将动态能力看作是可识别的独特的过程；二是引入市场动态性概念。在温和的动态市场中，变化虽然频繁发生，但是仍然大概沿着可以预判的线性路径进行。这些市场的产业结构是稳定的，参与者是清晰明确的。在这种市场中，动态能力依赖于现有的知识就可以产生效果。在剧烈动荡的市场中，变化不是线性的，也不可以预判。这些市场的边界是模糊的，什么是成功的商业模式是不清晰的，市场的参与者是模糊不清的并且不断变化的。动态能力不能再依赖现有知识，必须快速创造特定情景下的新知识。Zollo和Winter（2002）认为常规是稳定的行为模式，这种行为模式用来描述组织的对内、外部刺激的各种反应。常规有两种类型，一种是为了产生现有收益而执行已知的操作过程，另一种是为了未来的收益而搜寻对现有操作常规的改变。第二种常规就是搜寻常规，即称作动态能力。Zahra、Sapienza和Davidsson（2006）区分了动态能力和固有能力。固有能力是解决问题的能力，动态能力是改变或重组固有能力的能力，即调整能力的能力。他们将动态能力定义为企业决策者按预期的方式适当地重组公司资源和常规的能力。杜小民、高洋、刘国亮和葛宝山（2015）对战略与创业融合新视角下动态能力的本质属性进行了研究，构建出动态能力衍生机理过程模型，其中生命周期体现了动态能力的"动态性"，进化过程体现了动态能力的"路径"特性。

Eisenhardt和Martin（2000）认为动态能力的维度是整合、重构、捕捉资源和释放资源。Wang和Ahmed（2007）认为动态能力不是简单的过程而是嵌入过程中，他们将动态能力分为适应、吸收和创新能力。Barreto（2010）将动态能力划分为三个维度：感知机会和威胁、做出及时的和市场导向的决策、改变资源基础。Protogerou、Caloghirou和Lioukas（2011）认为动态能力应分为协调（或整合）、学习和战略竞争反应三个维度。Teece（2007）将动态能力划分为感知（和辨识）机会和威胁、捕捉机会、管理威胁和重构三个维度。Pavlou和El Sawy（2011）进一步提出四维度划分：感知、学习、整合和协调。Wang、Senaratne和Rafiq（2015）提出两维度划分：吸收和转化能力。

Wilhelm、Schlömer和Maurer（2015）从文献中归纳出感知、学习和重构三个维度。吴航（2016）将动态能力划分为机会识别和机会利用两种能力。此研究参考Teece（2007）的三维度划分，即：感知（和辨识）机会和威胁、捕捉机会、管理威胁和重构。

4.2.4 价值共创视角下的组织常规与动态能力

Teece（2000）认为，能力不仅是隐性存在的，而且是与企业所采用的组织经验、学习和操作实践融合在一起的。因此，组织需要更多地关注和聚焦于内部技能、隐性互动和关系资本的保持与发展（Sivadas和Dwyer，2000）。这包括基于组织内的知识改变，组织利用现有知识进行竞争的方式、个体互动的方式以及如何通过管理激励它们发生（Agarwal和Selen，2009）。

Panayides和So（2005）通过对物流服务中供应者与客户的关系研究，提出企业与客户的协作是组织学习的前提，进而影响创新的能力，从而提高供应链的效率。这种协作本身也单独作用于供应链。Vargo和Lusch（2004）指出了顾客作为价值共同创造者的重要性。因此，通过顾客融入发展企业与顾客的关系成为服务与产品创新的关键。这种基于顾企关系的动态能力使企业的资源更具企业家精神、更有创新性、更灵活，进而产生了企业所一直追寻的竞争优势。Agarwal和Selen（2009）认为，动态能力引起了高阶技能的创造，这种高阶技能是零阶操作技能之外的技能，是在战略目标设定和操作性事务管理过程中所必需的，特别是在企业与顾客的互动过程中。高志军、刘伟和高洁（2014）提出，价值共创可以通过资源整合来实现，物流集成商可以通过资源整合，提升自身的动态能力，促进客户满意。

综上所述，研究者认为，结合Teece（2007）的框架，价值共创与动态能力的关系可以从两方面进行研究，一是从组织学习，感知机会和威胁的角度，即顾企互动共同感知机会；二是从整合重构企业有形和无形资产的角度，即顾客和企业一起整合资源。

4.3 本章研究设计

此研究采取案例研究法，原因如下：第一，从研究对象来看，此研究的研究对象是常规和动态能力。常规的重要特征是情境依赖，Becker（2004）认为常规嵌入情境之中，常规与情境交织在一起，无法脱离情境去分析常规；动态能力是高阶的常规（Winter，2003），因此也是基于情境的，而案例研究正是"在不脱离现实生活环境的情况下研究当前正在进行的现象"。通过文献综述，可发现学者们并没有对动态能力与组织常规的关系达成共识，更没有一致认可的实证验证结果作为有说服力的结论。因此，此研究采取案例研究法，在典型案例情境下对动态能力与组织常规的关系进行探索性研究。第二，从以前学者的研究方法来看，众多学者在研究动态能力和组织常规时，也都采用案例研究法。第三，从研究问题性质考虑，常规的概念、特征和理论体系仍处于探索阶段，已有的文献不能够解释和回答此研究的研究问题，需要在具体案例情境下深入分析，总结、归纳出理论框架和概念模型。

此研究从高端餐饮行业中选择广州和苑酒家的两家分店作为研究案例，原因有四：第一，广州和苑酒家以经营高档粤菜海鲜为主，粤菜海鲜是高端中餐的代表，而广州又是粤菜的发源地，更是改革开放后内地高端中餐的发源地。因此，高端粤菜餐厅的组织常规源于广州，从常规的复制性来讲，这是初始常规，是具有代表性的高端餐饮组织常规。第二，和苑酒家是广州知名的高端粤菜餐厅，在大众点评网上长期综合排名第一，其服务流程、出品结构、物品用料乃至供应渠道都遭到同行企业的模仿和抄袭，是广州粤菜高端餐厅中的典型企业。第三，和苑酒家的两家分店虽然同源且地理位置接近，但在规模、装修风格、环境布局、客容量、定位、目标客户群和企业发展阶段等各方面都有着显著不同。和苑酒家两店经营概况详细情况见表4-1。第四，由于和苑酒家董事长兼总经理2013年至2016年大部分时间不在国内，因此两家分店实际上成为独立经营实体，实行驻店总经理负责制，由驻店总经理全面负责分店所有管理工作，管理公司各部门仅起到辅助支持的作用，董事长兼总经理仅通过电话和微信进行遥控指挥，因此，两个店是独立发展的，可将这两个店看作分开单独的案例进行研究。

表4-1　和苑酒家两店经营概况对比

内容＼店铺	粤财店	时代店
开业时间	2009年12月	2012年9月
经营时间	6年3个月	3年半
变革前定位	高端公务宴请	高端商务宴请
变革后定位	中高档私人消费	中高档私人消费
环境布局	包房与大厅各半	以包房为主
变革前餐位数	500	182
变革后餐位数	600	250
变革前经营状况	从持续增长到大幅下滑	持续亏损
变革后经营状况	止住下滑，保持经营稳定	收支平衡，净现金流为正

资料来源：根据和苑酒家文件资料整理。

　　研究者根据文献中相关理论，结合高端餐饮基本特征，确定此研究分析单位为各分店及各部门的工作流程及部门间的关系。这是因为此研究的研究主题是动态能力与组织常规及二者间的关系。工作流程是重要的组织常规，其变化反映了组织常规的变化，通过深入分析各分店各部门的工作流程，能够更清晰地了解组织常规内涵及其变化。通过了解分店和部门改变流程的过程及为了确保改变所做出的努力，可以提炼出动态能力与组织常规变化间的关系。但是，企业内部的工作流程众多，此研究从服务流程、出品流程和内部沟通流程三个角度选择典型案例。服务与出品是构成高端餐饮经营的重要因素，因此，服务流程与出品流程也是高端餐饮组织常规重要组成部分；内部沟通流程可有效反映部门与部门间的关系。这三个操作流程分别有很多子流程，此研究选取盆菜提货券领用服务流程、应季新菜出品流程和定量销售沟通流程，这三个子流程在外部市场发生变化后，根据新的市场环境、客户需求及企业内管理要求重新调整过的流程，每个流程都涉及一个以上的部门。同时，这三个子流程在两个分店均存在，并均有不同程度的调整，因此，适合此研究的双案例研究设计。

4.4 粤财店盆菜销售组织常规变化

4.4.1 盆菜及其销售

盆菜是广东的传统美食，每逢新年，广东家庭多有吃盆菜过春节的习俗。广州各种档次的粤菜餐厅都会在春节前销售盆菜。盆菜是非常适合家庭聚餐的菜品，一是操作简便，"我们的盆菜主料都是已经加工熟的，辅料以生的素菜为主，还专门配了调好的鲍汁和陶瓷煲，回到家里，只要往煲里先放素菜再放荤菜最后叠上贵价的，再淋上鲍汁，放在电磁炉或火上加热就可以吃了"（DC，粤财厨师长）；二是食材丰富，"每个盆菜里至少有15种材料，荤素搭配，还特别放了和苑最擅长的干鲍，最适合团聚时享用"（QZ，粤财驻店总经理）。

销售盆菜一般有两种形式："一种是售卖盆菜提货券，另一种是到餐厅即点即食盆菜。"（ZJ，营销经理）

盆菜提货券，即盆菜的销售与服务是分离的，餐厅先预售盆菜券，客户与餐厅共同约定提货时间，盆菜提货的时间是相对集中的，这是因为，"客户买盆菜大多是自己拿回家吃的，不是用来送礼的，一般都是年三十晚上与家人团聚的时候吃，也有初一在家吃或初二回娘家时候吃。"（QZ，粤财驻店总经理）

餐厅即点即食盆菜就是餐厅将盆菜作为一道菜品销售，客户不是外卖打包回家，而是当堂食用。这对餐厅而言有优点也有缺点。优点有两点：一是由于放了贵价食材，因此"销售价格比普通小炒要高，推销盆菜可以提高餐厅单均消费、人均消费以及毛利率"（MJ，财务经理）；二是由于"盆菜主料都是提前加工好的"（DC，粤财厨师长），因此节约了加工制作时间，节省人工，降低损耗，提高了出品效率。缺点也有两点：一是盆菜作为一种堂食气氛菜，需要服务人员现场为客人操作，增加了服务环节，为保证服务质量所需的员工就更多了，特别是"在春节前和春节期间，堂食盆菜服务压力很大"（QZ，粤财驻店总经理）；二是年三十晚很多家庭聚餐点盆菜，"五个人，一份盆菜加两个小炒就够了"（QZ，粤财驻店总经理），这影响了其他贵价菜品的销售，导致旺季"旺丁不旺财"（LD，董事长兼总经理）。

4.4.2 粤财店盆菜销售组织常规变化

为了提高盆菜的销量及销售额，和苑粤财店做了如下调整。

4.4.2.1 品种及价格变化

粤财店盆菜销售的品种和价格都发生了变化。变化对比见表4-2。

第一，品种变化。调整前有三个品种，调整后变为两个品种，减少了价格最贵的至尊吉品。这是因为"至尊这款盆菜是为高消费客户定制的，普通私人消费接受不了"，"之前销量也不多，现在更少人买，所以这次就减掉了"（QZ，粤财驻店总经理）。

第二，取消了堂食。上文已提及了即点即食盆菜的优缺点，虽然盆菜可以提高营业额，但是同时，盆菜增加了服务操作的难度和影响了繁忙时段其他贵价产品的销售。因此，调整后，取消了盆菜堂食，只能打包外卖。

第三，价格方面。鲍罗万有售价不变，因为"我们要保持一款相对贵的盆菜，有了价格对比，客户才更有可能买便宜的一款"（QZ，粤财驻店总经理）。

第四，推出百搭款盆菜。百搭款盆菜即先给出一个基础盆菜底，仅放普通的原材料（猪手、烧鹅等等），然后再让客户从贵价产品里选择配搭，额外选的贵价产品另外收费。贵价产品是给予特别优惠价格的。"这样做增加了产品的选择性，通过推销，让客户不知不觉可以多买一些"（QZ，粤财驻店总经理）。

表4-2 粤财店盆菜品种及售价对比表

调整前		调整后	
品种	售价（单位：元）	品种	售价（单位：元）
至尊吉品（堂食）	2999	鲍罗万有（外卖）	888
至尊吉品（外卖）	2699		
鲍罗万有（堂食）	1088		
鲍罗万有（外卖）	888	金玉满堂百搭款（外卖）	398
金玉满堂（堂食）	628		
金玉满堂（外卖）	498		

资料来源：根据和苑酒家内部文件整理。

4.4.2.2　盆菜主辅料品种及分量变化

仅比较鲍罗万有和金玉满堂两款盆菜。鲍罗万有主辅料17种，发生变化6种，减少1种；金玉满堂主辅料17种，发生变化3种，减少2种（详见表4-3和表4-4），原因有三：

第一，从货源角度。"八项规定抑制了公款消费，导致贵价干货价格下降，货物积压"（PJ，采购经理），但私人消费提升了很多，"很多女性喜欢吃花胶"（QZ，粤财驻店总经理），"花胶价格上升且货源紧张，我们将鲍罗万有里的花胶筒改为野生海参"（DC，粤财厨师长）。

第二，从成本角度。"瑶柱80头6粒调整为瑶柱150头8粒，大鹅掌调整为大花菇都是为降低成本"（DC，粤财厨师长）。

第三，从操作角度。"之前节虾采购回来是活的，我们还要先养着，有需要时再煮熟，现在的对虾是进口的冻虾，很容易备货保管"（DC，粤财厨师长）。

第四，从客户满意度角度。"我们之前鲍汁给的是1斤的分量，有熟客反映鲍汁不够用"（QZ，粤财驻店总经理）。"以前我们觉得，不够用的话，客人自己加些开水再调些耗油和鲍汁就可以了"（DC，粤财厨师长）。调整后，从500ml增加到750ml，即从1斤增加到1.5斤。"现在我们希望给足客人鲍汁，这样味道最好"（DC，粤财厨师长）。

4.4.2.3　盆菜领用流程变化

对比图4-1和图4-2，我们可以发现粤财店盆菜领用流程发生了两处重大变化。

第一，原有流程为咨客或销售人员接到客户预约提货电话后，口头通知厨房；现改为咨客或销售人员接到电话后，填写盆菜提货单通知厨房。原有口头通知有两个缺点：一容易造成信息失真或遗漏；二是责任不清，出了问题互相推诿。通过填写盆菜领用单，这两个漏洞补上了，管理形成一封闭链条，分工及责任清晰明确。

第二，原来贵价干货由厨房负责出货，现改为贵价干货由咨客直接出货。厨房只需要出货基础盆菜，然后由咨客按盆菜提货单上的品种配上贵价干货，

表4-3 鲍罗万有主辅料品种及分量对比表

	调整前		调整后	
	品种	数量	品种	数量
主料	南非20头干鲍	3只	南非20头干鲍	3只
	瑶柱80头	6粒	瑶柱150头	8粒
	原只花胶筒	1只	美洲野生海参	1条
	蚝豉35头	6只	蚝豉35头	6只
	节虾12头	6只	对虾35头	6只
	大鹅掌	6只	大花菇	1只
	猪手	1只	猪手	1只
	白切鸡	1份	白切鸡	1份
	百灵菇	6片	百灵菇	6片
	烧鹅	1份	烧鹅	1份
	酿鲮鱼	1条	酿鲮鱼	1条
辅料	发菜、浮皮、青萝卜、红萝卜、娃娃菜		发菜、浮皮、莲藕、娃娃菜	
调料	鲍汁	500ml	鲍汁	750ml

资料来源：根据和苑酒家内部文件整理。

表4-4 金玉满堂主辅料品种及分量对比表

	调整前		调整后	
	品种	数量	品种	数量
主料	原只花胶筒5头	1只	瑶柱150头	8粒
	瑶柱80头	6粒	蚝豉35头	6只
	节虾12头	6只	对虾35头	6只
	蚝豉35头	6只	大花菇	1只
	大花菇	1只	猪手	1只
	酿鲮鱼	1条	酿鲮鱼	1条
	猪手	1只	烧鹅	1份
	烧鹅	1份	白切鸡	1份
	白切鸡	1份	百灵菇	6片
	贡丸	6粒	贡丸	6粒
	百灵菇	6片		
辅料	发菜、浮皮、青萝卜、红萝卜、娃娃菜		发菜、浮皮、莲藕、娃娃菜	
调料	鲍汁	500ml	鲍汁	750ml

资料来源：根据和苑酒家内部文件整理。

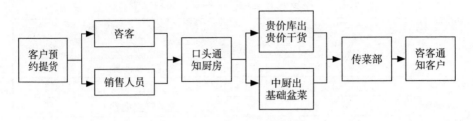

图4-1 调整前的盆菜提货流程

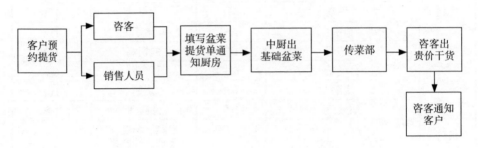

图4-2 调整后的盆菜提货流程

这样就简化了原有的提货流程，提升了提货的效率。需要注意的是，这里咨客保管的不是所有的贵价干货，只是盆菜提货所需要的贵价干货。

4.5 时代店餐位管理组织常规变化

"时代店开得有些生不逢时"（LD，董事长兼总经理），刚开业不久，八项规定就出台了，"时代店以房间为主，散座太少"（LD，董事长兼总经理），公务消费被抑制，时代店受到很大的冲击，这是由时代店的定位所决定的。"时代店离粤财店很近，只隔一条东风路"（WZ，时代驻店总经理），因为"筹备时代店的时候，粤财的房间每晚都爆满，我希望新店专注于房间的大客户，给公务客以更私密的空间"（LD，董事长兼总经理），所以"时代店可以说是粤财店的升级版，更私密的会所"（LD，董事长兼总经理）。这种高端的定位决定了时代店的布局及餐位数。

时代店共三层，在时代地产中心的三、四、五层。三层是一个小厅加上4个房间，四层是6个房间，五层是5个复式豪华房间，总餐位数182个。"小厅最初的设想只是为司陪餐提供服务"（LD，董事长兼总经理），"司陪"就是重要客户的司机和陪同人员，因此这个厅很小，仅摆放了2张6人台和5张4人台，总餐位数32个。四层"有两个房间可以打通，最多摆四桌"（WZ，时代驻店总经理）。五层的房间"层高有8米，我们每个房间都做了复式的休息区"（LD，董事长兼总经理）。

4.5.1 增加餐位数

由于高端消费减少，时代店必须转向私人消费，餐位数就成了最重要的变量。"原来我们这里是就餐人数少，但是人均消费高，现在人均消费大幅降低，要达到同样的营业额，就必须接待更多的客人"（WZ，时代驻店总经理）。但是，如上文所述，时代店的布局及硬件已经固定了，如果要增加餐位数，"我们只能将房间变为散座，增加了近4成的餐位数"（WZ，时代驻店总经理）。具体的调整情况见表4-5。

表4-5 调整前后餐位对比表

位置	调整前餐位数	调整后餐位数
小厅	32	56
第一层房间	40	64
第二层房间	60	80
第三层房间	50	50
合计	182	250

资料来源：根据访谈内容和时代店文件资料整理。

4.5.2 通过餐位管理提高人均消费

餐位数增加后，人均消费成为重要变量。"在新的形势下，如何提高人均消费，是我们必须要解决的问题"（LD，董事长兼总经理）。通过深入研究，时代店采取了优先高消费客户用餐这一策略，这也是通过餐位管理来实现的。

"我们店午市是爆满的，而且要翻台2.5轮"（WZ，时代驻店总经理）。但是，"午市以喝茶吃点心居多，调整前占到九成以上，很少人是点菜吃饭的"（PZ，时代服务经理）。"喝茶吃点心的人均消费是在60～80元之间，点菜吃饭则在100～150元之间"（MJ，财务经理）。很明显，增加点菜吃饭的客户数，可以有效提高人均消费并推高营业额，这在制度环境变迁后的大众私人消费时代是极为重要的。

"我们采取三步走策略：第一步增加餐位数，第二步让全场爆满，第三步筛选客户"，筛选客户的具体做法是"我们现在散座一共有160个餐位，留出40个餐位，也就是10张4人台，只允许点菜吃饭，不允许喝茶吃点心"（WZ，时代驻店总经理）。"客人如果中午想预订台，喝茶吃点心是不可以预订的，只能现场拿号排位，"但是，"如果是点菜吃饭，就可以预留"（ZL，时代咨客）。即优先保证点菜吃饭的客人。即使"剩余的120个餐位已经爆满等位了，而留出的10张台还有空台，我们也不会放喝茶的客人进来，就是要通过这种手段筛选客户"。为了避免喝茶的客户投诉，"我们将四层的两个打开趟板门的房间作为点菜吃饭专区"（WZ，时代驻店总经理），这样通过不同层的空间区隔，有效分离不同层次客户。

4.6 两店动态能力的微观基础

通过对访谈资料的分析和编码，研究者得到了影响组织常规变化的三个因素。参考Teece（2007）提出的动态能力的微观基础，研究者发现这三个因素是动态能力的微观基础，对应动态能力三个维度：感知与辨识机会和威胁、捕捉机会、管理威胁和重构。

4.6.1 感知与辨识机会和威胁

感知与辨识机会和威胁是动态能力对组织常规作用过程的第一步。访谈资料发现，粤财店和时代店对机会和威胁的感知主要来自对目标细分市场变化的扫描和对客户需求变化的搜寻。进一步分析，研究者发现两店都存在自下而上的推动模式和自上而下的拉动模式。

4.6.1.1　自下而上的模式

自下而上的推动模式是指首先由基层员工感知到市场的变化和客户的需求变化，并将此信息由下向上传递，为高层的决策变化提供重要证据。在粤财店盆菜销售组织常规变化的案例中，研究者发现，客户对鲍汁少、不够用的投诉是首先由基层的咨客员发现的，他们是感知变化的第一线。在时代店餐位管理操作常规变化的案例中，客户可以为了不等位而接受溢价这个需求是由基层服务人员最先发现的。

这种自下而上的信息传递是通过客户意见反馈本和B训来实现的。首先是客户意见反馈本。基层员工有义务每天将客户的意见（包括表扬、投诉和建设性建议）登记到客户意见反馈本上；中高层管理人有责任每天晚上收市后查阅客户意见反馈本；驻店总经理和厨师长阅后必须签字。其次是B训。B训就是餐前准备的简报会或餐后的总结会，和苑两个店的B训是双向的，除了管理人员讲话之外，每天轮流由一名基层员工发言，发言的范围是限定的，包括自己工作的得失、客户的投诉及处理，以及对公司新要求、新方案和新政策的理解。通过客户意见反馈本和B训，信息得以有效地实现"下情上传"。

4.6.1.2　自上而下的模式

自上而下的拉动模式是指高层管理人员首先感知到市场的变化和客户的需求变化，并将此信息由上向下传播，促使从高层到中层再到基层都为了应对变化而积极想办法。在粤财店盆菜销售操作常规变化的案例中，驻店总经理提出满足客户多变的需求，要推出百搭盆菜，但是百搭的品种——辽参和花胶的保鲜问题是之前解决不了的，后来通过厨师长和中层厨师的共同研发，解决了其中的技术难题。

4.6.2　捕捉机会

企业感知到市场的变化和客户需求变化之后，就会以此为依据进行决策，产生新的产品、服务和操作流程，从而改变组织常规。通过对粤财店和时代店的案例研究发现，这两家店都是层级较多的、管理得较好的在位企业，但是这两家店都保持了创新的活力。研究者认为，这是由于两家店都采用了双向互动、多部门协作的决策制定流程（见图4-3）。

双向互动，是指决策的制定并不仅局限于高层管理者，基层管理者也要一起参与进来。多部门协作，是指尽管每个操作常规都有一个主导的部门，但是其他部门也积极参与到决策的制定过程中。

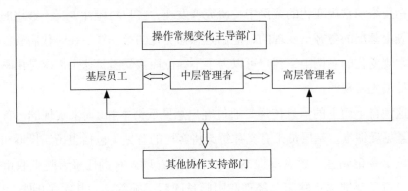

图4-3　双向互动多部门协作决策制定图
资料来源：根据访谈资料和现场观察笔记整理。

4.6.3　管理威胁和重构

高端餐厅一般都是传统企业，这些企业管理相当依赖于层级，至少三个层级：高层、中层和低层。高层对企业实施控制，并自上而下进行多层传递（Teece，2007）。在这样的企业中，基层员工更多是对管理层负责，而不是对客户负责，客户需求也得不到高层足够重视。但通过案例研究发现，粤财店与时代店虽也采用多层级结构，以服务部为例，有四个层级，即服务员、服务部长、服务主任、服务经理，但是，其实际的管理是去中心化的。

首先，两个店均强调倒金字塔服务，即客户在最上层，与客户最紧密接触的基层员工在第二层，第三层是中层，第四层是高层。这一结构，强调高层为其之上的三个层级服务，高层不仅要直接参与到对客服务中，随时保持对客户需求变化的敏锐感知，而且也要服务好中层和基层员工，而不是管理控制他们。

其次，在感知需求变化和决策制定过程中，两个店均经常采取跨部门、跨层级的项目小组形式。在粤财店盆菜销售流程变化的案例中，项目小组由驻店总经理、厨师长、头砧厨师、咨客共同组成，他们分别属于三个部门的四个层级。而在时代店餐位管理操作常规变化的案例中，项目小组则是由驻店总经理、财务经理、收银、服务主任共同组成，他们也分别属于三个部门的四个层级。具体见表4-6。

表4-6　项目小组职位层级对照表

盆菜项目小组			餐位管理项目小组		
部门	职位	层级	部门	职位	层级
	驻店总经理	第一级		驻店总经理	第一级
出品部	厨师长	第二级	财务部	财务经理	第二级
出品部	头砧厨师	第三级	财务部	收银	第四级
服务部	咨客	第四级	服务部	服务主任	第三级

资料来源：根据和苑酒家组织结构图及内部文件整理。

4.6.4　从温和动态市场到剧烈动荡市场

粤财店和时代店均经历了从温和动态市场到剧烈动荡市场的变化过程。

粤财店2009年12月试营业，到2012年12月已经营3年，这3年内生意是稳步上涨的，目标客户群是稳定的——高端公务消费客户，竞争对手是清晰明确的——高端粤菜餐厅。因此，粤财店在2012年12月前所面对的是一个温和的动态市场，已形成自己的管理规范、经营规范等一系列组织常规。此时，粤财店的动态能力是要确保成功的经验可以得到复制，通过线性路径，形成稳定的可分析、可学习的组织常规。但相关政策发布后，粤财店减少了很多公务消费客户，增加了很多私人消费客户，竞争对手也不清晰了——原来相互竞争的高端粤菜餐厅纷纷倒闭或转型，大量面向私人客户的时尚餐厅涌现，引发粤财店动态能力变化，组织结构由层级化到去中心化，决策过程由按部就班的严谨流程到更具弹性。此时动态能力相对于之前温和动态市场而言，更加简单化，使管理者更加聚焦于市场变化和客户需求变化，从而进行组织常规调整，而不是将管理者局限于过去的经验和已有的规范中。具体对比见表4-7。

所不同的是，时代店从诞生之日起就面临着剧烈动荡的市场，更加强调经营和管理的变化。"由于前期定位的失误，时代店不在现有硬件条件下积极变化，只有死路一条"（LD，董事长兼总经理）。剧烈动荡市场要求时代店重

表4-7　粤财店动态能力特征变化对比表

	温和动态市场	剧烈动荡市场
市场环境	稳定	动荡
目标客户	高端公务客户	不清晰，增加了私人消费
组织结构	层级化	去中心化
决策	强调流程严谨	强调弹性
常规操作者	注重对已有经验的复制、学习和优化	注重创新

资料来源：根据访谈资料和现场观察笔记整理。

构其动态能力，更加关注于经营和管理的创新。对常规的操作不是线性的而是迭代的，即通过不断试错和重复性的实验去产生新的常规，而不是从对旧有经验的继承和分析中得来。

4.6.5　主体能动性的作用

通过对粤财店和时代店的案例研究发现，决策者（高层管理者）或者操作者（中层管理者和基层员工）或者两者合一在动态能力与操作常规变化之间起着重要作用。

市场的变化、目标客户消费需求的变化是由决策者和常规操作者共同探知的。在粤财店盆菜销售流程变化的案例中，驻店总经理对市场更敏感，而咨客则对客户需求更敏感。同样，在时代店餐位管理组织常规变化的案例中，驻店总经理对行业正在发生的重大变革有深刻的理解，而服务主任、服务员则更加了解客户的需求。

改变组织常规的决策是由基层、中层和高层共同制定的。在粤财店盆菜销售流程变化的案例中，基层员工（咨客）主动给自己增加工作；在时代店餐位管理操作常规变化的案例中，基层员工（服务员）主动对驻店总经理的变化方案提出修改意见。决策的过程是群策群力，充分发挥了各个层级参与者的能动性。去中心化增加了基层常规操作者对于常规操作变化的作用，倒金字塔的服务结构更是充分强调了基层操作者主体的能动性。

4.6.6　价值共创

案例研究发现，价值共创存在于动态能力影响操作常规变化的全过程中。平等地看待客户，既不仅仅将客户作为销售对象，用尽手段去推销，也不将客户视作上帝，无底线服从，是和苑重要的服务理念，也是价值共创的前提条件。从粤财店和时代店的内部培训资料中，研究者发现和苑自己总结的待客之道是"服务真诚、出品真实、对客自信"。服务与出品是餐饮企业提供给顾客消费的"产品"，"服务真诚"与"出品真实"都强调了一个"真"字。"真"意味着透明，即和苑努力使客户拥有与企业同样的获取信息的渠道，并进而获取到与企业一致的信息。

在经营形势不好和成本高的情况下，为了获取更多利润，高端餐厅销售盆菜时会采取两种方式。一是"以次充好"（ZJ，营销经理），即产品名称和售价不变，但降低原材料标准，这种做法可以获取超额利润，实际却是对顾客的一种欺骗。二是"先升后降"（ZJ，营销经理），即先把名义售价提高，再给予顾客大比例折扣，这样实际售价与提价前差不多，但事实上也是对顾客的一种欺骗。粤财店并没有采取这两种方式，虽然销售产品的名称没有改变，但是价格降低了而不是保持不变，同时在所有宣传品上明确列出了新的主料搭配表，这样做既符合其出品真实的待客之道，也确保了对客户的信息透明度。同样，在时代店餐位管理的案例中，时代店也没有采取业内通行的"行规"——在餐位紧张且高净值客户没有提前预订座位的前提下，保留部分餐位给高净值客户，并且不让其他等位的客户知道，而是"明码标价"（WZ，时代驻店总经理），明确告知等位的客户。

因此，在信息透明且对称的基础上，顾客可以与企业一起开展积极而平等的对话。通过对粤财店和时代店的案例分析，和苑有两种途径进行这种对话：一是前文提及的顾客意见反馈本（见图4-4）。员工收集顾客的意见或者顾客主动向员工建议，这是顾客与员工两个主体的双向互动。通过顾客意见反馈本，员工将信息转录到内部知识共享平台上，使顾客的意见和建议沿着基层、中层和高层员工的路径在企业内部传递。同时，企业产品和服务的信息也通过员工向客户传递。

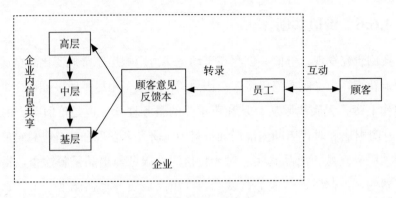

图4-4　顾客意见反馈

资料来源：根据访谈资料和现场观察笔记整理。

　　另一种是熟客试菜机制（见图4-5）。两店都会定期邀请经常到店的熟客品尝新菜，为新菜提出建议。试菜宴会本身就是一个顾客与企业平等对话、共创价值的平台。在试菜过程中，首先由厨师长向顾客介绍新菜品的创意和特点，顾客品尝后，将自己对新菜的感觉表述给厨师长，最终由厨师长考虑是否对菜品进行修改。这一过程实际是顾客与企业共创新菜式，对顾客而言是一种独特的体验。通过对话，顾客与企业可以一起识别市场的机会与威胁，一起制定决策。同时，为了更方便与顾客对话和沟通，企业必须去中心化，使决策层更贴近顾客。

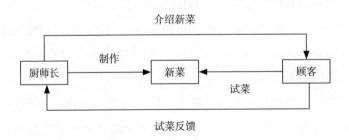

图4-5　试菜

资料来源：根据访谈资料和现场观察笔记整理。

4.7 本章小结

市场动态性是动态能力的前因变量。从经典文献中，研究者发现，Eisenhardt和Martin（2000）认为市场动态性决定了动态能力的类型，即市场动态性是动态能力的前因变量。从粤财店和时代店的研究案例中，研究者发现外部市场及目标客户的巨大变化导致了两店动态能力微观基础的改变，进一步引起了组织常规的调整和改变，这是从案例分析观察中得到的第一个理论模式。

动态能力通过主体能动性改变组织常规。从经典文献中，研究者发现，Giddens（1984）认为结构与能动性是一种相互本构的二元性存在。将结构化理论拓展到动态能力与组织常规之间的关系中，Feldman和Pentland（2003）认为常规的变化是执行面与表述面相互作用的结果，即主体与结构相互作用的结果。因此，动态能力通过主体能动性改变组织常规，这是此研究案例研究的第二个理论模式。

基于顾企互动的价值共创在动态能力改变组织常规的过程中起着重要作用。Vargo和Lusch（2004）指出了顾客作为价值共同创造者的重要性。企业与顾客的互动关系是服务与产品创新的关键。这种创新就是企业通过动态能力改变既有知识、技术规范和操作流程，使企业的资源更有创新性，继而产生企业的竞争优势。因此，基于顾企互动的价值共创在动态能力改变组织常规过程中起着重要作用。这是此研究案例研究的第三个理论模式。顾客与企业通过对话一同探寻市场的机会，通过顾企互动影响企业决策过程，为了更便于顾企互动，企业采取去中心化的更扁平组织结构。在动态能力影响组织常规过程中，主体能动性不仅在企业内部主体间起着重要作用，而且在顾企互动中起着重要作用，即企业内部员工与顾客相互发挥主体能动性进行互动，推动动态能力改变组织常规，从而共创价值。

此研究通过案例研究，提出一个理论分析框架，用以分析动态能力对组织常规变化的影响机制（见图4-6）。

首先，通过对高端餐厅的案例研究发现，高端餐厅中的操作流程或规范确实像"基因"一样稳定、可复制，成为组织记忆的一部分。这些流程的操作者在操作过程中不断地通过主体能动性对流程进行反思，进而提出对流程改变的

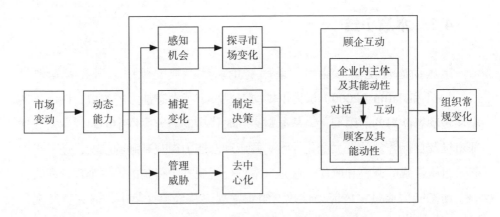

图4-6　动态能力对操作常规的影响机理

建议。研究者进一步发现，同层级的员工间和不同层级的员工间的互动交流对常规变化起着重要作用。同时，顾客及顾企互动关系，使顾客不仅是消费者，而且与企业员工一起成为常规的改变者和创造者。其次，常规的变化来源于外部环境冲击，外部环境冲击激发企业内部员工的学习，尤其是高层员工向外部学习经验，从而改变现有常规。企业内部员工向外部学习的行为不仅仅发生在高层员工身上，同样也发生在基层员工与顾客的互动过程中，即基层员工通过搜集顾客独有的个性化体验来从外部学习知识，从而改变现有操作常规。顾客将自己的消费体验，通过顾企互动，主动分享给企业，帮助企业实施变革，与企业一起共创新的常规。再次，顾客与企业通过互动共同探寻市场变化与机会，与企业一起整合包括顾企互动关系在内的企业资源。最后，此研究以高端餐厅为研究对象，发现高端餐厅为了保持高品质出品与服务，同样需要稳定的组织常规；面对外部环境的变化也一样需要动态能力去影响操作常规发生改变；所不同的是，由于高端餐厅本身就是以满足顾客的独特体验为经营目标，因此高端餐厅在动态能力改变操作常规的过程中，更加注重顾客与企业的互动关系，与顾客共创价值始终贯彻于动态能力对操作常规的影响过程中。

此研究为高端餐厅在新常态下转型提供一些理论支持。在2013年前，高端消费飞速发展，每个高端餐厅活得都很"滋润"，相关政策的出台对高端餐厅这一细分行业产生颠覆性影响，企业必须调整自身以应对市场变化，基于这一背景，此研究的结论对高端餐厅的实际经营管理有着重要的参考价值。

第一，高端餐厅要从重视组织常规转变为重视动态能力。在新常态下，外部市场环境发生了巨大变化，高端餐厅必须更加动态地进行经营和管理。高端餐厅从不缺乏"急智"，虽然从业人员的知识水平普遍偏低，但是由于他们长期从事与人打交道的工作，因此大多情商很高，个体极具灵活性。"兵来将挡，水来土掩"的解决方式是高端餐厅各层级员工经常采取的。动态性并不是临时性，动态能力本身就是高端的常规，搜寻市场变化并做出相应的变化应当成为高端餐厅的常规，持续成功的高端餐厅必须具备动态能力以实施持续变革。

第二，高端餐厅必须真正尊重基层操作员工，并充分发挥其主体能动性。基层操作员工是高端餐厅与客户接触的第一人，是菜品生产制作的第一人，他们更了解客户需求和操作流程，任何对组织常规的改变都离不开他们。在高端餐厅的管理中，要尽可能地去中心化，尽量通过对基层员工的授权，充分发挥他们的自主性，采取组建项目小组方式，打破层级和部门的区隔，让更多的基层操作员工参与到流程设计与企业变革中来。

第三，高端餐厅应当将顾客作为价值共创的伙伴。真正健康良性的顾企关系应是基于顾企互动的价值共创，高端餐厅应通过各种渠道开展与顾客平等对话，尤其是利用信息技术，通过微信、微博、QQ等社交工具和网络社区，与顾客不限时间和不限空间地进行对话交流，最终共创价值。高端餐厅本身就是为顾客提供高端产品、服务和就餐体验的，从体验角度来讲走在所有餐厅前列。随着高端餐厅的目标客户群从公务客户转为高端私人客户，企业不可能不计成本地满足顾客需求，因为现在的顾客更加注重性价比。因此，在出品和服务相同的情况下，高端餐厅要想脱颖而出，必须与顾客一起共创个性化的体验。

第四，高端餐厅应致力于建立透明的信息交流机制，积极开展与顾客的对话。虽然高端餐厅是需要顾客亲身体验的，受电子商务冲击较小，但从价值共创角度，高端餐厅必须尽可能地将与顾客相关的信息公开化、透明化。例如采取公开透明的厨房或对出品进行现场直播，从而让顾客吃得更放心。只有这样，高端餐厅才能建立真正平等而积极的顾企互动对话机制。

此研究仍有不足之处。从研究方法来看，案例研究是一种非常完整的研究方法，可以有定性研究，也可以有定量研究，此研究仅通过访谈法、文献研究法和参与式观察法进行了定性研究，进一步的研究可以加入定量分析。例如，盆菜操作流程改变后客户的满意度调查，餐位管理操作常规改变后实际经营绩效的统计分析。

从研究案例来看，此研究对和苑两家分店进行了双案例研究。和苑酒家在广州高端粤菜行业具有代表性，因此此研究对广州高端粤菜餐厅具有一定的理论意义。但是，该研究是否能够扩展到其他高端餐厅（如高端西餐厅、高端自助餐厅、高端日餐厅等）？是否能够扩展到其他不同档次的餐厅（如中端、低端）？这需要后续进行更多案例的研究。

从研究对象来看，此研究对动态能力微观基础的研究仅涉及了三个维度下的三个微观基础，每个维度下还有很多微观基础可以进一步研究。对主体能动性的研究也可以从主体的空间和时间分布角度进行深入研究。此研究虽然提出了价值共创在动态能力改变操作常规的过程中起着重要作用，但是价值共创是否能成为调节变量？在价值共创程度高和价值共创程度低的企业中，是否动态能力改变操作常规的结果也不同？顾客融入的程度是否对动态能力改变操作常规的过程有影响？这些都是后续要深入研究的课题。

最后，从本案例的实际来看，由于本案例的企业对信息技术的应用程度不是很高，因此此研究缺少应用信息化工具的相关举例。随着案例企业对信息技术应用的逐渐深入，研究者在后续跟踪研究中可以重点关注这方面的案例。

【第5章】

酒店如何通过师徒制发展组织
操作常规：碧水湾酒店案例①

① 本章改编自《烙印效应：酒店如何通过师徒制发展组织操作常规》，原文载于《南开管理评论》，2020，23(2):75-84。

5.1　本章背景与研究问题

自2016年李克强总理首次在政府工作报告中提出企业发展需培育精益求精的"工匠精神"以来，受到各行各业的广泛关注和持续学习。然而反观当下酒店业，却因卫生清洁不过关、诚信缺失以及服务能力不足等问题，丧失顾客信任，降低品牌价值和市场认可度，从而威胁组织存续。这无不昭示着多数酒店在短视利益驱动下忽视操作常规，怠忽工匠精神。组织操作常规，是不断重复而且具有复制性的流程化操作过程和操作模式，具体表现形式如标准服务流程、沟通流程等。现有研究将其分为日常常规、投资常规和搜寻常规。其中搜寻常规是高阶常规，可以修改或调整较低层次程序的常规，是确保酒店日常运营、应对环境变化的关键。特别是随着宏观环境的时代诉求升级和客户消费需求更新，组织操作常规的好坏愈发影响顾客对酒店的品牌形象感知、忠诚度以及重复购买意向。但现有酒店却因其对自身资源的有限控制和监督错位，阻碍了组织操作常规的有效运营。首先，酒店因员工流动性大，培训机制不完善，未能养成员工良好的操作常规执行习惯；其次，酒店企业忽视自身操作常规的重要性，难以贯彻执行标准服务流程，自然无法全面监督操作细节；最后，酒店企业激励机制不健全，薪酬设计不合理导致员工消极怠工，较难自觉落实操作常规流程。换言之，在酒店业服务形象似乎全面坍塌之时，酒店组织操作常规不仅需要标准化服务流程，更需要基于工匠精神进行精细化管理。尽管已有研究指明发展组织操作常规，酒店需要重视培养适合自身发展的人才。然而，如何打造组织操作常规，仍成为学界和业界共同关注的重要话题。

师徒制作为企业管理运营实践的重要活动，是人力资源向人力资本提升的重要手段。具体来说，一方面，工匠精神通过师徒制保障组织学习、激励员工对其工作主导性和发展潜心钻研、精益求精的创新能力；另一方面，企业借助师徒制约束或督促履行社会责任，有利于企业和社会的可持续发展。事实上，酒店业界利用师徒制传承工匠精神、影响组织操作常规的现象已然存在。但现有研究仍停留在师徒制有效缓解酒店员工工作压力、降低员工离职意愿等个体层面，对于组织层面探讨相对不足，自然难以揭示这一现象及其所蕴含的内在机理。

烙印效应理论为推进研究酒店师徒制、工匠精神与组织操作常规的联系提供了有益视角。首先，由于酒店业是一个高度经验化的行业，其操作常规存在重复性与复杂性，要求员工不仅仅具有爱岗敬业的奉献精神、精益求精的工作态度来建构高品质服务流程，还需要抱有攻坚克难的创新精神以应对动态环境的挑战。而烙印效应作为组织塑造个体行为、形塑工匠精神的有力机制，能够通过工作嵌入、路径依赖和制度化对员工职业成功和组织有效性起到促进作用，从而使酒店在提供高度接触性服务的同时塑造员工行为和习惯。尤其考虑到新员工作为酒店新进入者，在面对价值观和经营理念不同的情况下，酒店需借助师傅言传身教，将烙印建立在某种常规之上，形成惯性和刚性，固化工匠精神，潜移默化影响理念改变，从而使其接受新的组织角色，助力组织发展。其次，现有国内关于工匠精神与师徒制的相关研究与报道多聚焦于制造业、工业和手工业等，然而对于酒店业，学界却鲜少提及。原因在于：酒店业作为现代服务业，有别于其他行业，被认为较难参与研发与创新，并且提供的产品无形化，难以界定。事实上，这一看法忽视了工匠精神的"原真内核"，酒店业同样需要专业知识和创新能力，提供给消费者的产品与服务同样需要精益求精，追求卓越。然而烙印效应理论的应用可以改变以往的约束条件。研究表明，烙印效应能通过师徒制有效诠释工匠精神内化为企业文化，推动员工弘扬与传承的过程。换言之，烙印效应可以揭示出酒店人的工匠精神形塑机制，这不仅补充了酒店业在社会发展中外在约束的不足，更发掘出酒店业在自身成长过程中形成的内生束缚，从而引导酒店业更好地建构自身发展，助力中国旅游高质量、可持续发展。

　　基于上述认识，为弥补理论缺口，本研究以中国酒店服务标杆企业碧水湾酒店为案例对象，援引烙印理论，构建了一个酒店利用师徒制传承工匠精神、影响组织操作常规的分析框架，并为中国酒店品质服务和高质量发展提出了建议。

5.2 文献回顾

5.2.1 酒店师徒制

师徒制是指在酒店内部资深员工（师傅）与资浅员工（徒弟）建立发展性人际关系，并对其进行指导的正式或非正式制度。对于初入职场的员工，在职业敏感期内师傅承担着对其进行企业文化传承、技术能力培养等多重工作，并关注其德行以及人际关系，旨在建立长期稳定关系、定制职业路径和发展职业目标。在指导过程中，师傅也会汲取新的知识和资源，促进自身发展。事实上，师徒制与工匠精神的传承息息相关。例如，杏花村汾酒借助师徒制，通过口传心诵传承酿制技艺，逐步改良，精益求精。工匠精神是指员工对工作内在价值的精神追求，是精益求精的做事态度，是秉持信念、坚守理想的自我效能感。其对中国每一个行业和企业的高质量、可持续发展起到推动作用，然而，酒店业却鲜少关注。

另外，师徒制在酒店情境下的相关研究也处于发展前期，主要表现为，一方面，现有研究将师徒制分为三维作用模型：职业生涯、社会心理支持和角色榜样。另一方面，将研究对象细分为酒店高管、一般管理者、酒店一线员工等。尽管也有研究指出师徒制可以有效缓解酒店员工工作压力、降低员工离职意愿、助力成长路径等，但从理论发展来看，上述研究都停留在个体层面，缺乏对组织层面的探讨。从管理情境来看，鲜有关于国内酒店企业利用师徒制推动组织运营的相关研究。事实上，组织与员工之间的相互依赖和相互作用是企业得以发展的关键。所以有必要以工匠精神为切入点，探索本土酒店情境下师徒制对组织层面的影响机制。

5.2.2 烙印效应与师徒制

烙印效应是指焦点主体在发展过程中处于某个特定阶段、环境时，会受到个人观念、认识模式和行为习惯的塑造并且产生持续性影响。具体而言，个体的烙印受到个人、团队、组织、网络和环境交互影响，同时个体作为实体也影响着组织的战略选择、组织学习、资源整合等过程。

烙印效应理论作为新兴的组织视角，受到学界的广泛关注。在研究对象方面，现有研究对于烙印的讨论多从组织群体、组织、组织内部单元和个体四个层面展开探讨。例如，个体层面上，现有研究多探讨企业创业者或高管受到烙印效应影响给企业成长或企业绩效带来的变化。也有少量研究以师徒制为切入点，讨论员工发展等相关内容。在烙印效应影响机制方面，不同领域的学者也探索出了不同的理论框架，如有学者主张组织烙印"来源—蜕变—绩效"的理论框架，该理论框架主要从组织视角论述了烙印在组织中经历了烙印持续、烙印扩大、烙印衰弱和烙印转变等发展过程，进而影响绩效。而梁强等着重强调组织烙印对新创企业早期成长的重要性，以初始条件—创建企业—成长演化为研究框架，利用"生态位"机制刻画其在新创企业成长演化的机制。戴维奇等则从认知维度和能力维度论述创业者在体制内的工作经历有利于企业在成长过程中有更强的政府政策参悟能力，以便更好地抓住创业时机。杜勇等以CEO的海外经历为切入点，从认知烙印和能力烙印视角阐述了CEO海外成长经历烙印对企业盈余管理决策的影响。

纵观上述研究可发现，关于员工层面的深入探讨较缺乏，特别是本土情境。现有研究虽然指出了烙印效应为企业师徒制理论的演进提供了有益角度，但其深层的理论逻辑还有待挖掘。也有研究明确提出未来研究应更加重视烙印效应对师徒制产生的作用效果。因此，此研究从此角度入手进行研究和解构。

5.2.3　文献评述

综上所述，现有关于酒店师徒制的研究多关注员工等个体层面，而对于组织层面的研究相对不足，况且在本土酒店情境下师徒制内生机理未被深入讨论。其次，烙印效应理论研究中关于个体层面的研究多围绕创业者或CEO，针对员工的研究相对较少，尽管有研究以师徒制为基础讨论过员工相关内容，但员工层面的烙印效应影响机制尚未能得到一个清晰的认识。鉴于此，本研究结合酒店管理情境，借助烙印效应理论讨论酒店利用师徒制传承工匠精神、影响组织操作常规的过程机理，试图弥补上述理论缺口。这不仅是对烙印效应理论的有益补充，而且拓展了师徒制和组织操作常规的相关研究，也对工匠精神如何推进酒店经营实践具有重要指导价值。

5.3 本章研究设计

5.3.1 研究方法

关于酒店师徒制影响组织操作常规的理论研究还比较欠缺，也尚未有成熟的理论框架，因此本研究属于理论建构式探索研究。考虑到具体的研究情境与酒店实际情况，且研究的问题属于"怎么样"和"为什么"的问题，因此案例研究是符合本研究的研究方法。具体而言，①从研究对象考虑，"常规"的概念具有情境化特征，从以往的研究范式来看，也多采用案例情境探讨常规，可见案例是探讨常规情境化较为合适的研究方法（高志军、刘伟、高洁，2014；许萍，2015）。②从研究性质考虑，酒店师徒制、工匠精神和组织操作常规在酒店管理学界的发展仍处于探索阶段，已有的文献难以回答和揭示研究问题的"黑箱"，需从过程情境深入分析，揭示现象特征和本质。案例研究在展示动态过程方面具有优势，能深入揭示变化特征和发展脉络。③从研究意义考虑，本研究试图从理论上建构在酒店情境下师徒制对组织操作常规的影响，案例研究的主要目的不在于验证理论，而在于构建理论。其中单案例研究更适合对纵向演进过程进行深度探索和分析，从而揭示出复杂现象背后的作用机理。所以本研究选择单案例研究方法。

在数据处理和分析过程中采用程序化扎根理论这种探索性研究技术。原因在于该方法有一套较为完善的程序，严格执行能保证结论的可靠性。具体而言，程序化扎根理论是基于客观主义认识论，从后实证主义的理论视角开展研究，用于尝试构建新的理论或改良现有理论，且对于分析纵向案例尤为适用。而且，程序化扎根理论已得到国际管理学界的普遍认可，并在国内获得广泛使用。因此，本研究采用基于程序化扎根理论的单案例研究方法进行研究。

5.3.2 案例选择

基于理论与实践的双层原则，考虑到原始数据的质量、丰富程度以及兼顾典型性和数据可得性，本研究根据理论抽样选择碧水湾酒店作为案例研究对象。具体来说，借鉴许晖等选择方法，该案例具有以下特点：①行业典型性。

碧水湾酒店作为现象级酒店具有独特性和单一性。特别是近几年来，由于它的亲情服务和个性服务，受到学界和业界广泛的关注。碧水湾酒店作为酒店服务的蓝本，始终利用师徒制匠心打造亲情服务推动组织操作常规发展，使其在酒店业界具有极高的口碑和顾客认同感，大众点评网更是连年获得4.9分或5分的好评。特别在近几年全国酒店行业的逆市下，碧水湾酒店连续七年实现营收过亿，经营效益持续增长。更值得一提的是，在人民大会堂召开的"中国服务"大会中，碧水湾酒店荣获"中国服务十佳品牌企业"称号，碧水湾酒店董事长曾莉荣获"中国服务导师"殊荣。可以认为，碧水湾酒店的服务流程和服务模式很大程度上能代表酒店业的一流水平，对本土酒店的运营管理模式有较强的借鉴意义。②匹配性。碧水湾酒店创建于2002年，在其成长历程中，碧水湾酒店利用师徒制用心栽培每一代碧水湾酒店人的工匠精神，在关注员工的成长路径的同时，也结合多个发展阶段的渐进演变特征建构和发展组织操作常规。也就是说，这一发展过程的演进变化和阶段差异为探索和提炼理论创造了条件，有利于翔实地呈现本研究的问题。③数据可获得性。研究团队长期关注碧水湾酒店的服务管理和组织赋能，并从2016年开始对酒店组织操作常规进行跟踪研究，多次赴酒店开展实地调研和收集资料，为本研究奠定了可靠而扎实的数据基础，与此同时也为本研究的信度和效度控制以及理论饱和度检验提供了保障。

5.3.3 资料收集与质量控制

为了更好地保证数据的信度和效度，根据学者Yin的案例研究原则，研究团队基于信度、内在效度、外在效度、建构效度四个质量评价标准对本研究进行控制和检验。具体地，首先，研究团队成员设计了调研方案计划书，并与酒店对接人员反复商讨，达成一致意见，方才展开工作。其次，在调研过程中，成员深入酒店各部门收集不同来源资料进行三角互证（见表5-1）。具体包括：①档案资料。在调研过程中，酒店工作人员积极提供组织结构图、服务流程图、人员架构图，以及师徒协定书、出徒考核试卷等方面的文件资料。②网络二手资料（除档案资料外）。研究团队也注意收集二手资料，例如期刊、网站、微信公众号、地方报纸以及酒店公开举办的培训班等，同时也对携程网等

表5-1 研究资料收集情况

数据类型	数据来源
一手数据	半结构访谈
二手数据	企业师徒制的协议、试卷、宣传册、人才培养计划书、组织结构图、服务流程图、人员架构图等档案资料
	碧水湾酒店网站、企业公众号
	非官方网站与公众号（例如美团、去哪儿、携程、酒店评论微信号等）

手机APP客户端上关于碧水湾酒店的组织操作常规的评论语句进行筛选。③半结构访谈。本研究最主要方法是对碧水湾酒店员工进行半结构访谈。成员通过研究设计提纲对受访者进行提问，并根据受访人当场的反应及思路继续追问，试图获得更具体信息。每次访问至少4名成员，其中1人主问，2人辅问，3人记录访谈内容，当场相互校对，全程录音。为有效解决模糊或定义不清数据，成员与酒店员工建立微信群，及时沟通确认。最后，团队成员将收集的资料书写成文交回碧水湾酒店，再次进行核实与检验，以保证案例描述的正确性。

需要说明的是，研究团队在访谈对象选择方面做了如下工作：首先，碧水湾酒店共有11个部门，根据关于酒店服务的相关文献，最终选择对客服务较多的前厅部、餐饮部、客房部、康养部4个部门。其次，由于师徒制、组织操作常规和工匠精神的专业性和特殊性，涉及了不同的行动主体，结合已有相关文献（赵晶、郭海，2014；周晓东、项保华，2003），为了缩小不同身份、年龄层、工作年限以及部门分工的个体差异特征，运用开放式抽样、关系性和差异性抽样、区别性抽样3种不同的理论性抽样，以保证不同类型受访者表达自己的意见和观点，以降低研究偏差。总体来看，调研对象的基本情况和团队前期跟踪了解的情况以及相关文献指出的个体差异情况较类似（见表5-2）。

5.3.4 资料分析与理论建构

本研究的资料分析和编码过程严格采用程序化扎根理论的三步编码技术，包括开放式编码、轴心式编码和选择编码。具体地，研究团队利用不同身份的多类型研究者对编码过程、概念、范畴以及故事线分析等问题进行相互论证。在编码过程中，4位成员分成两组背对背编码，然后团队其他成员根据研究编码结果表决支持或反对。若赞成，对所提观点进行完善补充；若反对，则进行

表5-2 访谈内容与被访人员

序号	职位	年龄	性别	工作经验	访谈次数	访谈时长
No.1	人事经理	30	女	6年	2	187min
No.2	前台部门经理	30	女	9年	1	73min
No.3	康乐部门经理	28	女	7年	1	70min
No.4	餐饮部师傅	34	女	5年	1	46min
No.5	餐饮部徒弟	27	女	1个月	1	74min
No.6	客房部师傅	42	女	6年	1	54min
No.7	客户部徒弟	32	女	3个月	1	45min
No.8	温泉康乐部师傅	28	男	5年	1	53min
No.9	温泉康乐部徒弟	22	女	1年	1	72min
No.10	温泉康养部师傅	26	女	5年	1	63min
No.11	温泉康养部徒弟	21	女	2年	1	73min
No.12	酒店前厅部师傅	26	女	3年	1	48min
No.13	酒店前厅部徒弟	21	女	6个月	1	55min

新一轮验证和修正，直至达成统一。最后将统一的编码和资料结果分别交给碧水湾酒店领导（业界专家）和相关领域教授（学界专家）进行验证，如若仍有疑问，则进行再次校验与修正，直至意见完全统一，完成编码过程，全程保证数据编码的严谨度和有效性。

一级编码称为开放式编码，是对初始资料进行解析，然后对整理的资料"贴标签"，提炼初步概念，对于类似概念，重复定义进行整合，用更高一个层次概念来概括初始概念，形成范畴化。在编码过程中，为探究出范畴间的性质、关系和维度符合真实情境，研究团队不断对原始资料与概念、范畴持续进行推敲、比对和衡量。本阶段共得出106个概念和11个范畴。其中少部分语句可归纳多个概念，也存在多个语句仅概括一个概念的情况，部分概念与范畴参考以往文献资料（见表5-3）。

二级编码是轴心式编码。采用轴心式编码旨在在开放性编码的基础上挖掘主范畴，揭示各范畴间的差异、联系和潜在逻辑关系。具体而言，研究团队基于案例资料分析要求和步骤，发现初步范畴化得到的不同范畴在概念层次上存在内在联结。根据范畴之间的相互关系和思维逻辑进行了归纳和总结，共得出4个主范畴，以及各个主范畴代表的意义及其对应的初步范畴（见表5-4）。

表5-3　案例开放式编码分析示例

原始资料	初步概念化	概念化	范畴化
对于从大学刚出来的员工，师傅是他们开启在碧水湾酒店企业发展的领路人（a1），帮助他们形成职业认识（a2）。师徒制的推行会增强徒弟对企业的归属感（a3）。尤其表现在徒弟对企业文化的认同，对企业文化的认同（a4）。	a1师傅是开启企业发展的领路人 a2师傅帮助徒弟形成职业认识 a3师徒制增强徒弟对企业归属感 a4师徒制增强员工对企业认同感	A1指导作用（a1、a2、a9、a10、a11、a18） A2传递传承功能（a3、a4、a7）	AA1职业生涯（A1、A2）
师傅在教授过程中，徒弟对他是有一丝崇拜的，也包含尊敬（a5）。徒弟会以师傅为榜样去学习他的为人处世等各个方面（a6）。例如，师傅在言传身教中把徒弟对待企业对待自己的工得淋漓尽致（a7）。在潜移默化影响徒弟自身对待企业文化，从企业文化为中心，从企业文化约束自己的行为（a8）。	a5徒弟对师傅尊敬和崇拜 a6徒弟以师傅为榜样 a7师傅展现企业文化 a8徒弟约束自身行为	A3学习标杆（a5、a6、a12、a14、a17）	AA2角色榜样（A3）
刚入职的时候，师傅特别注重培养徒弟服务理念（a9），也会对站姿、服务仪态，进行一定的指导（a10）。像我刚开职的时候是在餐饮部，师傅会告诉我该站在摆放注意事项，熟悉上菜的流程等，站姿如何（a11）。	a9师傅传输服务理念 a10师傅懂教受工作行为习惯 a11师傅帮助徒弟熟悉陌生环境	A4徒弟自我要求（a8、a14）	AA3发展能力格印（A4、A6）
师傅也会鼓励徒弟学习一些新的技能，像现在就在转盘上做沙画嘛（a12），师傅也会个绍掌握技能的同事下班之后多教我一下（a13），为了不让师傅技能失望，希望可以早日做VIP服务员（a14）。	a12师傅鼓励徒弟学习新技能 a13师傅利用自己的人脉帮助徒弟 a14徒弟有上进心	A5提供社会网络（a13）	AA4社会心理支持（A5）
有一次，我看到一位女士咳嗽，主动与女士沟通。她就说她最近嗓子不太舒服（a15），稍后给她准备一杯奢梨水，还有关于一些治疗嗓子不舒服的小贴士送给她（a16）。	a15徒弟主动与客户沟通 a16徒弟会提供个性化服务	A6徒弟主体性（a16）	……
我师傅的话，虽然有时会散师教教，但是很多时候师傅都很有原则，要求可能相对来说会比较严格，是以身作则的一个人（a17）。举个小小的例子，你这个人在上班的时候，你要好好上班，你说这个人如果犯了错误的话，其实你如果犯了错误的话，所有的人所有部门乃至于整个酒店的松懈，然后包括整个部门的人一起承担错误，不是你一个人在上班。以后我就不敢松懈（a18）。	a17师傅以身作则 a18师傅教育徒弟有责任感和集体荣誉感	……	……
……	……	共106个概念	共11个范畴

107

表5-4 轴心式编码结果

主范畴	对应范畴	范畴内涵
师徒制	职业生涯	帮助解读认知、了解工作规制,指导工作流程等效用。
	社会心理支持	拓展社会网络,提供心理资本、人力资本等效用。
	角色榜样	具有榜样激励、标杆示范等效用。
组织操作常规	日常常规	熟知工作流程,基本完成工作任务,工作质量基本合格以推动酒店组织操作常规发展。
	投资常规	独立上岗操作,适应倒班,熟悉工作环境,能较好处理人际关系等以推动酒店组织操作常规发展。
	搜寻常规	主动提供个性化服务,积极推荐服务产品,较好解决客户投诉,工作态度精益求精等,以推动组织操作常规发展。
烙印效应	认知烙印	具有能够认知企业文化、塑造行为习惯、了解工作流程、熟悉周边环境的能力。
	适应化烙印	具有能够适应工作环境、建构自身交际圈、承受住工作压力、掌握工作节奏的能力。
	发展能力烙印	具有能动性与主体性,可以识别机会和挑战,有很强荣誉感的能力。
工匠精神	感知培育	培育工匠精神,感知榜样力量,设立奋斗目标的工作态度和行为习惯。
	根植彰显	具有敢于创新、彰显精益求精理念、认真负责工作态度和行为习惯。

三级编码是选择性编码。选择性编码的主要目标是对主范畴及其关系进行理论化整合,并与已有理论进行对接和比较,再以"故事线"方式刻画出范畴间的联系,从而提炼出核心范畴,进而形成理论架构。研究团队成员在所得资料与现有理论之间反复思考对比,确保概念体系和模型既切合实践经验,又符合理论逻辑。本研究中,选择性编码得到的核心范畴表述为"师徒制影响组织操作常规的作用机制"。本研究总结的故事线表述如下:酒店企业传承工匠精神影响组织操作常规的成长演化不仅取决于师徒制作用机理,而且有赖于生成的烙印效应。可以认为,酒店企业通过师徒制手段,基于烙印效用机制,使员工根植工匠精神,从而推动组织操作常规发展。这一过程展演了酒店企业工匠精神从培育到彰显的成长演化,同时也渗透于组织与个体两个层面。据此,本研究形成理论模型(见图5-1)。

图5-1　师徒制影响组织操作常规的作用机制模型

5.3.5　理论饱和度检验

为了检验通过扎根理论构建的理论模型是否合理，需要对编码过程进行理论饱和度检验。因此，研究团队在得到概念、范畴和故事线的情况下，继续收集各种来源资料，进行理论饱和度的验证。结果显示，模型中的范畴已经发展得非常丰富，新的资料没得出新范畴与原来范畴之间的关系，主范畴内部没有出现新的属性，由此可以认为上述理论是饱和的，并确定最终理论。

5.4　案例发现

5.4.1　师徒制影响组织操作常规过程发现

酒店通过师徒制影响组织操作常规的过程，同时也是员工工匠精神从培育到彰显的过程。具体而言，基于碧水湾酒店师徒制关于1个月出徒、3个月转正、6个月可以晋升或升级为师父的培养流程，将酒店员工发展阶段划分为职业认知期、职业成长期和职业成熟期三个阶段。其中，职业认知期是员工新进入企业，处于角色转换期，解冻酒店认知，了解具体岗位责任，感受工作环境；职业成长期是指员工熟悉工作环境，但会出现职业倦怠或感受不适，产生焦虑甚至萌生离职意愿；职业成熟期的员工已适应工作环境，在师傅帮助下，知识技能、服务理念和工匠精神得以根植，具备能够从容应对外部环境冲击的能力，甚至凭借自身表现得到组织认同或升级为师傅（见表5-5）。

表5-5　碧水湾酒店员工职业发展路径周期

职业认知期	职业成长期	职业成熟期
了解日常常规	完成出徒考核	快速反馈客户投诉
认知岗位职责	掌握组织常规	懂得追寻客户需求
牢记服务理念	适应工作环境	积极做到亲情服务
跟随师傅上岗	独立上岗	熟练操作常规
执行标准化服务	实行个性化服务	奉行超常化服务

（1）职业认知期——认知烙印

员工在办理正式入职后，进行为期3天的培训，随后由部门领导根据员工资质、性格特征以及个人工作意愿，为其指派匹配度相对高的老员工，建立师徒关系，并签订一份师徒协议，旨在让师傅全心全意教授徒弟。在学徒期间，徒弟在工作上出现的问题都由师傅负责。一方面，由于徒弟处于员工成长初期，往往缺乏各种资源和能力，在工作认知职责、技能熟练掌握程度以及组织资源获取或利用等方面都处于劣势，酒店利用师徒制传递告知工作态度以规制服务标准，同时释放酒店培养具有工匠精神的人才理念，以便徒弟找准自身定位和发展方向；另一方面，新员工在经历过择业迷茫期之后，选择进入新企业，对自身前途和未来发展抱有一定期许，同时又对酒店的前景、培养机制存在认知模糊。而"师傅是一种职业信号的传达"（No.2），"是他们开启在碧水湾酒店企业发展的领路人"（No.3）。这意味着在职业发展初期，师傅的知识与经验对于徒弟来说是一种宝贵的初始资源禀赋，对立足公司、铺垫职业生涯发展起到良好的推动作用。

职业生涯维度是指师傅给徒弟提供的工作指导，使其能够快速认知岗位职责和掌握基本技能，从而胜任企业短期日常运营常规，同时也能够帮助其较快养成积极自主的工作习惯。具体而言，①感知企业服务理念。师傅帮助徒弟了解服务质量与服务流程等日常常规，明确职业特征以及所需职业技能，从而形成认知烙印。②观摩服务流程常规。通过观察师傅在服务客户流程时的细节，包括文明用语、动作、仪态、表情以及应对客户的反应等，固化徒弟的认知模式和行为规范，使其能够短时间内胜任日常运营常规。③在师傅陪同下上岗。在操作过程中，徒弟受到师傅指导与监督，找到自身的不足，形成感知能力，甚至"会让徒弟了解和知道重要客户的喜好，以便在未来的工作中更好地服务客户或者避免麻烦"（No.8）。这样一来，徒弟从无到有地构建自身资源，弥补技能空白，感知学习工匠精神，深化认知烙印。这不仅有利于员工自身能力的提高，也有助于酒店日常操作常规的构建。

（2）职业成长期——适应化烙印

员工度过职业认知期，进入到职业成长期。对于徒弟自身来说，经过了一定时间的工作洗礼，基本上能够独立上岗，工作技能得以提升，敢于尝试主动服务客户，询问客户需求，具备了实行投资常规的能力，而且精益求精服务理念与习惯也得到了进一步内化，使组织操作常规初具匠心。但与此同时，"由于工作环境的愈加复杂化，甚至在工作中会出现'演员'现象，产生摩擦或出现面和心不和等情况"（No.3），又加上工作时间长，工作压力大以及薪酬待遇和工作环境与预期存在一定差距，酒店员工易出现"不适"的症状，从而导致组织常规效率下降，甚至让员工产生离职意愿。换言之，"成长期"员工烙印会受到外界价值观念与行为模式的冲击，对其行为产生削弱或增强影响。当其被相悖观念和行为方式影响较大时，员工的角色压力会超载，出现倦怠感，丧失工作信心，失去工作认同感，产生离职意愿；相反，当行为受到客户褒奖或师傅肯定时，徒弟会更加积极主动工作，甚至在面对相似的困难或压力时能更快地调节情绪和心态解决问题，或者在处理同事关系时做到换位思考、体谅他人，促进组织和谐。

社会心理支持是指在不确定的环境下师傅帮助徒弟稳定组织社会关系，给予其一定程度的关心和支持，让其较好地适应组织环境。从烙印效应视角来看，徒弟处于职业适应期，前期形成的认知烙印在组织动态的发展过程中，可能会出现模糊，以致其陷入组织冲突或矛盾，从而产生负面工作态度，缩减服务流程、忽视服务质量。而此时"师傅会教育徒弟，让其明白工作中总会有些插曲"（No.9）。"应换角度思考，如遇到投诉是一样的道理，是为了更好地了解工作，也是磨砺自己的时机"（No.9）。同时"每天下班前，师傅让我反思或找到不懂的地方，耐心解答，从而让我更好地熟悉碧水湾，心态也变得更加平和"（No.9）。正是因为师傅这种认真负责的工作态度，使徒弟产生了适应化烙印，利于员工嵌入团队网络，固化员工与酒店关系联结，催生信任感，从而引导员工更好地实践，进而推动投资常规有序发展。

（3）职业成熟期——发展能力烙印

当员工克服了工作不适性，进入职业成熟期，即使环境发生了变化，发展能力烙印也不会轻易消散。进一步说，徒弟经过出徒考核、试用转正之后，基本上成为碧水湾酒店合格的服务人才，具备的特质和技能是内在的、连续的。"甚至部分徒弟升级为师傅，帮助组织培养新员工"（No.2）。在酒店企业里，服务是组织、员工和顾客交互的过程。虽受到服务宗旨和顾客导向的限制，但是员工的发展能力烙印决定着企业服务水平。

而角色榜样旨在以师傅作为徒弟的学习榜样和工作标杆，影响和激励徒弟潜能，使其在不同环境条件下不断学习，提升工作技能和积累服务经验，从而使烙印发生蛹变并不断扩大，最终使工匠精神根植形成动能以克服环境的负外部性。具体而言，酒店将具有工匠精神的一线员工（师傅）树立为劳动榜样，作为持续激励员工行为角色的范本，不仅有利于员工自觉落实工作，完善组织操作常规流程，而且有助于员工及时掌握和反馈客户情况，主动发挥自身创新机能，奉行超常化服务。"师傅会在工作上给我正面的榜样力量，给我留下了深刻印象，使我加倍努力"（No.13）。由此可见，在角色榜样的指引下，工匠精神、知识技能和服务特质一旦形成，非但不会轻易消退，反而会加深企业文化印记，产生发展能力烙印，使其在服务过程中更加主动地发挥能动性，形成搜寻常规。进一步讲，"碧水湾以亲情服务著称，不但要求员工要做好本职工作，领会客户需求和满足客户基本需要，更要求员工能够懂得追寻客户需求和追求客户赞誉，积极主动探求客户潜在诉求，做到'锦上添花'或'雪中送炭'"（No.1）。实质上，角色榜样发展能力烙印的过程，同时也是组织利用师徒制构建人力资本社会网络的过程。碧水湾酒店通过师徒制加快了员工间的知识转移，开拓了工匠精神的传播路径，推动了人力资源向人力资本转化，使员工职业路径在组织操作常规的修改或建构的过程中不断生产出来，从而推动酒店搜寻常规的不断完善。

综上，酒店师徒制影响组织操作常规的过程同时也是员工工匠精神从培育到彰显的过程。具体而言，为了改善组织操作常规约束条件，旨在传承工匠精神，酒店在员工成长过程中利用师徒制的职业生涯、社会心理支持和角色榜样三方面机制生成烙印塑造员工，以保障组织操作常规从日常常规到搜寻常规的发展（见图5-2）。

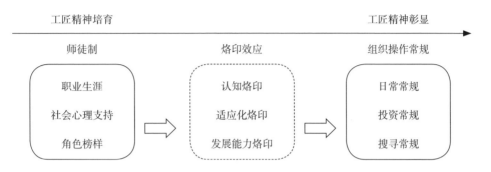

图5-2　师徒制影响组织操作常规的过程分析

5.4.2　师徒制影响组织操作常规层次发现

考虑到工匠精神是组织和员工共同的思维图示和行事惯例，因此，本研究借鉴多层分析的研究思想，分别从组织和个体两个层次进行分析。研究发现，碧水湾酒店通过师徒制传承工匠精神影响组织操作常规不仅贯穿于酒店培养员工的各个阶段，而且渗透于酒店的组织与个体层次。

（1）组织层面

组织通过师徒协议制度化的流程，培养员工感知是企业发展组织操作常规作用过程的第一步。而且"碧水湾酒店始终坚持精益求精的工作理念，通过师徒制贯彻到日常工作中，使徒弟潜意识认知到工匠精神的重要性"（No.3）。尽管在前期通过师徒制培养员工，酒店会花费一定的时间成本与人力成本，但对于组织自身来说，"师徒制能够迫切解决用工难题和有效应对消费品质化的市场需求"（No.3）。其次，组织通过师徒制构建相互学习、相互效仿的组织氛围，从而利于传播组织文化、内化工匠精神和服务理念、形成员工群体认知烙印，进而促进组织操作常规发展。特别是在条件约束以及组织选择压力下，师徒之间投入情感，会引发较强的关系导向，强化适应化烙印，从而减少组织不确定性、提高组织依赖性和增加组织凝聚力，以保障组织操作常规有序执行。最后，为了谋求长期的发展和应对动态消费市场挑战，组织利用师徒制激发员工主动性，使其积极寻求开发客户，改变现有常规，形成发展能力烙印。进一步讲，组织操作常规具有双重性，主要表现在结构上和行动上。对于前者，组织利用师徒制，调整组织人力资本结构，既扩充了人才队伍，以规避在酒店客户数量激增或客户要求多元化的情况下出现服务操作常规偏差，又扩宽了组织操作常规的覆盖范围，在员工的多样化技能、高品质服务以及精准营销策略的相互支撑下，更好地服务客户，保障实现组织绩效。对于后者，"徒弟在师父榜样力量的作用下，既激发主动性、约束自身行为，又磨砺提升组织操作常规流程"（No.8）。除了有助于酒店人才机制的建构，师徒制也促使组织操作常规不断修正，以增强自我扬弃的适应能力，并将工匠精神渗透到企业文化，使企业恪守对员工负责、对客户负责的社会责任，进而为碧水湾酒店的服务品牌建设、组织常规发展和市场全方位营销奠定了坚实的基础。

（2）个体层面

知识是常规的本质内涵，而知识交换是师徒制情境下师徒之间最为重要的人际互动行为。进一步讲，师徒之间的交换不仅仅是经验与生活交流，同时也是社会资本、人力资本和心理资本交互的过程。对于徒弟来说，师徒关系除提升自身能力之外，还会深化烙印，加快职业生涯发展时效。具体而言，当徒弟处于认知期时，师傅按流程培养徒弟的服务理念和态度、塑造行为习惯及职业素养。当徒弟处于磨合期时，徒弟在初始条件下虽受到师傅的认知烙印的影响，能够从事日常常规的工作，但未能突破现有师傅教导知识和学习的能力，只是被动地发展自身能力，感知工匠精神。随着时间推进，师徒之间不再简单地局限于隐性知识的传授，而是在各种资本交互作用下，为徒弟的职业生涯提供了保障。师徒制打消了徒弟的工作顾虑，加深了组织认同感，形成适应化烙印。在被动学习转向师徒互动性学习的过程中，徒弟具备了独立实行投资常规的能力。当发展到相对成熟阶段，徒弟在师傅榜样力量的导向下，通过烙印机理形成发现式能力，不光考虑到自身的职业路径和长远发展，更会顾虑到企业形象和服务口碑。特别当其服务态度得到组织认同时，会受到鼓舞，用感恩的心争取在日后工作中有更好表现。

对于师傅来说，首先，在教学相长中，徒弟为师傅注入了新鲜的知识和信息，助推师傅技能增强。在信息沟通中也有助于启发师傅克服职业瓶颈，与此同时师傅在工匠精神的约束下，会对自己的表达行为与自我呈现进行反思和控制，以适应组织情境变化。其次，师徒互动的升温也拓宽了关系网络，获得资源优势。通过师徒互动，师傅易获得有用的信息和分配必要的资源，从而对决定如何处理信息、如何利用信息创造价值拥有更大的自主权，获得竞争优势的基础。最后，师傅也会得到相对的物质奖励。"碧水湾酒店也为成功出徒的师傅，颁发证书和奖励金钱"（No.2）。

综上，酒店以师徒制为依托影响组织操作常规，不仅有助于塑造员工行为意识，促进自我效能和职业胜任力的形成，而且有益于酒店传承企业文化，使其更加积极主动履行社会责任，彰显工匠精神。具体而言，从组织层面来说，酒店不仅利用制度协议培养员工，而且借助组织氛围，保障组织学习，规制组织和员工行为，从而有效促进工匠精神融合于企业文化，进而推动酒店更好地承担和履行社会责任。从员工层面来说，师傅与徒弟同为组织运营的重要参与者，通过动态、长效的互动，相互获得人力资本、心理资本和社会资本的有力支撑，使其在感知客户需求变化和应对外部市场时能够更好塑造职业胜任力，从而拓展职业生涯成长路径，形成自我效能（见图5-3）。

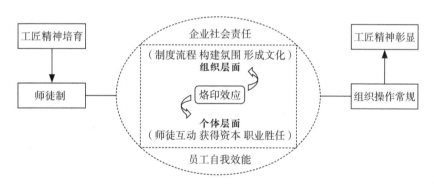

图5-3　师徒制影响组织操作常规的层次分析

5.5　本章小结

本研究援引烙印效应理论，解析了酒店师徒制影响组织操作常规的演变过程和作用机理，进而揭示了组织操作常规不断发展的诱因，从而建立了理论模型。此研究发现：①酒店师徒制影响组织操作常规的过程同时也是烙印效应形成的过程。②酒店通过师徒制影响组织操作常规，有赖于认知烙印、适应化烙印和发展能力烙印的作用。③酒店以师徒制为依托影响组织操作常规，不仅贯穿于酒店员工成长路径的各个阶段，而且渗透于酒店的个体与组织两个层次，既有利于塑造员工行为观念，促进自我效能和职业胜任力的形成，也有益于推动酒店建构企业文化和承担社会责任。

研究贡献有三：第一，本研究发现员工在组织中的成长是渐进性的适应和调整过程，需要经历认知烙印—适应化烙印—发展能力烙印三个阶段，这有别于创业者或CEO的认知烙印和能力烙印的理论框架。在本土情境中，关于烙印理论在个体层面的探究多聚焦于创业者或CEO，员工视角研究不够深入。尽管有研究借助烙印效应理论指出了师徒制与工匠精神的联系，但仅停留在现象和内涵等层面探讨。鉴于此，本研究基于案例进行过程考察，探究员工烙印效应形成的内在机理，为现有研究关于员工层面认识不足形成有益理论补充。

第二，本研究在已有研究的基础上挖掘出组织操作常规与师徒制的内在联系，从而验证了李彬等关于培养适合企业实际发展的人才与发展自身组织操作常规的观点，进而丰富了师徒制、组织操作常规的研究视野。以往师徒制的相关研究多关注师徒制对员工职业路径发展和缓解员工工作压力等个体方面影响（赵晶、郭海，2014；李新春、肖宵，2017），尚未关注组织操作常规与师徒制之间的关系及其影响机制。本研究围绕碧水湾酒店案例发现了师徒制如何影响组织操作常规的作用机理，这不仅填补了师徒制在服务管理情境中组织层面研究的不足，而且深化了师徒制在企业管理研究中的应用。

第三，本研究从服务性组织的管理情境着手，创新性地将烙印效应等相关概念应用和发展于服务性组织。以往关于师徒制的探讨多聚焦于手工业、制造业与互联网等行业，对服务业特别是酒店业鲜少提及，自然也就缺乏师徒制作用机制的讨论。本研究以烙印效应为理论基础，揭示了服务性组织以师徒制为依托的烙印效应作用机理，既弥补了本土情境下服务企业师徒制研究的缺位，也拓展了师徒制的理论价值和行业意义。

而对于企业实践的启示，主要体现在：首先，酒店企业应坚定文化自信。在动态变化的市场环境和消费转型升级的背景下，客户对于酒店人才培养、精益服务的提供提出了更严苛的要求，因而酒店应重视传统文化工匠精神，利用师徒制对酒店自身人力培养、组织操作常规发展的积极作用，建构出适合本土酒店业发展的管理模式。进一步讲，在推动组织操作常规不断发展的实践中，酒店应结合自身情况，充分利用师徒制的人力资本优势，借助职业生涯、社会心理支持和角色榜样等效用根植工匠精神，帮助员工职业技能提升和促进酒店竞争力的增强。

其次，酒店企业应充分认识到烙印效应对企业发展的重要性，从而利用其机能促进酒店经营运转。具体而言，管理者培养员工需重视新员工入职初期或处于敏感期时形成的烙印。也就是说，在培养员工发展的过程中，尤其在面临着员工价值观念与经营理念不符、技能欠缺和资源约束的情况下，管理者要善于发挥烙印效用机理形塑员工，助力和推动组织常规的有效运营。此外，考虑到酒店员工的观念与行为在成长周期中受到新旧烙印的重叠影响，致力于组织操作常规流程有效运行，管理者应建立长效制度进行维护以确保烙印效应持续作用，从而使组织资源与员工能力实现持续优化与服务升级。

最后，此研究的研究发现不仅可以在酒店企业使用，也可以推广到旅游、航空、金融等服务企业中。尤其是近些年来，中国服务业发展迅速，但各行业发展良莠不齐，距离发达国家服务业水平还有相当的距离，服务质量管理仍是困扰中国服务业的瓶颈。结合此研究的研究发现，服务企业可以在日常经营活动中有意识地将组织氛围营造与师徒制建构有机结合，既有利于日常服务流程更加精益化，又有助于服务质量提升，从而使企业形象及其消费者感知在无形中被提高。

本研究存在几点不足之处。首先，本研究仅是本土酒店情境下烙印效应与师徒制研究的开端，虽然研究过程中严格按照质性研究的方法对碧水湾酒店进行纵向剖析并提炼了结论，但受限于研究对象的数量，本研究无法完全解释其他酒店在利用师徒制影响组织操作常规中出现的特殊问题。正因为不同酒店间自身资源、规模、企业文化以及所处社会环境都存在显著差异性，因此后续工作可以在此基础上做实证检验或多案例研究，从而深化师徒制在酒店情境下的理论探究，形成对已有理论的有益补充。其次，本研究未能有效地区分访谈对象的差异性，访谈对象的代表性需有待增强。虽然本研究针对访谈对象在年龄、部门以及工作经验等方面的差异性做了区分，但仍然存在年龄迭代等瑕疵。由于该研究领域在本土情境下处于发展前期，在统计变量选择上，例如性别、教育程度等，未能有效甄别，这也是未来研究需要高度关注的地方。如果未来研究能够进一步增加取样总量，扩展调研对象范围，将能够进一步提升数据的代表性。

【第6章】

战略节奏推动酒店企业惯例更新：
碧水湾酒店案例

6.1　本章背景与研究问题

近年来，随着中国经济全面而深刻的结构转型和数字技术的快速发展与应用，中国酒店企业受到巨大冲击，改变了原有的生存环境。特别在外资酒店持续扩增加剧竞争环境的情况下，越来越多的民族品牌酒店已经认识到组织转型与创新的重要性，但因其自身缺乏环境适应性错失良机，甚至在新一轮变革中以失败告终。究其根本，固有惯例无法适应商业环境的复杂性是它们的共性。一方面，服务主导逻辑下，酒店企业受限于员工知识、服务技能等操作性资源，缺乏足够的创新能力，很难为无形且易变的操作惯例提供支持；另一方面，战略导向未能有效匹配顾客多元化、个性化的市场需求。因此，如何实现惯例更新，成为民族品牌酒店企业创新转型不容忽视的实践难题。

事实上，惯例作为酒店企业维持自身稳定有序运行的核心要素，是企业战略活动中的关键策略，影响着顾客对企业的品牌形象感知、忠诚度及重复购买意向。相较于同业对手，动态把握好契合自身惯例更新的战略节奏，是获得竞争优势的关键。换言之，企业惯例进行适时更新，不但可以保证企业运营效率，而且可以增加惯例对外部环境的适应性，以降低环境不确定性所带来的风险。然而，现有研究关于从瞄准动态环境变化趋势到微观企业适时实现惯例更新存在逻辑断层。以往文献研究多探讨关于动态能力、师徒制度、价值共创等方面对酒店惯例的影响，鲜少从"审时度势"和"前瞻谋划"的视角触及惯例更新。随着研究的不断深入，战略节奏作为刻画企业战略在执行过程中因内、外部因素的影响主动调整而产生的随时间变化而变化的战略活动，引起了学者们的广泛关注。

尽管现有研究指出战略节奏被认为是克服组织惯性、实现竞争优势的重要源泉，但鲜少讨论其在酒店惯例更新过程中是如何发挥功效的。值得注意的是，已有研究指出，管理者认知和行为在战略节奏塑造过程中扮演重要角色，是企业理解并抓住环境中出现的关键信号的重要因素。高管能够系统地把握认知和行为因素，进而在动态的复杂情境下根据情况调整战略变化的速度和幅度。由此可以看出，酒店惯例更新问题不仅关系到战略节奏这一变革活动，而且涉及高管认知和行为的影响机制。诚然，酒店具有强烈交互服务特征，战略节奏作为战略制定和战略执行的有效衔接，必然离不开酒店高管和一线员工的互动配合。然而，现有关于高管认知、高管与员工互动行为（下文简称为"互动行为"）、战略节奏和组织惯例更新的研究存在割裂状态，以致难以全面、深入地把握惯例更新变化规律。但总体而言，现有研究存在两个盲点：①高管认知与其相适配的互动行为塑造战略节奏的内在机理有待进一步厘清；②企业如何控制战略节奏推动不同阶段的组织惯例更新未展开具体探析。基于上述的现实需求与理论缺口，此研究创新性地基于"认知—行动—结果"的理论逻辑，采用探索式单案例研究方法对碧水湾酒店进行纵向案例研究，考察高管认知与其适配的互动行为塑造战略节奏推动酒店惯例更新的过程和作用机制，以期为民族品牌酒店企业推动惯例更新提供经验借鉴。

6.2 文献综述

6.2.1 惯例更新

惯例是指多个行动主体共同实施的相互依赖的、重复的、可识别的行动规则和模式，如产品研发流程、服务创新流程、服务参与制度等。惯例更新是组织惯例动态研究中的一个重要组成部分，是为了适应环境变化，组织能够主动对组织内部进行组织惯例优化过程或者自我扬弃过程。

现有关于惯例更新研究主要划分为两种视角，一种是基于惯例更新的外部变量，另一种是基于惯例更新的内部作用机制。在基于惯例更新的外部变量中，主要从资源、能力和学习视角进行了分析。例如环境不确定因素、跨界搜索、动态能力、资源能力、组织学习等。尽管现有惯例更新研究指出企业面对多变复杂的经营环境与时间压力时，就必须根据不断变化的内、外部环境构建时间节奏以适应环境变化节奏，但以往研究对于外部环境的影响机制讨论相对丰富，并提出了突破旧惯例形成新惯例的思路和方法，却尚未对影响惯例更新中的时间视角或节奏进行系统性探讨，以致缺乏理论探索。而在内部作用机制中，既有研究主要将惯例更新划分为启示面和执行面。启示面是惯例的规则或思想，而执行面是指组织中特定的人在特指的时间、地点里的实际行动。有研究表明组织惯例的执行面代表参与者在具体情境下的具体行动，而启示面则主要是组织成员集体认知的体现。事实上，已有研究指出，在动态变化的环境中，参与者的认知和行为可以有效推动惯例更新。遗憾的是，现有研究并没有清晰地对参与者的认知和行为等隐性要素的提炼以及对相关变化进行识别，从而无法有针对性地对其与惯例更新之间的作用机制做出充分解释。

6.2.2　高管认知、互动行为与酒店业惯例更新

管理者认知是指管理者在战略决策过程中所依赖的知识结构，以及管理者运用相关知识思考问题的方式以及据此做出取舍的考量。它强调从微观认知的视角解读企业战略行为背后的逻辑。需要指出的是，在战略与组织研究领域，管理者认知多指高管认知，涵盖了注意力理念和环境感知等内容维度。值得注意的是，在转型经济下，中国企业的高管认知与领导行为是与企业绩效紧密相关的。换言之，如若想全面解释酒店企业实现惯例更新问题，除了高管认知，还必须与领导行为相结合。尽管现有关于酒店惯例研究从动态能力视角讨论了中高层管理者与基层一线员工互动影响组织操作常规突变与渐变；也有研究从一线员工师徒制互动或者员工与顾客互动价值共创等视角讨论了影响组织惯例问题，但现有研究尚未将环境条件、高管认知与行为因素综合考虑互动、共演对其后续绩效的影响。事实上，为了应对内、外部环境的不确定性和商业模式变化的冲击，高管需要通过激励员工以推动组织惯例更新，达到战略变革顺利实施的目的。而且执行惯例是企业员工与管理者完成工作的主要方式，能够帮助提高企业行为一致性。尤其是新惯例的形成是战略层和运营层人员的互动结果。也就是说，除了高管，酒店基层员工是惯例更新最主要的执行者，高管需与其互动，为提升服务质量及满意度打下坚实基础。况且已有研究系统阐述了在中国服务企业情境中，高管与员工的互动行为从单向到双向会经历有节奏的强化、有节奏的连带和有节奏的同步这一演化过程。据此，此研究认为有必要以高管认知及互动行为为切入点，探讨两者对惯例更新的影响，从而深化参与者的认知和行为对于惯例更新的研究。

6.2.3　战略节奏与酒店惯例更新

"节奏"本指音乐中长短不一的音符组合，用来比喻事物具有一定规律的进程。随着时间的推移，"节奏"一词受到不同学科的重视。在社会学研究中，节奏被概括为集体活动，其功能是确保活动的规律性。且每种社会功能都拥有属于自己的一个节奏。而在管理学研究中，节奏最早应用到企业国际化战略，用来形容企业国际扩张的规律性。而战略节奏这一概念始于对印尼企业萨利姆集团的案例研究，该研究发现企业战略节奏是一个不规律的振荡过程，需与企业内、外部制度因素共演。之后中国学者朱恒源基于未来视角，将其定义为企业的一种节律性活动，强调企业如何根据市场需求动态调整在未来产品市场中的战略。而随着研究的深入，越来越多学者把战略节奏认定为有节律的战略活动。例如，最新发表在JOM杂志上的研究将其定义为管理者通过将战略活动映射到时间连续体来有意组织的战略活动，并将其划分为重复战略活动的节奏（例如连续收购）、多种战略活动的节奏（例如创新活动的排序），以及战略节奏的比较（例如对比公司的竞争对手、环境）。而中国学者徐进将其概括为决策者为达到战略目标，通过持续观察外部战略环境和运用自身战略能力，在动态执行政策过程中形成的一种节律性活动。因此，此研究将战略节奏界定为服务于战略目标的有节律性的战略活动，其中速度和变异性是战略节奏的重要维度。

值得注意的是，企业战略执行是一个连续的过程，理论界发现战略节奏对创新和惯例产生积极的影响。但战略节奏如何作用于惯例更新并产生影响仍模糊不清。尽管已有研究指出管理者认知和行为是战略节奏运行的重要影响因素，但仅停留在一个相对宽泛的概念层面，并没有明确细化指出哪一类层级的管理者认知，以及管理者的何种行为能够塑造战略节奏影响惯例更新。事实上，高管是酒店持续成长的代理人，作为企业战略决策者，对环境变化的认知和对潜在机遇采取的行为是澄清公司战略、把握战略节奏的关键环节。进一步地，在酒店服务创新情境下的高管认知是一种以设计师的思维方式来发现和解决服务问题的思维模式。酒店将新获得产品、流程和服务落实到操作层面，需要高管认知全面深化和评估企业运营的问题与机会，剥离不适配的冗余资源，协奏优质资源，影响变革战略的形成与实施过程中的各个方面。而高管行为能够塑造战略节奏发展和变化，在与其他主体互动中有利于战略落地。其中与员工互动行为是顾客感知惯例服务质量、服务价值以及满意度的基础，也是搜寻和整合资源以实现与认知相适配的行动路径，能够影响战略调整速度，从而有效贡献于组织惯例更新。然而，现有研究并未厘清高管认知和与其相适配的互动行为塑造战略节奏以及战略节奏推动组织惯例更新之间的内部机制，以致无法全面地解释背后所隐藏的底层逻辑。

6.2.4　研究评述

尽管已有研究发现企业利用战略节奏可以有效抑制组织惰性，易在行业竞争中快速适应外部环境变化步调获得竞争优势，然而，后续研究中关于战略节奏与组织惯例更新之间的作用机制没有进一步论述。主要存在两方面不足：首先，纵观既有研究，可以发现战略节奏、高管认知、互动行为与惯例发展存在关联。但这些分散观点尚未清晰地识别其中的作用机制。其次，虽然现有研究考虑到了高管认知与行为是战略节奏发展和变化的重要影响因素，但忽略了两者之间的适配关系以及如何影响战略节奏，使得研究结论缺乏完整性。

基于此，此研究认为，想全面解释战略节奏影响酒店企业实现惯例更新问题，需要深入剖析企业面临不断变化的环境，如何以高管认知为微观基础、适配认知的互动行为为核心路径，衍生出与动态环境相匹配的战略节奏，从而作用于酒店惯例更新。因此，有必要基于"认知—行动—结果"理论逻辑，揭示战略节奏影响组织惯例更新的作用机制。

6.3　本章研究设计

6.3.1　研究设计与案例选择

此研究聚焦于战略节奏如何推动酒店组织惯例更新的研究鸿沟，重点探索其背后的演变过程和作用机制。由于现有研究尚未在理论方面对此研究聚焦的问题进行系统阐述。因此，本研究属于形成理论，而不是验证理论，适用于单案例纵向研究方法。具体原因如下：第一，此研究属于回答"how"类型的研究问题。单案例研究在展示动态过程方面具有优势，对于阐述复杂事物的发展过程是较为适合的方法。第二，此研究的研究对象"惯例"和"战略节奏"属于情境研究，使用质性研究可以表现出更强的适应性。单案例方法能够形象地勾勒出组织发展过程中研究对象的情境特征和发展脉络，揭示出复杂现象背后的作用机理。第三，本研究试图从理论上建构战略节奏对组织惯例更新的影响，本研究目的在于构建理论，揭示稀缺情境下的重要现象启示。

基于理论抽样原则，此研究选取碧水湾酒店为案例研究对象。理由如下：第一，酒店业是典型的服务企业，碧水湾酒店的"亲情服务"与"积分制"在酒店业界久负盛名，成为酒店业界学习效仿的成功案例。值得一提的是，在北京人民大会堂召开的"中国服务"大会中，碧水湾酒店荣获"中国服务十佳品牌企业"称号。因此，碧水湾酒店属于具有典型性与先进性的研究对象。第二，碧水湾酒店成立于2002年，已有20多年的历史，自2016年推行积分制以来，不断更新服务价值与创新组织惯例，逐渐实现传统酒店转型升级。碧水湾酒店组织惯例更新过程与研究问题契合度高，拥有较为丰富的数据可供过程研究。第三，研究团队多次赴碧水湾酒店进行调研观察，关于酒店组织惯例调研主要集中在2019年、2021年、2022年和2023年，为研究效度且确保数据翔实性和可得性打下了坚实基础。

6.3.2　数据收集

本研究数据收集来源包括半结构访谈、现场观察和二手数据三种。丰富的数据来源有助于严格遵循三角验证方法，以交叉验证数据内容的可信性，降低潜在偏差风险。如表6-1所示，在访谈部分，访谈对象分4类：酒店高管、中层领导、基层领导以及员工。具体而言，此研究根据相关文献访谈对象特征，选取访谈对象。研究团队通过研究设计提纲对受访者进行提问，同时在访谈过程中不断调整访谈方式，试图深挖更具体数据。为保证数据的信度和效度，在访谈过程全程录音，研究团队4人合理分工，1人主问，其他2人辅问，1人负责专门记录，同时保证3人记录访谈内容。另外，当录音整理成访谈文字资料时，会反馈给被访谈者，修正访谈资料，即通过访谈对象核查来保证访谈信息

表6-1 调研对象及数据来源

数据类型	数据编号	访谈对象	访谈内容/数据功能	描述性统计
半结构化访谈	A1	董事长兼总经理	企业经营发展的理念和观点；战略变化程度；组织惯例更新的历程、阶段特征；问题解决措施；未来发展规划。	女性，访谈次数1次
	A2	常务副总经理	企业经营发展的理念和观点；战略变化程度；组织惯例更新的历程、阶段和工作思路；问题的解决措施。	男性，访谈次数2次
	A3	人力资源总监	企业经营发展的理念和观点；组织惯例更新的历程、阶段和工作思路；问题的解决措施。	男性，访谈次数1次
	A4	房务总监	酒店运营模式的变化；组织惯例更新历程、阶段、问题；自身在发展过程的改变和收获。	女性，访谈次数2次
	A5	温泉总监		女性，访谈次数1次
	A6	餐饮总监		男性，访谈次数1次
	A7	前厅经理		女性，访谈次数1次
	A8	培训经理		女性，访谈次数1次
	A9	餐饮主管1		女性，访谈次数1次
	A10	餐饮主管2		男性，访谈次数1次
	A11	温泉主管		女性，访谈次数1次
	A12	餐饮领班		女性，访谈次数1次
	A13	客房领班		女性，访谈次数1次
	A14	前厅领班		女性，访谈次数1次
	A15	前厅服务员1	组织惯例更新的历程、阶段、问题；自身在发展过程的改变和收获。	女性，访谈次数1次
	A16	前厅服务员2		女性，访谈次数1次
	A17	前厅服务员3		女性，访谈次数1次
	A18	前厅服务员4		女性，访谈次数2次
	A19	前厅服务员5		女性，访谈次数1次
	A20	餐饮服务员1		女性，访谈次数1次
	A21	餐饮服务员2		男性，访谈次数1次
	A22	餐饮服务员3		女性，访谈次数1次
	A23	餐饮服务员4		女性，访谈次数2次
	A24	餐饮服务员5		男性，访谈次数1次
	A25	温泉服务员1		男性，访谈次数1次
	A26	温泉服务员2·		男性，访谈次数1次
	A27	温泉服务员3		女性，访谈次数1次
	A28	温泉服务员4		女性，访谈次数1次
	A29	温泉服务员5		女性，访谈次数1次
	A30	客户服务员1		女性，访谈次数1次
	A31	客户服务员2		女性，访谈次数1次
	A32	客户服务员3		女性，访谈次数1次
	A33	客户服务员4		女性，访谈次数1次
	A34	客户服务员5		女性，访谈次数1次
二手数据	B1	媒体报道	一手数据校验与补充。	（含新闻和公众号）
	B2	现场观察	一手数据校验与补充。	
	B3	企业内部资料	一手数据校验与补充，包括不同版本制度、服务案例、组织架构图、操作流程指示图等档案资料。	

的效度。二手资料主要包括碧水湾酒店内、外部资料。内部资料包括碧水湾酒店工作人员提供的企业文件资料，如服务流程图、人员职责分工、积分制、服务案例等方面的文件资料；外部资料包括微信公众号、新闻相关报道等。现场观察主要实地考察了碧水湾酒店的日常工作，例如班组活动等。为确保研究结果的可靠性，在每一研究阶段结束后，将研究资料与碧水湾酒店工作人员沟通确认，并与相关文献进行比对，以确保研究数据清晰准确。

6.3.3　数据分析与理论建构

研究团队系统整理和分类归纳收集的各类数据，根据程序化扎根理论方法进行3步编码。原因在于该方法具有完善严谨程序，严格按照其步骤执行能保证结论的可靠性，在旅游酒店管理研究情境获得广泛使用。具体地，研究团队将3/4访谈资料由团队4位成员，分成两组背对背编码，编码过程涵盖基本编码、范畴、概念的抽取和提炼，然后团队成员根据现有组织惯例更新、战略节奏等理论概念进行分析，对具有替代性的编码、范畴、概念展开必要的比较、筛选，对具有争议性的数据结果，则结合学界专家和业界专家的综合意见进行剔除或修改，以提高数据编码结果的客观性。具体而言，①开放式编码。开放式编码是指系统分解初始收集资料，逐字逐句"贴标签"提炼初步概念化。在进行范畴化过程中，对访谈过程中出现频次两次及以上的初始概念进行保留，针对前后矛盾的初始概念进行剔除更新。研究团队尽量沿用访谈资料中的词语，如出现概念有歧义的情况，则结合现有文献理论概念进行名词替换。本研究共得出45个概念和18个范畴（见表6-2）。②轴心式编码。轴心式编码是指梳理和提炼主范畴，揭示各范畴间的逻辑关联。团队成员围绕事件问题的因果关系还原事件本质，根据范畴间的逻辑关系提炼出主范畴（见表6-3）。③选择性编码。选择性编码是经过系统分析和整合已有理论最终提炼出的核心范畴，通过以故事线的形式"深描"出理论框架。本研究通过主范畴的考察分析，最终确定了核心范畴——高管认知、互动行为、战略节奏和酒店惯例更新。在此基础上，通过对范畴间的关系和基本逻辑进一步分析，此研究得到如下"故事线"：面对动态的外部环境变化，高管认知和与之相适配的互动行为塑造了战略节奏，影响组织惯例更新效果。也就是说，高管认知和互动行为是

表6-2 开放性编码示例

范畴化	概念化	初始概念	访谈资料
A1 塑造员工战略视线	Aa1传导经营理念	a1宣导经营理念 a2了解公司规划 a3树立大局观	"2016年在推进工作中，我们召开了各种会议宣导公司经营理念，一方面让大家更好地了解公司未来发展规划，也希望员工能够树立大局观，与公司整体发展同呼吸。"（A4）
	Aa2指明行动方向	a4定位位置 a5瞄定方向 ……	"我们也是激发员工，调动员工对酒店目标的认同与支持对碧水湾发展的重要性，同时找到自己在本次企业转型中所处的位置和努力的方向。"（A2）
A2 领导垂范学习	Aa3 搜寻获取	a11 考察学习 a12 对标模仿	"我们外出考察了标杆企业，了解了几个不同的版本，接触了比较相近的3个版本，我们发现所有的版本跟酒店业发展略有不同。"（A2）
	Aa4 反复试错	a13探索试错 a14共享知识	"刚开始的时候领导带着我们摸索各种细节，试错了很多次，也不断调整适应，最后总结经验，再共享知识。"（A12）
A3 员工意图领会	Aa5 明白领导意思	a18 为酒店着想 a19 领会领导想法	"从整个酒店发展着想，自己对于领导的交代任务和传递积分制的重要性时，其实也大致意会到领导的想法。"（A23）
	Aa6 理解领导难处	a20 承受辛苦 a21 找思路	"其实想想发展新的流程，首先最受辛苦的便是领导，想破头为公司服务流程发展找出路和思路。"（A17）
A4 员工尊敬学习	Aa7搜寻标杆	a25 熟人学习 a26 寻找捷径	"那段时间，我总是找些身边的熟人打听其他酒店的方式方法，好模仿借鉴，帮助自己更快地掌握新的技能，帮自己找个捷径。"（A17）
	Aa8阶段性目标	a27 考核评比 a28 给予奖励 ……	"在工作前期，公司会每隔半个月评比或筛选在积分制推进工作表现积极的人，给予奖励，我也不落后。"（A12） "其实看到领导们对于积分制推行得尽心尽力，我们也是看到心里，所以我们也努力适应，跟上领导步伐吧，争取不掉队。"（A12）
A5加快规则制度宣贯	Aa9会议推广	a30 会议宣贯 a31 会议节点	"前期我们借助会议推广来宣贯制度和规则。"（A3）
	Aa10快速制定规则	a32借机造势 a33宣传标语 ……	"为了宣传造势，我们前期快速制定了4000多条细则来鼓励员工和造势，还制定了宣传标语希望员工早日执行。"（A2）
A6操作流程再造	Aa11 服务评价流程	a36 修改细则 a37 新建流程	"为改善对客产品、服务质量或服务创新而修改细则或重新创建相关业务流程。"（A2）
	Aa12 内部管理考核流程	a38 发现缺点 a39改善评分标准	"以前无论做出什么样的考核衡量标准，都会存在评价的不一致。98分99分谁来评判好与不好，所以修改有一定的必要性。"（A2）
A7拓展沟通渠道	Aa13 营造沟通语境	a53 感情纽带 a54 温度管理	"为了建立关系感情纽带，实施温度管理，让员工慢慢开始卸下防备，敞开心扉，展开沟通。"（A4）
	Aa14挖掘沟通渠道	a55 线下个性化谈话 a56 线上微信群交流	"针对不同的员工的特点和情况，领导会进行个性谈话和座谈会，甚至建了微信会等形式，进行辅导和帮助。"（A22）
A8营造组织氛围	Aa15 完善企业文化	a61 融入传统美德 a62 树立正确价值观	"酒店把企业文化和传统美德融入到积分制，给予员工正确的价值观，对孝敬父母等特别看重。"（A2）
	Aa16巩固组织认同 ……	a63 与领导思想契合 a64关系规范	"其实从我个人内心来讲，我是跟积分制一起成长的，每次跟领导对话，都觉得领导是真心实意为我们着想，思想比较契合，让我觉得碧水湾值得依赖，无论怎样关系比较清晰。"(A13)
共18个	共45个	共147个	……

表6-3 主轴编码示例

发展阶段	主范畴	副概念化	范畴内涵
储势蓄能阶段	经验导向型认知	外出学习	外出调研和考察学习
		职业洞察力	经验积累
	基于认知引导的互动行为	领导塑造员工视线	帮助解读公司战略，快速了解工作规制和方向
		领导垂范学习	领导行动学习模式，用新知识触发惯例发展演变
		员工意图领会	感知身份以及技能缺乏压力和心理压力
		员工尊敬学习	受到领导行为的鼓舞，积极学习，汲取知识
	战略节奏（快速度、低变异）	快速度采取措施克服认知惯性	快速采取措施执行普及和宣贯改革理念
		低变异措施迭代匹配新旧惯例	柔性处理新旧惯例迭代过程
	构建新惯例制度结构	规则制度宣贯	开展通用制度宣贯培训，强化制度执行监督
		优化操作流程	优化过时流程，完善流程弊病，实现过程管控
调整转变阶段	市场导向型认知	消费者需求	捕捉消费者需求信息
		行业变化	观察行业变化
	基于文化桥梁的互动行为	领导营造组织氛围	优化沟通交往秩序，加深沟通路径
		领导拓展沟通渠道	对领导的决策或行动给予拥护
		员工忠诚奉献	员工信任领导，更加在乎整体利益
		员工有效沟通	员工主动分享客户信息，敢于建言
	战略节奏（快速度、高变异）	快速度采取措施调整结构惯性	在前期的基础上，快速度克服结构惯性
		高变异措施迭代更新惯例	高变异迭代，实现更新换代
	形成新惯例流程数字化	强化惯例规范化管理	细化惯例类别与细则，完善标准化体系建设
		转变数字流程提高效率	迅速运用IT软件技术提高服务流程效率
发展升级阶段	高管技术导向型认知	技术未来使用性感知	技术应用的感受和感知
		数字化赋能	IT技术为公司服务运营带来动能
	基于业务编排的互动行为	领导授权支持	授予员工权力与责任，鼓励参与决策
		领导整合资源	利用既有资源优势，通过搜寻和优化整体资源
		员工权威维护	维护领导权威，顾及领导面子
		员工积极执行	员工激励自我，深挖潜能，追寻卓越
	战略节奏（慢速度、低变异）	慢速度采取措施应对模式惯性	主动放慢速度调整模式惯性
		低变异措施迭代整合新惯例	低变异渐进整合资源，助力新惯例发挥作用
	固化新惯例业务数字化	适应新标准惯常	适应行业变化趋势，更新规则，固化习惯
		升级更新版本迭代	升级使用版本更新换代，数据容量加大

前因变量，战略节奏是行为变量（自变量），而惯例更新是结果变量。其中高管认知是驱动互动行为产生的根源。两者共同作用于战略节奏。图6-1勾勒出故事线，厘清组织惯例更新过程变化。④饱和度检验。研究团队将剩下1/4的访谈资料和二手资料用来检验核心理论、范畴和故事线是否饱和。结果显示，原有概念和范畴基本完整，新的资料并没有涌现出新的范畴和关系，由此，认为此研究理论是饱和的并通过饱和度检验。

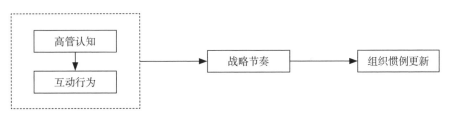

图6-1 故事线

6.4 案例分析

本研究团队旨在厘清数字化转型和产业结构升级情境下战略节奏对酒店惯例更新的影响，因此溯源了碧水湾酒店的相关活动。碧水湾酒店实施积分制源于2016年，其服务体系和软件开发经历了从1.0版本升级到3.0版本的成长历程。结合访谈中的信息，本研究将这一复杂的过程归纳为三个阶段。事实上，这三个阶段也一一对应着从供给侧结构性改革到数字化经济萌生再到数字化快速发展的三个时间段。第一阶段是2016年2月—2017年3月的储势蓄能阶段，市场环境进入新常态，产业结构调整，案例企业自身已进入经营中期，处于外部环境不确定性与内部资源约束中，为摆脱困境，体现出战略执行快速度、低变异的特征。第二阶段是2017年4月—2020年12月的调整转变阶段，数字经济悄然萌生，为抓住机遇，巩固更新惯例结果，案例企业迅速采取行动，快速度、高变异战略执行。第三阶段是2021年1月至今的发展升级阶段。案例企业组织惯例实现稳步更新，为适配环境渐进性推动工作，战略执行放缓，凸显慢速度、低变异的特征。

6.4.1 储势蓄能阶段

市场环境进入新常态，产业结构面临调整，碧水湾酒店自身已进入经营中期，处在外部环境不确定性与内部资源约束中。为摆脱困境，经验导向型的高管认知和与之相适配的基于认知引导的互动行为塑造快速度、低变异的战略节奏。在速度上，快速度克服了认知惯性；在变异上，低变异迭代匹配新旧惯例。这一举措推动构建新惯例制度结构。具体如下。

6.4.1.1 经验导向型认知

受供给侧结构性改革政策和经济增长速度换挡的影响，碧水湾酒店遭受了同质化、产能过剩等问题困扰。其中能否持续给消费者提供其所需的产品和服务成为企业存续的关键。因此，为响应制度变化需求和自身发展需要，酒店高管迅速展开一系列的实地调研与考察，对象包括工业企业以及同类型酒店。根据自身经验对市场机遇的洞察和判断，决定以服务常规为切入点，迅速铺排惯例更新进程与时间节点进展，从改变原有制度结构安排着手，以应对不断变化的环境需求。

6.4.1.2 基于认知引导的互动行为

碧水湾酒店高管意识到员工对新战略的重要性及其参与意愿对战略执行速度的影响。基于认知传导员工战略视线和学习理念，碧水湾酒店高管组建改革小组，塑造员工对既定战略的内涵、逻辑清晰了解。具体地，高管领导行为：①塑造员工战略视线。指员工对公司战略目标的内涵以及如何为实现这些目标而贡献自己力量的理解。碧水湾酒店高管深知组织惯例更新对于碧水湾酒店经营发展起着关键的作用，因此管理层扩大释义途径，不断传递公司战略规划，激发员工潜在自我驱动认知，指明行动方向，在组织惯例更新过程中塑造员工战略视线。具体来说，在新惯例推广过程中，高管始终强调作为碧水湾酒店一分子，员工应将战略视线时刻印在思维习惯中，鼓励其用新的思维方式认识原有属性。尤其面对环境变化时，员工需根据组织战略匹配期望而展开行动。②领导垂范学习。领导垂范学习将新知识快速融合到组织惯例中，形成不同模式或路径惯例演变，从而提炼酒店惯例演化的新规律和新方法。一方面，高管不断通过外部学习或调研方式获取惯例更新的信息和知识，不断转化经验，推广学习模式，塑造员工习惯。"使员工在使用过程中搜寻到可利用的信息，了解流程、效仿案例，形成服务经验，而不只是进行简单的比对"（A2）。另一方面，领导根据工作性质和服务特征，对部门和班组进行区别细化，带领员工不断试错，引导员工惯例学习，将学习经验转化为惯例知识，助推惯例更新进程。

员工追随行为：①意图领会。员工对于高管创新意图能够准确地接收。员工深知惯例更新的推广势在必行，努力转变身份认知和习惯锻造，跟随领导视线，落地项目执行。②尊敬学习。是指员工对于高管工作的尊重和理解，并积极效仿学习。由于前期缺乏对于新组织惯例清晰的认知，员工在角色转变过程中易出现定位模糊，难以快速适应，呈现出无序状态。在如此压力下，高管以意见咨询身份参与，自上而下引导信息流动，帮助员工学习行动标准。为此，员工心生敬意主动学习效仿，在反复实践中汲取有用资源和宝贵经验，提高自身技能。

6.4.1.3　快速度、低变异的战略节奏

制度环境的变化冲击了碧水湾酒店原有的运营模式。为了迅速抢占机会窗口期，碧水湾酒店高管积极响应，以减缓生存压力，践行快速度、低变异的战略节奏。具体而言，在速度层面，高管领导基于先前经验和借鉴式学习，积极响应外部环境变化，及时调整战略节奏，快速度克服认知惯性，积极探索惯例更新模式方向，以改变现状。"但为了更好更快向员工灌输惯例更新的重要和提高接受度，在制度创建的前期展开高频率的节点会和推进会"（A2）。在变异性层面，面对自身的组织惯性刚性，碧水湾酒店柔性处理，旨在提高工作效率，降低员工阻力，引导员工认知切实加强执行意愿，慢变异迭代匹配新旧惯例。

6.4.1.4　构建新惯例制度结构

在这一阶段，碧水湾酒店缩短了产品创新、客户反馈、快速迭代的循环过程，建立新的流程规章制度。一方面，基于固有知识结构和自身过往管理经验，碧水湾酒店高管结合一线运营现场情况，快速制定具有针对性的专向规则，推进规则实施。"随时随地可能遇到新问题，考虑到覆盖面以及前期制度宣贯的造势，惯例条规快速增加至四千多条"（A2）。但仍存在时效性过短

或适用性不强的问题。另一方面，酒店成立工作专班，对于原有的服务流程进行再造，以提高酒店应对环境变化的能力。"在原有流程基础上制定了各种新的执行制度标准、行为规范和服务流程"（A4）。

6.4.2 调整转变阶段

在此阶段，为抓住数字发展机遇并巩固初期惯例结果，市场导向型的高管认知和与之相适配的基于文化桥梁的互动行为塑造快速度、高变异的战略节奏。在速度上，快速度调整结构惯性；在变异上，高变异迭代更新惯例。这一举措推动形成新惯例流程数字化。具体如下。

6.4.2.1 市场导向型认知

随着数字化经济的萌生，碧水湾酒店高管察觉出前所未有的机遇，并发现其他行业的企业已经尝到了数字化转型带来的益处。因此，在前期更新的基础上，为快速适应行业发展趋势，结合现有的企业能力与资源，碧水湾酒店领导基于数字市场与服务逻辑，设置组织阶段性目标，谋求数字技术搭建，积极创新开发契合自身发展的IT软件，致力于转变操作服务惯例，解决沟通不畅等流程。

6.4.2.2 基于文化桥梁的互动行为

为了更好地实现战略落地，在新惯例制度结构发展的基础上，高管领导尝试利用文化推动酒店服务能力与服务效益提升。为此，碧水湾酒店高管围绕沟通路径和组织文化与员工互动。具体地，高管领导行为：①营造组织氛围。碧水湾酒店高管愈发强调将企业文化和中国传统道德融入惯例流程，致力于在良性的团队互动氛围和互动规范影响下，了解企业文化和企业经营理念，深化认同感和信任感。具体来说，在行动上，碧水湾酒店建立帮扶机制，围绕组织惯例面临的特定问题展开查找、分析及修正活动，共享信息；在认知上，碧水湾酒店致力于领导与员工价值观和思想相契合，减少员工工作过程中出现任务模糊和角色冲突等问题。正是因为碧水湾酒店规范和价值观的融入，对战略节奏的把控扮演着积极的作用。②拓宽沟通渠道。立足于员工灵活应对竞争变化的能动性和创造性等特点，碧水湾酒店高管为了及时解决对客服务过程中存在的问题与障碍，设立信息反馈机制。对内，碧水湾酒店高管及时了解员工个人偏好、工作习惯及惯例发展态度变化，利用沟通过程中的独特知识，优化相关流程，减少运营中断事件；对外，高管与员工彼此拥有的互补异质性资源，领导从员工处获取顾客诉求和外部社会资源，为评估当前实际市场情况和决策后续行为提供信息支持。

员工追随行为：①忠诚奉献。员工对组织有承诺，在工作过程中更加注重集体利益。高管愈发重视将激励机制与日常运营工作紧密相连。良好的行为表现与奖金、绩效挂钩，这不仅使员工在物质方面获得满足感，而且借助其在惯例中改变，深化了认知信任和情感信任，塑造其在组织惯例工作中的义务性，为酒店发展奉献才智。②有效沟通。员工主动与高管沟通，使得高管准确及时获取各类信息。首先，在应对复杂变化的过程中，员工建言献策，通过沟通渠道将自身获取的外部信息及顾客需求及时传递、反馈给高管。其次，员工在服务过程中利用自身敏锐性和关系网络咨询客户需求，积累数据，捕捉消费者行为变化，输出信息和对客服务经验心得。

6.4.2.3 快速度、高变异的战略节奏

面对日益竞争激烈的外部环境变化和消费者需求升级，碧水湾酒店有意制定相对快速度和高变异的战略节奏，踏准外部环境和客户变化节奏，以适应发展需求。在速度上，领导与员工的文化桥梁互动，使组织能够及时搜集问题和改进产品，快速度调整结构惯性；在变异性方面，在第一阶段的基础上，基于执行的逻辑，外加组织氛围的构建、沟通渠道的拓展和数字化工作，组成多种活动节律，高变异迭代更新惯例以应对不确定性问题。"自从公司应用了软件技术，流程考核实现从线下到线上、从人为记录到系统记录的改变，让服务反馈更及时、更省时"（A26）。

6.4.2.4 形成新惯例流程数字化

在这一阶段，碧水湾酒店基本上形成服务流程数字化的相关工作。数字化赋能强化了领导与员工基于数据网络的知识分享，加快了信息传播的速度，使酒店能够针对市场变化快速调整服务模式和营销策略，以获得竞争优势。首先，碧水湾酒店将考核专项规则输入IT系统执行，推进数字化转变，旨在解决刚起步时出现的沟通信息滞缓、激励机制不健全等问题，同时提升了员工体验感。其次，加快着手标准化体系建设，调整组织惯例新框架与明晰组织职责及

员工分工，改变以往大量条规，实现精细化管理与监督。

6.4.3　发展升级阶段

在此阶段，数字经济已经相对普及，为适配环境渐进性推动工作，技术导向型的高管认知匹配基于业务编排的互动行为塑造了慢速度、低变异的战略节奏。在速度上，慢速度调整模式惯性；在变异上，低变异迭代整合新惯例。这一举措推动固化新惯例业务数字化。具体如下。

6.4.3.1　技术导向型认知

实际上，高管认知是递进的过程。尤其随着数字经济的不断蔓延，碧水湾酒店高管愈发重视技术创新的未来使用性和便利性。数字化技术的发展为碧水湾酒店整合资源提供了更有效率的工具或基础。具体地，碧水湾酒店一方面利用数字化技术提升预测能力，寻求更广泛的业绩增长机会；另一方面，其通过数字化技术共享组织惯例更新认知，促进共享逻辑，为构建良好的机会预期埋下深厚基础，确保克服运营机制内生缺陷。

6.4.3.2　基于业务编排的互动行为

为遏制前期战略节奏过快，资源与能力饱和无法匹配动态环境变化，碧水湾酒店高管围绕当前酒店经营环境和结构特点，基于业务编排推行渐进性变革，以适应和突破组织惯例水平阶段约束，实现未来的长足发展。具体地，高管领导行为：①授权支持。即授予下属权力与责任、鼓励员工参与决策和分享信息。高管主导公司战略和运营，但只对在规则制定和执行的关键节点予以把控，而在具体操作运营环节，则对员工进行充分授权支持，给予参与管理空间，凸显其惯例运作的主体性。表现如下：其一，员工在遇到紧急情况时能够当机立断，在短时间内及时执行决定和有效解决问题；其二，酒店高管重视员工追随过程中的生产资源和创新能力价值，应赋予权力增强其从事主动行为的信心，从而以更高的标准自我管理、自我控制，进而增加对反馈寻求价值的感知，愿意为领导与自身的同一性的成功付出额外努力。②整合资源。指高管利用既有资源优势，拼凑互补资源以优化整体资源布局。为适应环境变化，领导与员工积极协同探索有效策略和方法，基于双向交互形成资源再配置，其目的是促进两者发挥其资源优势，整合惯例意见，为酒店惯例更新提供意见支持。

具体地，高管作为资源行动的直接参与者，借助数字化软件，识别和分析异质资源和尚未开发资源，最大限度实现酒店资源优化。

员工追随行为：①积极执行。员工在组织惯例更新的过程中不断激励自我，深挖潜能，追寻卓越，积极主动执行。首先，由于前期领导给予的帮助，员工清晰明白自我价值和职业生涯路径，从而在认知上发生改变，并尝试以更加灵活的方式推动组织惯例更新。其次，员工在追随过程中掌握职责任务和交往模式，跟随领导嵌入团队网络，共享资源，使协作网络和资源结构得以优化，固化组织惯例的演化效率。②权威维护。员工基于对高管的信任，对其权威进行维护，保障领导指令权威发挥作用。针对在惯例推动过程出现不适或工作掉队的员工，高管重点培育与辅导，不断挖掘员工发展潜能。因此员工更愿意拥护领导，心甘情愿服从领导安排，为企业发展出谋划策和奉献才智。

6.4.3.3 慢速度、低变异的战略节奏

尽管经历了前期一系列的战略节奏活动序列调整，碧水湾酒店市场占有率较为突出，致力于从做大到做优的战略调整，实行慢速度、低变异的战略节奏。在速度方面，碧水湾酒店主动放慢战略变化速度应对模式惯性，通过高管与员工互动共享资源，逐步调整业务编排节奏，谋划新一轮升级发展。而在变异性方面，由于前期流程和制度日渐完善，碧水湾酒店数字化惯例已初具规模。因此其不再是大幅度调整，而是针对服务过程中的细节问题以及权力授权分配进行微调，相较于第二阶段，仅是相对重复的活动节奏，低变异迭代整合新惯例。

6.4.3.4 固化新惯例业务数字化

碧水湾酒店逐步固化新惯例业务数字化，基本上实现了与外部环境同频节奏，而且内部管理发展路径日趋稳定和安全。具体表现在两方面：一方面，碧水湾酒店逐步更新迭代系统，扩大数据容量，优化可操作性，丰富数据信息种类，升级数据系统，为高管经营决策提供了数据支持。另一方面，其进一步规范的管理体系，综合应用数字技术和业务流程系统推动组织惯例更新。这一举措推进了业务流程持续优化和服务案例库的不断更新，以便更好地适应顾客、酒店和合作伙伴的发展需要。

6.5　本章小结

此研究借助于扎根理论研究方法展开深入剖析，构建了高管认知与之相匹配的互动行为塑造战略节奏推动酒店惯例更新的理论架构，既包含高管认知的演变与贯彻实施，也涵盖了互动行为的支撑与创新延展。具体结论如下：①高管认知是驱动互动行为产生的根源，两者之间存在适配机制塑造战略节奏。高管通过对外部环境的分析从而形成了经验导向型认知、市场导向型认知和技术导向型认知，与其相适配的高管与员工互动行为分别为认知引导、文化桥梁和业务编排3种行动策略（见图6-2）。②战略节奏推动酒店惯例更新，须循"储势蓄能—调整转变—发展升级"演化轨迹，在不同阶段呈现出快速度、低变异—快速度、高变异—慢速度、低变异的战略节奏阶段特征（见图6-3）。③高管认知和与之相适配的互动行为塑造战略节奏，这一传导的过程作用于组织惯例更新演变，使之从构建新惯例制度结构，到形成新惯例流程数字化，再到固化新惯例业务数字化的跃升演化（见图6-4）。

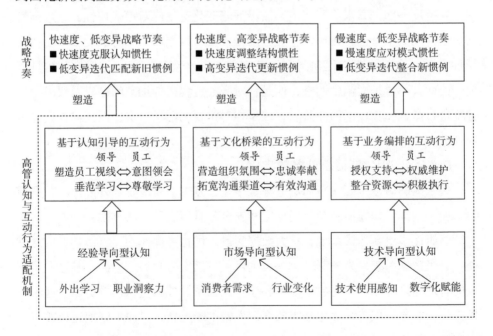

图6-2　高管认知、互动行为和战略节奏内在机理

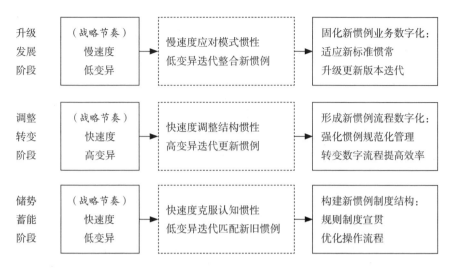

图6-3　战略节奏影响组织惯例更新作用机理

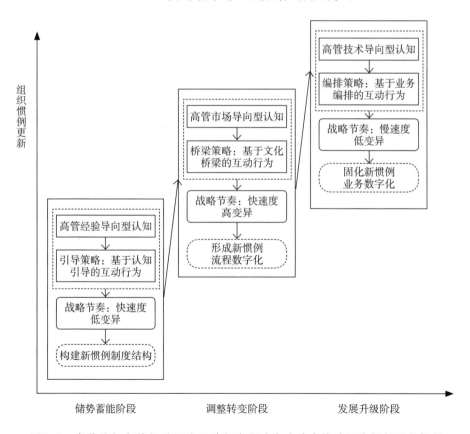

图6-4　高管认知和其相适配的互动行为塑造战略节奏推动酒店惯例更新机制

本研究理论贡献如下：第一，已有研究指出了战略节奏与组织惯例的联系，但仅停留在现象和内涵等层面探讨。本研究创新性建构了高管认知和其相适配的互动行为塑造战略节奏影响酒店惯例更新的理论模型，基于案例研究揭开了其中的内在机理，从而印证了管理者认知和行为对战略节奏的作用影响，进而拓宽了战略节奏前因变量和结果的研究边界。第二，尽管以往研究从不同角度分别提及领导和员工对惯例更新的作用机制，但尚未以高管认知和其相适配的互动行为为切入点进行深入探讨。据此，此研究借助战略节奏理论剖析了酒店高管与员工基于认知和行为互动塑造战略节奏具体落实到酒店惯例更新作用机制，从而诠释了战略执行过程中领导与员工响应的微观变化机理，进而揭示了高管领导与基层员工对新战略重要性和参与意愿战略关系的"黑箱"。这一发现不仅丰富了组织惯例动态化理论的前因变量，回应了要深入探究酒店企业实现转型创新的呼吁，而且深化了参与者认知与行为影响组织惯例更新的研究观点，同时也益于有效地整合当前"碎片式"的惯例更新的相关理论。第三，本研究勾勒出酒店在产业结构和数字化发展的情境下如何实现战略节奏从澄清到落地推动惯例更新的演化过程。以往文献研究多探讨关于动态能力、师徒制度、价值共创等方面对酒店惯例的影响，鲜少从时间视角触及惯例更新。此文不仅将战略节奏概念引入酒店管理和服务组织情境，为后续的相关研究提供一定的理论参考，而且丰富了组织管理中关于时间管理的相关研究。

此研究对酒店企业管理有重要的参考意义。一方面，动态的外部环境变化下，组织惯例得到持续更新离不开酒店高管认知与员工的互动行为对战略节奏的有意把控。不同类型的战略节奏可以有效克服组织惯性，实现更新迭代。因此酒店企业针对不同的情境，应建构属于自身的战略节奏，并利用数字化赋能和营造组织创新氛围推动惯例更新，以获得持续竞争优势。另一方面，面对复杂的环境，酒店高管不应再依赖惯常的思维范式进行决策，而是需要不断积累经验和外出学习，拓宽自身认知，并针对不同情境制定与认知相对应的行动策略，这一过程不仅有益于推进领导与员工渐进融合、深化信任，提升团队凝聚力，而且有助于企业相关政策或措施的落地执行。

此研究通过单案例研究聚焦战略节奏推动酒店组织惯例更新的相关现象，但囿于仅是本土管理情境下战略节奏研究的开端，仍存在几点不足之处。首先，不同类型或处在不同阶段的酒店可存在高管认知、互动行为、战略节奏和组织惯例更新状况差异以及其他特殊问题，因此可能无法完全解释其他企业惯例更新过程涵盖的所有问题，值得未来深入探究。其次，尽管此研究严格按照信度和效度要求，但单案例限制了研究结果的推广性，未来可以采用多案例研究或定量研究验证本研究结论，形成对已有理论的有益补充。最后，本研究主要探讨了产业结构升级和数字化阶段碧水湾酒店组织惯例更新的具体表现和变化，未能充分考虑到2002—2016年期间碧水湾酒店组织惯例变化及其对于这一阶段的影响，在未来的研究中值得进一步挖掘与探讨。

【第7章】

饭店星级评定的制度革命：
二元制度逻辑的多案例研究

7.1　本章背景与研究问题

评级系统在饭店业中广泛应用，其结果是顾客评价饭店质量的参考
（Fay，2008），也是顾客出行时选择饭店的重要参考因素（Callan，1998）。
不同国家与地区拥有各自的评级系统，最为常见的以"星"作为级别高低的
标志。中国应用饭店评级系统相对较晚，国家于1988年发布第一版星级评定规
定，代表星级标准在中国首次使用，而后经过多次修订，本研究过程中实行的
标准为2010年修订的《旅游饭店星级的划分与评定》（GB/T14308-2010）[①]。

饭店评级对保护消费者具有重要意义，其作为一种质量认证减轻了服务双
方的信息不对称（Nicolau，2010），且帮助改善饭店设施及服务质量（Callan
和Bowman，2000；Narangajavana和Hu，2008），提升行业水平。我国星评曾
发挥重大作用，规范并引领饭店行业发展，星级成为高质量饭店的代名词。但
据央视网等新闻报道[②]，星评对饭店的影响力持续削弱，部分星级饭店主动申
请"摘星"或"自定义"为"豪华"以规避星评标准约束；新建酒店不愿评
星，部分存在问题的高档酒店无星可摘。据文旅部数据，星级饭店数量持续减
少，截至2021年底仅剩9695家，相较最高峰同比减少约31.9%。尽管政府鼓励
饭店参评，饭店却无动于衷，政府促进与饭店回避，二者矛盾指向星级评定制
度，星级评定受制于过时的标准（Martin，2016），作为质量标准的可信性及
影响力下降。

有些饭店偏好使用星级饭店标准，另一些饭店却避免使用，饭店星评市
场行为分化问题亟需被理论解释。在外部制度多元化不断显现、制度复杂性
日益凸显的背景下，制度逻辑理论因其在复杂背景下的解释力（Greennwood，
2010）被广泛应用于企业研究中（许艳芳，2022），可对饭店星评市场行为分
化提供解释。制度逻辑是指社会层面的文化、信仰和规则，是某一组织场域内
较为稳定的制度安排及相应的行动机制，在组织场域内塑造着行动者认知及其

---

    ①   本章成文于2022年9月，写作过程中参考了其时尚未正式发布的2023版《旅游饭店星
级的划分与评定》标准（GB/T 14308-2023，于2023年11月27日发布，2024年3月1日实施）。
    ②   见央视网：多地五星级饭店被"摘星""官方差评"有实效吗？https://news.cctv.
com/2019/08/25/ARTICDBZ3nMoDK1I6hcsAf3C190825.shtml，2021年8月25日。

行为（Friedland和Alford，1991）。制度逻辑理论着重关注多元制度环境下不同制度逻辑对于组织结构和行为的影响（Thornton和Ocasio，2008），在组织层面帮助关键决策制定者将注意力集中在特定的议题及解决方法上（Ocasio，1997），做出符合逻辑的决策。一些饭店在相关规定出台后，遵循政府要求，根据实际情况做出决策，可视为政府逻辑驱动结果。另外一些饭店关注自身客源市场，以追求利润最大化为目标做出决策，则体现市场逻辑驱动。制度逻辑理论认为制度是历史权变的（Thornton等，2012），不同时间段中不同的制度逻辑对组织及个体行为影响的重要性具有差异：例如我国在早先计划经济时期，政府力量更大，政府逻辑更受重视；而后续市场力量渐强，市场逻辑也渐受关注。国内星级饭店发展过程中历经外部环境复杂变化，其间多种制度逻辑并存，其中政府逻辑与市场逻辑尤为重要。

饭店业界呼吁加快饭店星评制度改革，但学术界对中国饭店星级评定相关话题关注不多，尤其是针对星级评定问题的深入讨论。现有文献尽管对星级评定标准存在的问题进行了初步讨论（Yu，1992；Liu，1993；王大悟，2008；谷慧敏，2017），但从理论视角阐释饭店星级评定取舍制度根源的文献尚不多见。基于上述研究缺口，此研究基于制度逻辑理论，访谈在政府任职的行业管理者、星评专家及熟悉星评的饭店管理人员，重点回答以下问题：什么制度逻辑驱动饭店市场行为的分化？不同的逻辑如何驱动饭店对星级评定做出不同选择？希望借此问题，深化饭店企业对星级评定的理解，促进星评标准高质量发展并使其重新引领饭店质量工作。

7.2　文献综述

7.2.1　星级饭店评定

不同国家和地区间行业发展状况不同，且价值观和偏好存在一定文化差异，因而世贸组织（WTO）及国际饭店协会（International Hotel Association，IHA）建立标准化的饭店评级系统的尝试失败，各地系统仍存在显著差异，可分为官方及非官方两类（Su，2007）。现有研究将不同标准的具体内容、评定方式进行比对（崔雨，2014），为某一国家或地区的标准提出建议（Su，2007；Liu，1993）。此外，不仅标准间的差异被探讨，其间的共性也被研究提炼讨论，如日益重视服务质量（Madani，2012）。上述研究以描述性的对比为主，对星评存在的问题缺乏深入讨论，且理论化程度不足，甚少对业界深入调研进行实证研究。因此，此研究认为有必要针对熟悉星评的饭店管理人员及星评员进行调研以提炼业界观点。

除了对标准本身的讨论，现有研究更多关注饭店评级结果与饭店运营要素间的关系，主要包括价格、服务期望、满意度与服务质量等。研究认为星级与饭店价格关系密切（Thrane，2005），能够较好地预测饭店价格（Israeli，2002；O'Neill，2003）。且星级给出了顾客可期待的服务水平（Ahmad，2012；Bhavani和Pawar，2013），顾客对不同等级饭店的服务期望明显不同（Pine，2005；Narangajavana和Hu，2008）：星级作为一种显性服务承诺（Zeithaml，2008），高星级饭店被认为会提供更高水平的服务。此外，有研究发现星级对顾客满意度具有调节作用（Tsao，2018）。星级还被认为能够提升饭店设施水平、服务质量、经营业绩（Narangajavana和Hu，2008；Nalley，2018）和创新能力（Orfila，2005）。值得注意的是，随着互联网发展及OTA平台的流行，将用户线上评分与线下星评等级进行对比成为研究热点，研究集中于二者关系讨论与作用对比，讨论二者对饭店经营的影响程度（Oegut，2012），认为不同的饭店属性设施对线上评分的影响随星级产生差异（Soifer，2020），且饭店线上评分随星级增加而提高（Bulchand，2011）。二者的一致性问题也被着重关注，讨论二者不一致时的弊端及解决方法，研究认为当两种评分出现显著差异时，对饭店经营及评级系统均会产生负面影响（Hung，2017）。

上述研究内容丰富且角度广泛，星级作为调节因素被广泛讨论。然而，国内研究对饭店星级评定缺少关注，对本土化情境下星级评定出现的问题缺乏深入讨论。当前国内星评困境的原因复杂，尽管现有文献中有所提及，例如线上平台为消费者提供更多选择及参考（Xu，2020），政府政策影响（邱婷，2015），标准过于注重硬件（Yu，1992；Liu，1993；王大悟，2008）等，但却未有研究对当前现象进行深入探究并系统梳理整合原因。基于此，亟需在深入行业调研基础上、在原有文献基础上对中国饭店星级评定困境的原因进行深入分析，促进星级评定标准焕发新生。我国旅游饭店星级评定于20世纪80年代诞生，其时正处于计划经济向市场经济转型期间，这一时期饭店经营市场化程度逐渐加深，但政府仍扮演重要角色，星评在政府指导下展开。综上，饭店星评制度在中国经济转型背景下诞生，饭店实际经营中面临着多元制度环境，当下饭店星评市场行为出现显著分化，应用制度逻辑进行分析符合理论及实际要求。

7.2.2　制度逻辑视角下的饭店星级评定

新制度理论解释了制度同构导致组织行为趋同化的原理，组织在面对相同外部制度环境的影响时，其组织行为趋于一致（Zimmerman和Zeitz，2002；王诗宗等，2013），但该理论缺乏对能动性个体追求自我利益的关注，也无法解释相同制度环境下组织间的差异化行为。制度逻辑理论发源于传统制度理论，但又有所差别：Friedland等（1991）认为社会是由多重制度逻辑建构的且存在矛盾的制度间系统，将制度环境视为多维度的复杂存在，多元的外部环境共同对不同的行动者施以影响，从而导致组织的差异化行为（Santos，2012）。制度逻辑强调结构和能动的二重性，认为外部制度环境的变化使得行动者的理性及利益随之产生变动，弥补了新制度理论中社会结构和个体能动性间的对立鸿沟（缑倩雯、蔡宁，2015）。

相同制度环境下的组织处在细分化的制度逻辑中，组织行为受到不同的制度逻辑的指导。较早时期的制度逻辑研究关注"主导逻辑"及其变迁，认为企业的关注重点受其当前主导逻辑影响（Garg、Walters和Priem，2003），关注其在特定组织场域内的关键作用。例如，1958—1990年间美国的高等教育出版业的主导逻辑从"编辑逻辑"向"市场逻辑"发生转变，企业组织结构及决策机制也发生相应变化（Thornton，2002）。随着研究进展，多元的制度逻辑日益被关注，强调外部复杂的制度环境对引导组织的制度逻辑提出多元化要求，不同的逻辑存在竞争关系，在竞争中推动制度变迁并塑造组织多样性。对西班牙的企业研究表明，政府逻辑及家族逻辑在市场逻辑兴起时对其产生积极响应，从而导致企业行为的异质性，为理解制度复杂性提供了见解（Greenwood

等，2010）。上述研究均认为企业的制度逻辑并非一成不变，在对外部关键事件及环境的意会后，企业能够进行适时调整（Nigam，2010）。针对不同的组织场域及应用情境，研究所应用的制度逻辑的类别有所差异，目前尚未达成一致。其中包括以政府逻辑及市场逻辑为代表的二元分类（Tracey，2011；杜运周，2020），也包括多元分类，例如Thornton和Ocasio（2012）根据不同制度主体，提出了市场、家庭、宗教、职业、企业、社群、政府七大制度逻辑框架。近几年，制度逻辑理论在学者们的推动中不断深化（Mutch等，2018；Jarvis，2017），被视为揭示制度变迁的重要视角（Evelyn等，2017）。现有研究在关注多元制度逻辑的基础上进一步关注不同制度逻辑间的竞争性与互补性（Yan等，2019、2021），而宏观经济转型的背景为相关制度逻辑研究提供实践环境，例如研究关注中国经济转型期间企业内部竞争逻辑的共存，讨论制度逻辑对企业并购行为的影响（Greve等，2017），或讨论转型背景下公司治理机制如何发挥作用（Ioannis等，2015）。除在组织层面讨论制度逻辑，研究讨论转型期间制度逻辑对个人层面的影响，例如讨论几个欧洲国家中的医疗逻辑由苏联时期的"狭义专业"逻辑转换为西方医疗语境下的"全科主义"逻辑，由此对专业医疗人士身份认同产生的影响（Kyratsis等，2017）。

中国于20世纪80年代进行市场体制改革，市场经济制度逻辑开始逐渐取代计划经济制度逻辑（Nee，1992），但这种转换是一个持续的过程，在市场体制未完全成熟时，持续的转型过程塑造了介于二者之间的混合型治理结构，具备自身的制度逻辑（Guthrie，1997）。宏观层面制度逻辑的复杂性也使得企业层面的制度逻辑具备复杂性，因此制度逻辑理论近年被国内学者关注并应用于企业研究。转型期的中国企业主要受到政府逻辑及市场逻辑影响（杜运周等，2013），二者长期共存并互相影响，例如研究划分了本土制造业绿色转型过程中的时序区间并讨论影响企业绿色创新行为的制度逻辑演化，发现不同时序区间内的政府逻辑和市场逻辑地位不同且互相影响（解学梅、韩宇航，2022）。

星级饭店评定始于20世纪80年代，与中国市场体制改革时间吻合，在数十年发展历程中经历外部环境复杂变化，成为诠释制度逻辑的最好载体之一。此研究将影响饭店星评的制度逻辑定为政府逻辑与市场逻辑，政府逻辑指政府意志在企业发展过程中作为导向，企业通过遵循政府政策规制获得合法性，呈现一定的"合规遵循性"（Greenwood等，2010；杜运周等，2020）。在星级饭店评定过程中体现为部分饭店对政府规制极为敏感，如在政府鼓励饭店参评时积极行动，或因政策影响退出星评。市场逻辑则指企业以获取市场竞争力作为原则，强调经济层面的收益，具备"战略主动性"特征（刘振等，2015）。在星级饭店评定中体现为饭店做出是否参与评定的决策时，首要考虑星级评定带来的收益及需要付出的成本。在不同制度逻辑主导下，饭店星评市场行为产生分化。现有研究对星级饭店评定决策关注不多，且鲜少从制度逻辑视角出发对饭店星评市场行为分化进行讨论，现有制度逻辑研究对饭店等服务企业的关注也较少。因此，此研究尝试从制度逻辑视角切入，通过深度访谈等质性方法理解饭店星评市场行为分化，旨在促进星级评定制度高质量发展，重新引领行业发展。

7.3 研究方法及过程

7.3.1 研究方法

本研究重点回答饭店星评市场行为受何种制度逻辑驱动，以及不同制度逻辑如何驱动饭店差异化的星评市场行为，针对"为什么"及"怎么样"的问题。国内相关研究较少，缺少成熟的理论假设，采用量化研究方法并不合适。其次星级评定工作具备较强专业性，对饭店专业人员深入调研以获取一手资料至关重要，因此本研究基于前人在制度逻辑领域采用的质性研究范式（刘振等，2015；许艳芳等，2022）展开。具体过程为访谈熟悉星级评定的饭店管理人员和饭店星评员，同时搜集公开数据资料，通过编码技术对所得资料进行关键构念提取，识别星评中的制度逻辑。

7.3.2 数据收集

访谈作为本研究最重要的素材，选择熟悉饭店星级评定标准的饭店管理者及饭店星评员作为访谈对象。星评员作为评星工作的主要参与者，熟悉星评且专业能力强，其次规定说明了星级饭店内审员由饭店管理人员担任，该群体了解星级评定且实践经验丰富。此外，2021年全国一星级饭店仅有69家，二星级共1357家，占比分别为0.7%和13.99%，低星级饭店数量少且影响力低，缺少代表性，因此主要选择高星级饭店管理人员进行访谈。同时，未参与星级评定的高档饭店管理者也是重要的访谈对象。研究选择符合上述条件人员共20人进行访谈，采用半结构化访谈，通过事先设计的提纲对受访者提问，根据其现场反应及思路进一步追问以获取更加具体的信息。研究在征得访谈对象同意的前提下进行录音，得到音频共643分钟，转录得访谈文本约9万字（见表7-1）。

表7-1 访谈对象基本资料

编号	身份	访谈时间
No.1	星评员、饭店协会成员	44min
No.2	星评员、饭店协会成员	44min
No.3	星评员、广东省文旅厅领导	25min
No.4	星评员、教授	45min
No.5	饭店总经理	64min
No.6	饭店总经理	45min
No.7	饭店部门经理	31min
No.8	星评员、教授	66min
No.9	星评员、饭店总经理	30min
No.10	星评员、饭店部门经理	40min
No.11	饭店部门经理	24min
No.12	饭店部门经理	19min
No.13	饭店部门经理	24min
No.14	饭店部门经理	23min
No.15	饭店部门经理	26min
No.16	饭店部门经理	32min
No.17	饭店部门经理	23min
No.18	讲师、饭店部门经理	28min
No.19	饭店部门经理	25min
No.20	饭店部门经理	29min

在进行资料整理及论证的过程中，为降低访谈因"研究效应"而发生效度失真的可能性，本研究进行了其他来源的二手资料收集：一是政府文件及公

告。从政府官网获取公开的信息如全国星级饭店统计报告，实地调研获取政府机构留存的可公开档案资料，研究团队于广东省文旅厅及广东省饭店协会调研获取14份资料文件，初步整理得文字约4.6万字。二是第三方媒体报道检索。使用爬虫工具检索抓取网络上公开发表的有关星级饭店的新闻报道以及专家评论，整理得文字约3.8万字。三是文献资料检索。搜索星级饭店制度推出以来有关星级饭店评定的期刊论文等文献资料约9万字。将上述资料整理后，用于与访谈所得的一手数据相互对比，一定程度提高了研究的建构效度（见表7-2）。

表7-2　数据类型、来源与内容

类型	来源	内容
一手数据	半结构化访谈	访谈录音文字稿、参与观察记录
二手数据	公开资料	政府官网文件、新闻报道、行业资料、研究论文、专家评论等

7.3.3　数据编码

本研究对整理后的访谈文本等资料进行三段式编码，使用MAXQDA对原始数据进行处理。一级编码即开放式编码。这一阶段是分析初始资料之后，对所整理的资料"贴标签"，围绕核心研究问题进行初步概念化，最终得出概念39个，范畴共13个，分别为：政府支持、政策影响、政府监管、质量认证、消费者代际更迭、消费者参考依据多元化、市场多样化、互联网影响、内容僵化、效益低下、行政化评定、疏离、靠近。表7-3为部分开放式编码分析示例。

二级编码又称主轴式编码。这一阶段在一级编码所得范畴基础上进行更深层次的挖掘，揭示不同范畴间的差别，发现和建立范畴间的潜在逻辑关系，提取出主范畴，共得到4个主范畴，分别为政府逻辑、市场逻辑、星评制度、饭店星评市场行为（见表7-4）。

三级编码为选择性编码。这一阶段中若主范畴发展成熟，各个范畴间会呈现较为清晰的脉络，需要整合不同的主范畴及其间关系，通过"故事线"的方

表7-3 开放式编码分析示例

原始语句	初步概念化	概念化	范畴化
"酒店评星收获的利益可能会小一点，但是却要付出很多，像硬件维护就是一笔费用，还有许多麻烦。政府应该呼吁一下，如果真的要推星级饭店发展，还是要给予更多支持。"（a1）	a1支持力度不足		
"激励只是给予新增的星级饭店，对于旧的星级饭店复核通过基本没有激励，但这些酒店又需要进行投入来维护，才能通过检查。"（a2、a4）	a2缺少经济支持		
"各个地市政策不同，有些地方新评一个星级饭店，给酒店现金激励。"（a3）	a3对新评定的星级饭店给以现金激励	A1激励效果差（a1、a2、a5、a6）	
"申请这些奖项手续太复杂，过程太慢了，有些几年都没拿到这笔钱。"（a5）	a4复核成功的酒店无奖励		AA1政府支持（A1、A2）
"从这个政策开始，星级饭店数量就一直在下滑。而且有些省份，包括我们省的也是，有些单位明确要求不能进入四五星级饭店这些高星级饭店。"（a7）	a5奖励未落实	A2激励不平衡（a3、a4）	
"但是后面政策放宽，只要四星级、五星级饭店可以给到合适价格的话，也是可以的。但是问题是政府单位还是不敢去啊，还是有这方面的顾虑。"（a6）	a6政策放宽后依旧回避星级饭店	A3政策直接限制（a7、a8）	AA3政府监管（A6、A7）
"当年由于这个政策，只要是星级饭店，不可以参加任何招标。"（a8）	a7八项规定六项禁令、三公消费等政策出台	A4政策后续影响（a6、a9、a10）	
"其实现在国家是没有明确地要求说一定不能去星级饭店，但是有些企业在购买物品或是举办会议时，如果选择星级饭店，审计的时候就特别严格。一张一张地来问为什么，那如果是这样的话那为什么，我找一个不是星级的饭店就好了。"（a9）	a8 星级饭店参与招投标受限	A5监管繁重（a11）	AA2政策影响（A3、A4）
	a9审查流程复杂	A6监管缺失（a12）	
"当时八项规定这种硬的政策，规定大家都不允许进五星级饭店，你在内所有的消费也都报销不了。"（a10）	a10报销流程复杂	A7缺少法律支持（a13、a14）	
"现在评星级饭店说不好听一点是给自己添麻烦。每个月要上报数据，各个单位一检查肯定找星级饭店，国家来检查也肯定是去星级饭店，各类检查全部往这里来。"（a11）	a11各类检查优先星级饭店		
"星级饭店知识产权制度没有搞成，谁都可以说自己几星，系统没有得到有效的监管。"（a12）	a12星级系统缺少监管		
"目前国内很多涉及旅游住宿服务的标准和质量判定，尚无法律法规可依（a13），仍主要靠行业惯例、行业标准和企业自检。"	a13各类标准及质量判定缺少，无法律法规可依		
"旅游法等相关法律法规对星评只做原则性规定，惩罚力度也不足。"（a14）	a14惩罚力度不足		
……	……	……	……
		共39个概念	共13个范畴

表7-4　主轴式编码结果

主范畴	范畴	含义
政府逻辑	政府支持	政府鼓励饭店参与星级评定并给予支持，但成效不显著。
	政策影响	政府政策规定直接或间接地影响酒店评星积极性。
	政府监管	监管缺失以及过度监管同时存在，致使酒店不满。
市场逻辑	质量认证	星评作为国家质量认证，仍具备影响力。
	消费者代际更迭	饭店主力消费人群代际变化，观念及需求变化大。
	消费者参考依据多元化	多因素影响下，消费者选择饭店的依据愈发多元。
	市场多元化	住宿业市场业态日益多样，饭店竞争更激烈。
	互联网影响	OTA平台为代表的互联网企业重塑住宿行业格局。
星评制度	管理作用	星级评定作为文旅部门的管理抓手，发挥监管作用。
	市场作用	星级评定推动饭店行业的市场化及标准化，引领行业发展。
	内容僵化	标准内部分内容无法适应时代及市场变化。
	效益低下	标准的影响力及其带来的经济效益难以吸引酒店参与。
	行政化评定	非专业因素过多影响酒店星级评定，导致标准影响力下降。
饭店星评市场行为	疏离	饭店不参与或主动退出星级评定。
	靠近	饭店积极参与星级评定，包括新饭店申请参与、原有星级饭店继续复核、摘星后重新申请评星。

式将整体事件现象串联起来。上世纪80年代市场逻辑进入中国，饭店星评制度随之建立，转型期间尽管市场逻辑引入并发挥作用，但政府逻辑仍然强大，这样的条件决定了制度层面上中国旅游饭店星级评定具备政府逻辑及市场逻辑，二者贯穿星评标准发展历程，在企业层面上二者同时驱动饭店星评市场行为。在宏观经济转型的过程中饭店业在不断发展变化，两种逻辑的互补与竞争在饭店星级评定中得到凸显，最终体现在饭店市场行为的分化中。

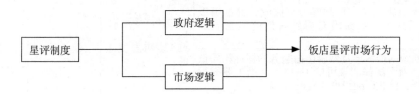

图7-1　饭店星评二元制度逻辑框架

7.4　研究发现

7.4.1　旅游饭店星级评定中的制度逻辑

饭店星评制度在宏观经济转型的背景下诞生，政府逻辑及市场逻辑贯穿其发展历程。在星评制度层面，政府逻辑体现在星评制度所具备的管理作用：政府部门作为星评制度的提出者及主导者，是政府逻辑的力量来源，且星评以行政层级为划分，全国星评委授权并监管地方星评机构。在访谈中受访者提及"中国的体系下旅游部门管理饭店的唯一抓手就是它的标准"（No.4），星评标准作为饭店行业最重要的标准之一，具备重要的管理作用。而市场逻辑则体现于星评在行业发展中起到的积极市场作用，标准在参照国外先进经验的基础上，结合了我国实际情况，在性质上并非单纯的管理规定，而是具备强烈的市场化意图，规范引领行业发展："星评作为一个标准，带动了中国的酒店业从一无所知走向慢慢成熟"（No.9）。星评在促进我国饭店标准化及品质提升上发挥了重要作用，推动了饭店业与国际接轨，对行业具有积极作用。

饭店星级评定中的两种逻辑关系密切，当前研究常将制度逻辑或隐或显地解构为目的及手段，此种做法有助于区分制度的竞争性及互补性（Yan等，2019、2021）。在饭店星评的情境下，政府逻辑的目的倾向于通过星级评定对饭店业实行有效监管的同时引导行业有序健康发展，而市场逻辑的目的则是指导饭店以获取经济利益为核心目标进行组织活动，两种逻辑的目的具有差异性，但也存在重合。在手段上，政府逻辑主要通过政府力量进行驱动，市场逻辑则主要依赖消费者及行业市场环境。因而在星评情境下政府逻辑与市场逻辑的目的及手段的差异使二者存在竞争性，但目的上的重合又使二者具备互补性，一定程度印证了制度逻辑"相互依赖但也相互矛盾"（Friedland和Alford，1991）。

此研究通过调研结合行业看法，对星评存在的问题进行归纳总结。主要包括内容僵化、效益低下以及行政化评定三个方面。首先最为突出的问题是标准内容僵化严重：标准自2010年后、至2023年最新版发布期间近14年未有更新，与时代脱节。相较国际知名标准三至五年一修订的频率，我国星标推出之始尚能根据现实需要及市场变化及时修订，但从2010年至最新版推出前，十余年时间未及时变动。中国旅游协会副会长兼秘书长张润钢表示，近十年内中国饭店行业发生的变化远超自标准诞生的1988年至2010年那二十余年的总和，2010版标准缺乏互联网时代内容，新兴技术的发展也使十余年前的相关规定显得落后。标准内容僵化突出表现为"重硬件轻软件"，在饭店业快速发展，但设施设备、卫生等标准参差不齐的时期，何为"星级饭店"亟需标准规范，星级评定标准应运而生。标准从硬件、功能和服务项目等方面提出一体化的评判体系，有力促进了中国酒店的标准化，因而其在硬件方面大而全的规定有其历史合理性。但随着行业发展，标准对硬件过多的强调反而使星级饭店徒增成本："酒店经营者评星时向我们抱怨浴缸这类硬件，利用率又低又很占成本"（No.1）。而在"软件"方面，标准对酒店"软开发"的要求欠缺，对企业特色化及个性化引导较弱："其实真正影响酒店的很多是隐性的东西，但是在星评里面就很难进行定义，像培训体系这样的东西，但我觉得需要在星评里面体现"（No.9）。国际酒店集团如万豪、希尔顿，其通过多年经营已形成独特品牌文化，面对此类品牌酒店冲击时，星级饭店缺乏具有文化特色的标准引导的弊端显露，消费者认可度发生倾斜。

其次是效益低下：一方面是饭店参与星评的成本与收益不匹配。由于标准部分要求不合时宜，饭店参与星评及后续维护需要高额成本，但未获得与之匹配的收益："我们硬件的配备项目一定要达到五星标准，要求有很多功能配套像泳池、健身房，但这些对整个酒店的坪效影响小，产生的效益不大"（No.6）。另一方面是星评带来的影响力及认可度下降。星级作为一种无形资产的价值下降，无法为饭店带来较高附加值与溢价空间。其中价格问题一定程度造成星级品牌影响力低："国内五星级没有价格标准，像我们在希尔顿酒店房价没有低于500的，但我们国内的比500低的比比皆是"（No.6）。相对国际品牌酒店，星级饭店质量参差不齐，与国际标准对比，国内星评影响力及认可度偏低，部分饭店更愿意选择参与国际星评："以价值论为导向，福布斯这个星评呢，它给我们带来的价值会更大一些，所以就会选择福布斯"（No.7）。

最后是标准行政化评定：首先是层级化评定导致资源配置不合理。我国星评按行政级别自上而下规定评定等级，这种方式有效推动了星评的实施，但在后续发展中难以有效配置资源。其次，星评原本为住宿行业区分等级的技术手段，具有较强专业性，但在实际执行中却受行政力量干扰。例如部分地方有关部门为彰显政绩，催化出大批本不具备五星级条件却硬性开业挂牌的酒店，使星级品牌影响力受损："当前标准的执行空间较宽，不同地方间的星级饭店存在差别，像是一线城市与二三线城市比，一线城市的基本要好一点"（No.2）。此外，星评员资质及评定形式也受到质疑。"我之前接触的这些星评员的水平参差不齐，有些没有太多高星级的经验背景"（No.7）。以明访为主的检查形式也遭受一定质疑："一旦这种检查做成明访就变成了接待，酒店会提前给你安排房间，给你安排礼物"（No.18）。非专业力量的过度介入影响饭店星评专业性，损害了星级品牌形象。

综上，政府与市场共同导致当前星评制度出现上述问题：因饭店市场发展变化，星评的重要性逐步下降；同时政府未对标准及时修订，导致标准内容僵化，行政化评定的弊端逐渐显露。政府逻辑与市场逻辑在目的上均希望饭店得到可持续良好发展，而现状显然与两种逻辑的目的相悖：一是星评无法为饭店带来切实收益，反而造成额外负担，与市场逻辑追求组织利益相悖；二是参与星评的饭店数量减少，星评管理作用受限，又与政府逻辑相悖。因而二元逻辑均对旅游饭店星级评定的制度革命提出要求。

7.4.2 制度逻辑驱动饭店市场行为分化

由编码结果可以了解，饭店星评市场行为受政府逻辑及市场逻辑二元制度逻辑驱动。其中政府逻辑是以政府政策规制为导向，塑造组织认知与行为的社会构建，市场逻辑则以组织利益及发展为导向，决定企业经济活动理性。举例来说，制度变迁对饭店星级评定产生重大影响，该规定严格限制高星级饭店内的公务消费，部分饭店选择主动退出星级评定。这一决策是在政府逻辑与市场逻辑共同驱动下产生的，一方面呈现遵循政府规制的"合规遵循性"，另一方面又呈现积极主动改变以求盈利的"战略主动性"，因此此研究认为饭店星评市场行为受政府逻辑与市场逻辑二元制度逻辑驱动。

7.4.2.1 政府逻辑驱动

政府逻辑驱动饭店星评市场行为主要体现在以下几方面。首先是政府支持。星评本质上是政府监管饭店行业的有效手段，政府希望通过星级制度引领行业发展并提升行业水平，支持鼓励饭店参与星评："很多地方政府为鼓励酒店评为高星级酒店，出台了一系列政策：三星奖励300万，四星奖励400万，五星奖励500万"（No.6）。但饭店对政府支持反馈不佳，星级饭店数量仍持续下降，效果不佳的原因一方面包括政策在执行过程中的落实不到位，政府公信力下降："申请这些奖项手续太复杂，过程太慢了，有些酒店几年都没拿到这笔钱"（No.6）；另一方面则是饭店担心参与星评对其客源市场产生影响："我们明确拒绝了邀请，还是考虑到我们有部分客群会受到影响"（No.18）。由此可见，政府支持虽对饭店参评起激励作用，但总体来看效果不佳，不足以形成强大政府逻辑驱动饭店参与星评。

其次，政府逻辑体现在政策影响，以八项规定为代表的相关规定对饭店星级评定具有极大影响。2012年至2013年，政府限制"三公消费"并出台"八项规定"，要求"轻车简从、减少陪同、简化接待""精简会议活动，切实改进会风"，各级政府开始严格控制会议费用支出。2013年的《中央和国家机关会议费管理办法》规定，二、三、四类会议场所应当在四星级以下（含四星）的定点饭店举行，与"高档""奢华"挂钩的五星级饭店短期内受重大冲击。值得关注的是，2016年更新的《中央和国家机关会议费管理办法》中已不按星级限制，而改用价格限制，这就意味着即使是高星级饭店，只要其报价符合规定，也可纳入政府采购的考虑范围。但星级饭店却未能重现往日荣光，可见政策不仅对星级饭店评定产生直接影响，其产生的政策风向具有持续影响。调研中，一家于2020年底摘星的五星级饭店的高管说明："我们摘星一是因为在2018年左右我们酒店因为挂牌五星失去很多客人，二是我们的业主方是xx集团，下属20多个单位也是因为饭店挂星很少来我们饭店消费"（No.11）。受政策风向持续影响，高星级饭店仍处于尴尬地位，其余未评星的高档酒店也受此影响，对参与星评持观望态度。综上，以八项规定为代表的相关政策及其政治导向构成强大政府逻辑，具有强力约束，饭店以遵循政府意志为导向，根据自身客源市场等实际情况，产生差异化的饭店星评市场行为。

最后，政府逻辑于星评中还体现在政府监管。星评作为政府主导的国家标准，星级饭店被着重关注，因而产生了过度监管的问题，星级饭店对此颇有怨言："星级是严格管理的，可能每年都要去饭店检查、复核等，这种情况下很多饭店觉得不如不要这个星级"（No.4）。并且星级饭店在经营中受多部门监管，例如文旅部门和公安部门，不同部门间规定可能互不衔接甚至冲突，饭店在遵循规制时无所适从。过度监管未能给予星级饭店切实的帮助指导，部分流于形式的监管徒增饭店成本。此外，关键问题未得到有效监管，星级饭店的品牌标识任由市场发展，出现滥用，造成混乱现象。由此可见，在饭店星级评定中政府监管关注点存在偏差，对关键问题缺乏关注的同时对部分星级饭店监管过度，饭店在政府逻辑驱动下产生困扰，可能选择退出星评或不参与。

7.4.2.2　市场逻辑驱动

市场逻辑驱动饭店星评市场行为体现在五个方面。第一，质量认证。当前星级饭店仍有近一万家，且每年有新饭店进入，一方面是响应政府号召，另一方面则是星级饭店在市场上的知名度与吸引力不可忽视。星级饭店评定作为一种质量认证，不仅有助于提升饭店知名度，且具有一定象征意义："但对于我们老酒店，不可能舍弃这个星级，因为我们上级集团对我们有要求，虽然星评认可度有所降低，但是没有肯定也不行"（No.16）。星级评定依旧作为一种有效的质量认证发挥重要作用。对大部分星级饭店而言，尽管意识到星评影响力下降，但仍会坚持参评；而对部分未参评饭店而言，尤其是地方性单体酒店，在没有集团品牌支持的情况下，高星级有助于饭店提升与周边饭店的区分度并吸引消费者，因而饭店愿意参与。

第二，市场逻辑驱动饭店星评市场行为体现在消费者代际更迭，饭店根据消费群体偏好做出决策。饭店主力消费者发生代际更迭，现有主力消费群体对星级不敏感。在星级饭店诞生之始，其具备接待外宾专用的独特属性，且数量较少，具备一定稀缺性；加之当时社会经济发展水平较低，信息传递渠道较少，且缺少国际知名品牌，星级饭店成为消费者心目中"高大上"的代表。随着时代发展变化，人民生活水平日益提升，住宿市场发生巨大变化，消费者的需求随代际更迭升级。经历星级饭店黄金期的消费者，对星级饭店较为认同且具有一定情怀："上一个代际成长的环境是在星级制度刚推出时，对星级饭店具有感情，认知偏正面"（No.8），但目前这一群体不再是饭店主力消费人群，新代际消费者经历了互联网快速发展，信息接触渠道更加广阔，对传统星级饭店不存在较多认知与感情："现在的消费者从星级中无法感知到具体的信息，星级的概念是在逐渐弱化"（No.16）。由于新代际消费者更加关注消费的体验与品质，对星级关注及认知少，饭店认为参与星级评定产生的收益小，市场逻辑驱动饭店从自身经济利益出发，做出相关决策。

第三，当前消费者选择饭店的参考依据多元化，市场逻辑驱动饭店选择对消费者影响较大的渠道加大投入。星级作为影响消费者选择饭店的因素之一，其影响力远不如前："我觉得消费者对星级没什么感觉，消费者订房间就是两种人嘛，一种人就是看品牌，一种人就是看价位"（No.10）。互联网发展使消费者获取的信息相较以往更为详细、复杂且多样，信息量级及传递速度都发生质的变化，消费者选择饭店的参考因素日益多元化，例如考察饭店的网络评论与口碑，力求以合适的价格满足自身需求，而不是盲目追求星级。因此，饭店受市场逻辑驱动，对星级评定关注减少，将注意力投入到对消费者选择产生更大影响的因素中，例如将更多精力投入OTA平台以提高饭店曝光率。

第四，饭店业市场的多元化趋势使星级饭店不具备独特竞争优势，市场逻辑据此驱动饭店做出相关决策。随着行业发展，星级饭店最初的竞争优势不复存在，其中品牌冲击尤为显著："我们这种老酒店相较那些新开的国际品牌酒店，确实已经有一定差距，国际品牌各层次的客源基本可以涵盖，我们这种四星级酒店定位十分尴尬，在竞争中已经完全没有优势了"（No.16）。随着万豪、希尔顿等国际品牌进入中国市场，原先星级饭店一家独大的局面被打破，此类饭店凭借独特的品牌文化及优秀服务品质获得了较高的认可度。而星级饭店由于宣传方面存在差距等原因，消费者对品牌的认可度逐渐超过对星级的认可："可能很多人觉得，有的酒店没有评星，但是它的品牌就是五星，比如丽思卡尔顿。品牌对客人来讲是一种承诺，一种超越理性的忠诚"（No.10）。此外，连锁经济型饭店大幅扩张，占领市场，低星级饭店数量持续减少："现在三星以下的饭店哪里还有啊，都给快捷、中端那些品牌替代掉了"（No.5）。多样化的消费者需求催生住宿业的业态多元化，《202中国住宿产业发展及消费趋势报告》中指出，"住宿+×"业态多元化成为产业重要发展趋势之一，新业态如电竞酒店、健身酒店大量涌现，行业日益重视空间运营创新能力，将服务由最核心的住宿及过夜市场逐渐向外延伸，进军休闲、娱乐等多方新领域。在新业态冲击下，星级饭店面临的竞争更加激烈，且单一的标准无法适用于多元化的市场，星级评定对饭店提升竞争力的帮助微弱，饭店在市场逻辑的驱动下对参与星评持保留态度。

第五，互联网对住宿行业产生深刻影响。OTA成为饭店的重要分销渠道，消费者习惯从线上平台进行酒店预订，并关注平台上的评分及顾客评论："当前消费者可能更看重互联网上对酒店的评价，看平台上的评分以及顾客评论"（No.13）。此外，小红书等社交平台及自媒体的作用凸显："现在大家都很注重网红打卡点，对星级反而不太重视，我们酒店大厅的一个雕像和下午茶都是比较亮眼的网红打卡点"（No.18）。饭店开始注重多平台营销，例如在微信、微博等社交平台上创建账号，与意见领袖合作宣发。此外，饭店内部管理相较以往数字化程度更高，其中互联网企业作用不可忽视。因此，以OTA为代表的互联网企业一定程度上重塑了饭店业，传统星级饭店的"光环"在消费者选择中所发挥的作用日益减少，因而市场逻辑驱动饭店在"互联网+"投入更多精力以提高自身经营水平，传统的星级评定重要性下降。

7.4.2.3　制度逻辑驱动方向及结果

结合上述对两种制度逻辑驱动饭店星评市场行为的分析，可以发现两种逻辑均具备双向影响：制度逻辑驱动饭店积极参与星评，是为正向优化；反之，制度逻辑驱动饭店疏离星评，则为负向强化。二元逻辑通过双向路径驱动饭店星评市场行为，其中正、负双向力量存在差异，因而产生饭店差异化的星评市场行为。

正向优化路径中包含质量认证及政府支持。星级评定作为质量认证的社会影响力及知名度依旧存在，部分消费者对星级饭店仍较为认可，因而大多数星级饭店坚持复核，也有新建饭店愿意参评："每年仍有饭店申请评星，四、五星居多，但从数量来看每年减比增多"（No.2）。结合实际情况，星级作为质量认证，对饭店星评市场行为的正向驱动力量渐弱。其次是政府支持。具体可分为如下两类，一是各省市促进服务业及旅游业发展的若干政策，其中大部分对本地星级饭店的发展提供奖励政策，对挂牌星级饭店进行一次性补贴奖励，例如《武汉市人民政府关于加快旅游业发展若干政策》（2018）对新评定及通过复核的五星级饭店提供现金奖励。二是鼓励高星级酒店发展专项政策，如《西安市关于加快推进高品质特色酒店建设的政策意见》提出对新评定的四、五星级饭店及改造升星的饭店给予奖励。除了一次性补助，专项政策还包括投资环境优化政策以及金融财税优惠。政府支持手段日益多样化，但从结果来看收效甚微，饭店积极性仍较低。究其原因还是参与评定无法为饭店带来显著的市场竞争优势，且需额外投入成本，与市场逻辑相悖："现在政府是有很多奖励性评比的，比如你评上五星给你多少钱这样，但这种奖励和市场能给到的回报是无法对比的"（No.4）。饭店关注其自身长期发展经营，以一次性补贴奖励为主的政府支持吸引力不足。

负向强化路径中的政府逻辑包含政府影响及政府监管。过往相关政策规制对星级饭店产生巨大影响，且形成的政治导向及社会风向至今仍具影响，饭店为遵循政府规制及不成文规定，对星级评定敬而远之。此外，当前政府监管也存在一定问题，对星级饭店的过度监管对于饭店改善经营帮助小且占据饭店的经营成本与精力，导致更多饭店选择不参与评定，游离于标准之外："我们的某些管理部门仍然习惯用行政命令处罚以及运动式突击检查开展工作，一家有事家家吃药，该管的不到位，不该管的管得太多"（No.19）。值得关注的是，当前饭店星评中市场逻辑更多地驱动饭店疏离星评：新生代消费者对星级认知偏低，不再以星级作为选择饭店的主要参考因素，因此饭店对星评减少关注。此外，品牌的冲击、住宿业态多元化以及互联网影响使星级饭店面临的竞争更加激烈，星级提供的竞争优势日益微小，饭店将注意力更多地投入其他方面。调研中受访人员普遍表示饭店参与星评首要考虑的就是能否带来切实收益，例如吸引更多客户："从经营的角度来说，首先考虑星评对生意的影响，这个是决定性的，如果说星评对生意有好的影响，大家肯定是愿意了是吧，如果是没有作用甚至负作用，那大家肯定也不愿意"（No.9）。消费者和行业市场环境发生的变化使得饭店参与星级评定无法获得较好效果，市场逻辑以获取经济利益为核心驱动饭店做出疏离星评的决策。

综上，此研究提出饭店星评市场行为分化框架：在中国宏观经济转型的背景之下，旅游饭店星级评定中存在二元制度逻辑——政府逻辑与市场逻辑，两种竞争性逻辑具备一定兼容性（Gümüsay等，2020），贯穿饭店星级评定的发展历程。星评中的饭店市场行为受此二元制度逻辑驱动，且两种制度逻辑均对饭店星评市场行为具备双向影响路径，且当前负向强化的力量远大于正向优化，导致饭店对于星级评定更倾向于疏离而非靠近。饭店对星级评定态度冷淡、星级饭店数量持续下降的现象通过该框架得到一定解释。

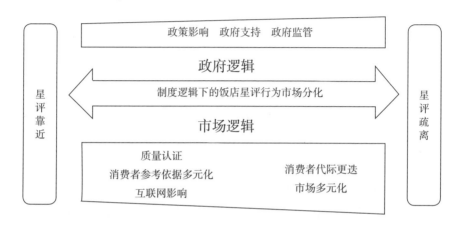

图7-2 饭店星评市场行为分化框架

7.5 结论与讨论

此研究从制度逻辑视角着手，采用质性方法解释饭店星评市场行为分化。研究发现：①旅游饭店星级评定是诠释制度逻辑的载体，其中存在政府及市场二元制度逻辑，贯穿星评制度发展历程。且当前星评制度出现内容僵化、效益低下以及行政化评定三方面问题，与二元制度逻辑的目的相悖，因此制度逻辑对我国星评制度改革提出要求。②饭店星评市场行为受此二元制度逻辑驱动，政府逻辑对饭店星评市场行为的驱动主要体现在政府支持、政策影响以及政府监管三个方面；市场逻辑对饭店星评市场行为的驱动则体现在质量认证、消费者迭代、消费者参考依据多元化、市场多元化及互联网影响五个方面。③两种制度逻辑通过双向影响路径驱动饭店星评市场行为：正向优化推动饭店"靠近"星评，积极参与星级评定及复核；负向强化则促使饭店对星评"疏离"，主动"摘星"或不参与评定。正向优化路径内包含政府支持及质量认证两个方面，负向强化路径则包含政策影响、政府监管及消费者代际更迭等六个方面。在两种逻辑共同影响下，饭店星评市场行为出现"靠近"与"疏离"的显著分化，当前饭店倾向疏离星评，这是由于两种制度逻辑对饭店星评市场行为的负向强化大于正向优化。

此研究理论贡献有三：第一，此研究丰富了饭店星评的研究视野。过往星评研究通过对比不同标准（Su，2007），对标准存在的问题做出判断（Liu，1993），并从评定主体、评定内容等方面展望星评发展（伍蕾等，2012），但对饭店差异化的星评市场行为缺少关注，重视政府逻辑但忽视市场逻辑，而当前现象凸显了两种逻辑的作用影响。因此此研究基于行业一手数据，采用质性方法从制度逻辑视角对饭店星评市场行为分化进行解释，用新角度诠释了星级评定制度当前存在的问题，对现有研究进行有益的理论补充，且扩展了原先以描述性为主的星评研究（崔雨，2014），回应了中国经济转型背景下的制度逻辑研究的呼吁（杜运周，2013）。

第二，此研究以饭店星评为对象，拓展了制度逻辑的理论价值和产业意涵。制度逻辑理论仍在发展，有研究将组织理论的概念工具与对历史的时间性的关注结合起来，推进了制度逻辑理论发展（Mutch，2018）。政府与市场是影响服务业的核心要素，相较于制造业而言，政府与市场对服务业的影响更为直接迅速。而现有研究主要关注制造业情境下的政府逻辑与市场逻辑（解学梅、韩宇航，2022），服务业情境下的研究不足。饭店业中的旅游饭店星级评定制度是经济转型背景下的制度复杂性的有效体现，采用制度逻辑理论探究饭店星评市场行为的异质性尤为合适。此研究以制度逻辑为理论基础，揭示了饭店星级评定中制度逻辑对饭店星评市场行为的驱动，提出制度逻辑驱动下的饭店星评市场行为分化框架，揭示两类逻辑在驱动饭店行为过程中的双向影响机制，深化了制度逻辑影响的具体路径。

第三，此研究探究了不同制度逻辑的共同作用机制，深化了对制度逻辑竞争性与互补性的理解。现有研究大多讨论制度逻辑如何影响企业行为（Greenwood，2010），而在多元制度环境下，对不同制度逻辑共同作用机制的探究确有必要（Yan等，2019、2021）。此研究明确了饭店星评中政府逻辑与市场逻辑的双向作用机制，二者从目的与手段而言具有竞争性，相互制约，在星评推出之始处于平衡状态，星评因此发挥强有力作用，但当前二者失衡，政府逻辑在一段时间内被过分重视，而忽略市场逻辑，星级评定随之式微。二者的互补性则体现在二元制度逻辑具备正向优化的同时兼有负向强化，共同驱动饭店星评市场行为，但当前负向强化大于正向优化，饭店星评市场行为出现显著分化，且更倾向于疏离星评。

本研究有如下管理启示：第一，以一次性补贴奖励为主要手段的政府支持对改善星评困境作用小，相关管理部门需在政策制定和执行上积极改进，尽可能减少过往政策对星评持续产生影响，同时在监管上避免对星级饭店过度监管，改善各层级间制度混乱、执行不一的弊病，为星级饭店"减负"。第二，改善星评现状迫切需要市场逻辑支持。当前市场逻辑对饭店星评市场行为的驱动使饭店倾向于做出不参与甚至主动退出星级评定的决策。在饭店的认知中，星级评定已然不适应市场发展，无法为饭店带来好处，甚至带来弊端。星评急切需要重回市场，则需有关部门从评定标准本身入手，积极寻求制度变革，让星级评定为广大饭店带来切实的收益，进而广泛吸引更多饭店参与其中，使评定标准的知名度与影响力随之上升，形成良性循环。第三，旅游饭店星级评定标准未来修改的五个关注方向分别是：①关注经济指标，关注饭店的硬件和服务是否带来切实收益；②关注饭店"软件"，塑造具有文化特色的标准；③关注新兴方向，即关注以智能化、数字化为代表的新技术，以及饭店绿色环保、可持续发展等问题；④关注饭店核心产品，即客房与服务；⑤关注底线问题，对关系到消费者最基本权益如生命安全、财产安全的相关问题用标准加以规范约束。综上，在现有标准框架上的增删减补难以使标准适应多变的市场，未来的星级评定标准应具备专业性、前瞻性及包容性。

此研究仍存在相关不足：第一，本研究尝试以制度逻辑视角对饭店星评市场行为分化进行探究，针对的对象以高星级饭店为主，采用质性研究范式，通过多渠道收集资料进行编码分析并提炼结论。由于不同地区的不同酒店的内、外部环境存在显著差异，囿于受调查对象的范围，存在某些因素未被识别的可能，后续研究可借鉴制度逻辑研究中常用的案例研究方法（解学梅、韩宇航，2022；Gümüsay等，2020），并将范围扩展至全星级酒店，选择具有代表性的饭店进行案例研究，以有效补充该领域研究内容。第二，此研究的研究成果目前仅局限在星级饭店，在当前各类景区、餐厅等服务业各种评级制度层出不穷但大多收效甚微的情况下，未来研究可将制度逻辑应用于服务业其他企业中，讨论在评级制度中企业差异化市场行为的内在逻辑。可选取旅游景区、文化酒店、餐厅等更多案例进行相关跨案例研究，对现有研究结果的可靠性进行验证与补充。第三，本研究中归纳的部分范畴可进行概念化和操作化改进，通过测量与制度逻辑密切相关的企业注意力，利用量化的数据分析来检验理论模型，对现有研究进行有效的调整和补充。

【第8章】

星级饭店自助餐厅收益管理策略：
富力君悦凯菲厅案例[1]

———————————
① 本章改编自《餐厅收益管理策略研究：基于富力君悦酒店凯菲厅的案例》，原文载于《旅游学刊》，2016，31（2）：86-96。

8.1　本章背景与研究问题

收益管理就是将合适的产品在合适的时间以合适的价格卖给合适的顾客，是服务企业在生产约束条件下改善收入的重要手段。收益管理最早起源于航空业，后来扩展到酒店、汽车租赁、交通等行业，在国内外受到企业重视，也成为相关研究的重要议题。一般而言，应用收益管理的企业需具备以下六个特征：企业的生产和服务能力相对固定；企业可以对客源市场进行细分；产品或服务无法储存；产品或服务在消费前出售；顾客对产品或服务的需求不断变化；产品或服务的固定成本较高，且可变成本较低。可以认为，餐饮业具备应用收益管理的典型特征，因此，餐饮企业借鉴航空、酒店等行业的实践经验实施收益管理成为可能。

国内外对餐厅收益管理的研究才刚刚起步。已有的相关文献中，可以找到三个成功案例。Kimes将餐厅收益管理及运用框架引入Coyote Loco餐厅和Chevys餐厅两个案例企业，论证了餐厅实施收益管理的可行性，并提出餐厅收益管理实施的五个步骤，追踪研究发现收益管理五个步骤的应用最终可以实现餐厅收入的大幅度增加。国内学者对一家全球性的比萨店P餐厅进行了实证研究，分析了该餐厅服务时间各组成部分的时间均值及方差，同时讨论就餐团体构成及餐桌结构问题，但并未提及最后实施的效果。

国内反腐倡廉相关政策条例实施之后，国内高端餐饮企业，特别是高端酒店的餐厅面临制度变迁阵痛期的经营业绩压力。在这一背景下，餐厅如何通过外部营销和内部管理实现收益增长，成为酒店管理者最为关注的问题。收益管理正是解决这一问题的重要途径。讨论高端餐厅的收益管理问题，将为企业展开相关管理工作提供借鉴。与社会餐饮企业相比，星级饭店的餐厅往往定价较高，而且，饭店住客也可以为其餐厅提供相对稳定的客源。同时，在星级饭店中，自助餐厅比非自助餐厅往往有更高的上座率。因此，星级饭店的自助餐厅具有较好的收益管理研究价值。此研究以富力君悦凯菲厅为例，基于现有的收益管理理论，采用案例研究方法，对高星级饭店自助餐厅的收益管理进行研究，借此为此类餐厅的收益管理策略提供理论支持和经验借鉴。

8.2 餐厅收益管理策略及其研究进展

餐厅收益管理研究起步较晚。美国康奈尔大学Thompson教授回顾了近50年来的文献后认为，餐厅收益管理领域的研究主要集中在概念框架及策略分析两个方面。概念框架包括存量控制和顾客体验，策略分析主要包括差别定价、时间控制和菜单管理。最早将餐厅收益管理概念引入国内的学者们关注的是旅馆餐厅部门的收益管理，餐厅实施收益管理，需要对相关概念及指标全面了解。国内学者也尝试对餐厅收益管理中的差别定价和时间控制进行了初步的研究。也有学者认为，餐厅收益管理策略可包括容量控制、就餐时间控制、价格管理、等待策略、预订策略和市场营销策略。然而，国内对容量控制和菜单管理的研究尚不多见。综合来看，目前国内外关于餐厅收益管理的研究主要涉及时间控制、容量控制、差别定价和菜单管理四个方面，此研究也将沿用此框架对餐厅收益管理进行案例研究。

8.2.1 时间控制

餐厅除了销售食品，同时也销售时间。如果将餐厅的消费单位定为顾客消费的时间，而非消费的食品本身，则餐饮服务更适用收益管理的原则。餐厅座位数是固定的，当需求量较大时，可能由于等待时间太长而出现顾客流失的现象。顾客用餐时间包括三个部分：等待时间、服务时间和消费结账时间。

顾客用餐时间方差的减少可以使餐厅更有效地管理预订及进行餐位安排。因此，分析顾客用餐时间及顾客行为的关系，实施时间管理策略，可有效进行收益管理。就餐时间的影响因素分为内部因素及外部因素。内部因素体现于：餐桌类型及位置影响就餐时间；餐厅服务效率也会影响顾客的就餐时间。外部因素则体现于：就餐时间随着就餐人数的增加而增加；顾客的个人偏好也会影响他们的就餐时间；不同地方、不同消费文化、不同消费观念也会影响期望的就餐时间。就餐时间的长短则会影响顾客满意度及重购意向。减少就餐时间对顾客满意度及重购意向呈现消极作用，当极大提高服务速度时，顾客满意度会降低，最终餐厅服务速度与顾客满意度呈现倒U字形分布。通过仿真实验发现：在参与调查的所有餐厅中，减少就餐时间后，只有不到25%的餐厅可以实现收益增加，所以并不是每个餐厅都适合采用减少就餐时间的策略。

特别要指出的是，餐厅进行座位安排的原则不仅会影响顾客满意度，还会影响餐厅的整体收益。餐厅可以根据顾客可接受的等待时间，采取不同的入座安排措施。餐厅是按照"先到先服务"的原则安排座位，还是先给人数较多的就餐团体入座，或者是两种方式的结合？康奈尔大学Thompson教授通过仿真实验比较不同方法的有效性，结果表明，在大多数情况下，"先到先服务"的原则更有利于餐厅的经营管理，也有助于实现餐厅较大收益。在大型餐厅中，顾客自主入座是最无效的方式。然而，"先到先服务"的方式也存在一些隐患，因此餐厅会偶尔打破该原则。

8.2.2　容量控制

餐厅受到生产能力的限制，需要利用现有生产能力进行容量控制以提高收益。容量控制就是"在规定的时间及既定人员、设备、设施下实现收益最大化"。自餐厅建设起，设计餐桌组合及座位数的时候就开始了容量控制。有研究认为，根据就餐人数安排餐桌组合，可以提高餐厅30%的收入。餐厅经营者注重容量控制，可以有效提高服务效率。餐厅收益管理容量控制体现在两个方面：预订管理和座位控制。

预订管理已被很多餐厅采用，特别是中高档餐厅。为了更好地建立科学的预订系统，餐厅要记录顾客"取消""无故不出现"及"晚到"的信息，为超额预订等措施提供依据，同时也要学会控制预订。顾客在网上预订更容易受到就餐环境的影响，往往会关注网上餐厅提供的剩余座位数量信息。当顾客在线搜索到餐厅信息时，如果发现餐厅预订很少，剩余座位数很多时，多数顾客会认为餐厅食物不好或者服务不好，从而放弃在该餐厅预订；如果餐厅预订多，剩余座位数很少或需要顾客等待时，则顾客会认为预订后用餐人数太多或上菜速度慢，从而放弃预订。然而，顾客对餐厅容量紧缺性的感知并不会影响顾客价值感知和公平度感知，容量控制策略需要以顾客认知为基础。

对于座位的控制，Thompson采用仿真实验发现，餐桌的组合对于小餐厅经营有利，餐厅不同区位的座位对餐厅收益的贡献不同。在餐桌不能组合的假设条件下，餐厅可以利用枚举法得出餐厅餐桌结构的最优组合。餐桌进行组合更有利于提高餐厅平均消费额。餐桌管理效益也可以用等待时间为指标，较长的等待时间会导致顾客不满意。因此，要根据就餐团体不同人数及到达时间采取不同的餐桌安排策略。目前采用四种餐桌安排方式，分别为从前到后（相对于厨房）、从外到内、从内到外及随机模式。整体上，从前到后及从外到内的模式有利于顾客等待较少时间，提高顾客满意度，增加餐厅收益。

8.2.3 定价管理

定价是收益管理中关键的战略杠杆。因为收益管理定价的作用，通过价格敏感度细分，愿意支付高价格的消费者一定会被阻止购买低价商品。销售商在销售完全相同的产品或者同一产品具有细微差别的不同款式时，对不同顾客在不同销售时间制定不同价格的行为就是差别定价。以上即是差别定价的思想。

差别定价的实施会容易引起顾客的不公平感知。顾客的价格公平感知[①]（Price Fairness Perception）是怎样的？影响其不公平感知的因素有哪些？有研究表明，大部分顾客能够接受差别定价，动态定价方法更利于餐厅经营管理。但是也有研究表明，餐厅差别定价对顾客的公平度及价值感知有负面影响。尽管差别定价策略在酒店业和航空业都已经有成熟的模型，然而在餐厅中的应用模型还很少，目前主要讨论在不考虑预订的条件下使用影子价格模型的差别定价方式。差别定价的实证研究主要集中于消费者公平度的感知、不同表达方式的比较、不同价格围栏[②]（Price Fence）的比较及不同就餐目的的比较。价格围栏产生于对顾客支付意愿、消费习惯、消费需求等进行的细分。围栏可以包括预订、预付、限制条款、退款罚金、使用时间限制和最低消费额等。例如，航空公司的顾客大致分为商务型和休闲型两类，前者对时间敏感而对价格不敏感；后者对价格敏感而对时间不甚敏感。通过设立提前预订、不得转签、不得退票等围栏，就可以将这两类顾客区分开来，实现差别定价。国内学者的有关研究表明，国内消费者不太能接受与时间相关的价格围栏，而对物质型围栏的认可度则比较高。

---

① 价格公平感知是消费者对销售者的价格与其他方比较的价格之间的差异（或较少的差异）是否合理、可接受或公平的评价以及相关的情感。
② 价格围栏是基于市场细分进行定价区隔的工具。

在顾客不公平感知的影响因素方面，不同性别的顾客对差别定价的感知有所不同，就餐厅使用折扣方式的差别定价策略而言，女性顾客的不公平度感知比男性顾客强烈。然而，两者的重复购买意愿差别不大。顾客对餐厅定价的熟悉度也会影响顾客的公平度感知。但是，顾客对餐厅定价的熟悉度也有一定界限，当顾客已经熟知餐厅定价策略的时候，再增加其熟悉度，他们的公平度感知则不受影响。顾客公平度感知还与餐厅的类型相关，有学者对三种不同类型的餐厅中的顾客进行调研分析，结果表明，同样的价格围栏策略并不适用于所有餐厅。

8.2.4 菜单管理

菜单是餐厅收益管理的重要载体，餐厅可选择固定性菜单、循环性菜单或即时性菜单，并根据市场变化进行菜单设计进而提高其收益。每种菜单政策可以实现某一部分的突出效益，但也都有各自的缺陷。固定性菜单有利于标准化生产，但灵活性太小，使顾客产生"厌倦"心态；循环性菜单可一定程度降低人力成本，却不利于原材料管理；即时性菜单灵活性强，但难以实现标准化管理。因此，餐厅可以将其中的菜单政策进行组合。

米勒基于菜品销售量和菜品成本两个维度，建立菜单分析矩阵，他认为成本低、销量高的菜品应该成为餐厅的主打菜，而餐厅应该淘汰成本高、销量低的菜品。因此，他建议餐厅通过调整销售价格、销售成本及促销活动，提高主打菜的销售量。然而，菜品的盈利能力不能单独以成本衡量，故应该通过菜品的边际贡献确定主打菜，并将这一理念运用于就餐的每一个环节中。然而，以上模型都没有考虑人力成本、能源成本和固定费用。鉴于此，菜品的盈利能力分析更能如实反映餐厅的经营业绩。数据包络分析（DEA）被应用于餐厅菜单分析模型的有效性，为菜单管理理论提供了技术支持，同时提高了模型的准确性。

综上所述，对餐厅收益管理的策略研究还不够丰富，实施策略的普及性也并未进行讨论。同时，餐厅收益管理策略中涉及的以下问题也并未解决：餐厅收益管理的定价模型，存量控制中的餐桌最优组合如何实现，时间控制策略及差别定价策略在国内酒店餐厅实施的可行性讨论。另外，国外采用的一些研究方法也并没有在国内得到推广，如时间敏感度法（TSM）、时间研究法等。本研究试图采用一些上述方法对餐厅收益管理的时间控制、容量控制、差别定价和菜单管理进行案例分析。

8.3　本章研究设计

此研究采用验证性案例研究方法，借鉴了以往航空公司收益管理、酒店收益管理的基本理论，将餐厅收益管理的内容界定为时间、容量、定价、菜单管理四个方面，并通过凯菲厅的案例试图在这四个方面提供案例佐证。

富力君悦大酒店是坐落于广州珠江新城的一家五星级酒店，凯菲厅置于酒店空中悬桥延伸处，并设有多个开放式厨房，厨师们现场制作各种中西式精品美食，是一个互动式的自助餐厅。凯菲厅一天主要有三个营业时间段，早餐的主要顾客是酒店入住的顾客，可以根据入住率进行预测。而中餐、晚餐顾客群体构成比较复杂，有团队、会员、使用优惠券的顾客等。该餐厅有224个座位，73个餐桌，其中双人座32个、三人座7个、四人座16个、五人座3个、六人座6个、八人座3个，并且餐桌数可以变动，两个双人座进行组合即可得到一个四人座，同样，座位数也可变动，比如来的是五位顾客，餐厅如果没有五人座餐桌，即可提供六人桌。餐厅早餐时间为6:30—10:00，午餐时间为12:00—14:30，晚餐时间为17:30—21:30，周一至周日经营状况良好，周末更是繁忙。凯菲厅平时上座率可达到：午餐60%—80%，晚餐80%—95%，周末午餐70%—90%，晚餐90%—100%。70%—80%的顾客会预订，有时候餐厅预订可以达到300人。凯菲厅是广州市乃至全国都比较知名的餐厅，"餐厅没有淡季"，因此选择凯菲厅作为案例地，不论从时间管理、容量控制，还是从差别定价方面都有典型性。另外，凯菲厅在本研究开展之前并没有实施容量控制、差别定价、菜单管理以及时间控制等餐厅收益管理策略。

本次调研，首先通过调查问卷的形式获得差别定价、就餐时间感知等相关数据。问卷第一部分是获得顾客差别定价公平感知的数据。问卷设计基于综述，并结合凯菲厅特点，提取餐厅差别定价的7个价格围栏：周末—平时、晚餐—午餐、高峰期—非高峰期、超时—提前结账、限用优惠券—无限制优惠券、非会员—会员、风光区—非风光区，通过李克特七点量表分析凯菲厅主要顾客群体——国内顾客对差别定价的公平度感知。问卷第二部分是获得顾客就餐时间感知的数据，采用时间敏感度法（TSM，time sensitivity measurement）研究时间控制策略对餐厅收益管理的可行性相关数据。该研究方法来源于价格敏感度法（price sensitivity measurement），本研究的研究对象是自助餐厅，对顾客的就餐时间长度不予限制，因此主要基于以下四个问题：①期望的就餐时间是多久？②就餐时间超过多久您觉得比较长？③就餐时间少于多久您觉得比较短？④能接受的最长等待时间？根据以往调研结果，可以整理得出：无差别时间点为②和③比例相同的时间，影响就餐时间感知的因素及期望就餐时间与实际就餐时间的对比。收集问卷数据的同时，还通过实习、参与式观察方法获取账单数据，采用账单数据分析法及时间研究法建立数据库。账单数据分析是通过一定时间段的账单数据的收集并整理，可得出餐厅平均消费额、餐桌利用率、餐厅收益率及就餐时间。由于账单数据只能得出顾客总的就餐时间，于是采用时间研究法记录就餐各阶段的具体时间作为补充，实地调研，记录半个月内固定餐桌的顾客就餐时间组成，主要统计顾客抵达时间、入座时间、要求结账时间、结账完成及离开时间、翻桌时间。实习、参与式观察以及时间研究法所获得的数据主要应用于Simulator2012软件中作为输入数据，进行餐桌最优结构的选择。

　　研究者在2014年3月17日—3月23日一周内，于晚餐就餐时间段（17:30—21:30）采用方便抽样的方式发放了262份问卷，回收232份，有效问卷211份，有效率为90.9%。其次研究者通过全天实习、参与式观察（11:30—21:00）获得富力君悦凯菲厅2013年9月16日—9月29日两周内所有账单等交易相关数据，最终收集并整理出1375份有效账单，分别就每张账单中日期、星期、就餐时间段、就餐人数、消费额、客源类型[①]进行了统计。本研究主要依据以下原则进行有效数据筛选：账单中没有收入的数据不予讨论；计算就餐时间时忽略使用优惠券顾客群的消费数据，因为餐厅对于使用优惠券的顾客采取餐前收券的方式。收入中不包括服务费及外卖费，因为根据Kimes的观点，餐厅收取的15%

---

① 凯菲厅的客源类型主要包括平常就餐者、美食会成员、优惠券使用者及其他。

的服务费以及餐厅负责售卖蛋糕的收入都不应被纳入统计。

数据分析工具方面，对于问卷调研的数据主要借助于SPSS16.0软件进行数据结果分析，对于实习、参与式观察获取的账单数据、顾客就餐时间各组成环节数据及就餐时间感知数据，则利用Excel处理分析。同时，采用Simulator2012软件对餐厅餐桌最优组合进行分析，这一款软件可以模拟得出本研究案例餐厅的最优餐桌组合，从容量控制策略分析餐厅收益管理。

本次问卷调查随机抽取的调研对象中，44.5%为男性顾客，55.5%为女性顾客，餐厅顾客主要以亲朋好友聚会及商务宴请为主，在性别上并不存在一定的分布规律；84.8%为广东人，广东省外其他省、市、自治区和港澳台分别占9.5%、4.7%，餐厅就餐者以省内顾客为主；就餐频率平均每个月2次以上的为12.4%，平均每月1—2次的顾客占28.6%，有59.0%的顾客来凯菲厅就餐平均每月不到1次。本调研过程主要对凯菲厅收益管理策略进行相关研究，下面分别阐述对时间控制策略、容量控制策略、差别定价策略以及菜单管理的研究结果。

8.4 研究结果

8.4.1 时间控制策略

本研究调查了不同类型顾客对就餐时间的感知，包括期望的就餐时间、认为较长的就餐时间、认为较短的就餐时间、能接受的最长等待时间。不同性别的顾客对较长就餐时间、较短就餐时间、最长等待时间感知差异不大，而期望就餐时间就存在差异性（$p < 0.05$）。女性顾客期望的就餐时间平均为111.72分钟，男性顾客期望的就餐时间为101.52分钟，比女性顾客少10分钟。因此，餐厅在安排等候位时，可以多关注男性顾客就餐的餐桌，提高翻桌率及服务速度，降低顾客等待时间。顾客期望的就餐时间与实际的就餐时间（实际就餐时间账单统计得出2小时1分钟，时间研究法得出2小时13分钟）相比，有20—30分钟的机动时间，因此，餐厅服务人员可以主动递上账单给就餐时间超过110分钟的顾客团体。不同来源地的顾客对最长等待时间差异不大，但广东省外其

他省、自治区、直辖市的顾客关于期望的就餐时间、较长就餐时间、较短就餐时间的感知分别是87分钟、94分钟和48.55分钟，明显低于来自广东省及港澳台的顾客。由于广东省内顾客是主要顾客群体（84.8%），因此凯菲厅可以设定顾客的就餐时间为110分钟，并结合顾客能接受的等待时间（23分钟），可以为等候的就餐团体提供比较科学的等待时间，降低顾客的不满意度。本研究还发现，顾客的就餐频率与期望就餐时间、较长就餐时间、较短就餐时间无关，只在最长等待时间上有所差异（p<0.01）。就餐比较频繁的顾客，是餐厅的常客，常客一般会采用预订的方式，因此他们能够接受的等待时间更短。

时间敏感度法认为较长就餐时间所占比例与较短就餐时间所占比例的交点则是顾客感知的无差异时间点（见图8-1）。凯菲厅顾客就餐时间的无差异点有70分钟、74分钟、92分钟、102分钟、105分钟。与国外研究相比，国内顾客对就餐时间的感知差异性更大，他们对就餐时间的长短并没有多大概念。

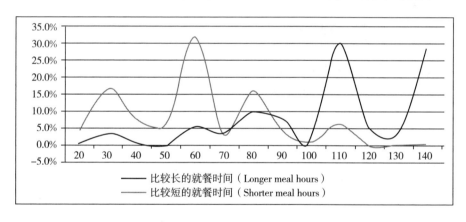

图8-1　就餐时间的无差异点

由此可见：①顾客性别、来源地影响顾客期望的就餐时间；②来源地同时影响顾客感知的较长时间及较短时间；③顾客能接受的最长等待时间与就餐频率相关；④相比国外顾客，国内顾客对就餐时间感知差异很大。餐厅获取顾客期望就餐时间、最长等待时间等信息，能更科学地安排等候位，把握递交账单的时间，提高服务效率。除此之外，本研究还通过服务蓝图法分析各服务环节，来降低就餐时间的不确定性。时间管理的基本理念就是降低就餐时间的不确定性。由于凯菲厅是自助餐厅，餐厅能够控制的是顾客抵达至入座、顾客要求结账到结账完成及离开的时间，建议如下：①在顾客抵达餐厅之前，提前一个半小时对预订的订单进行信息核对确认，包括就餐人数、抵达时间、座位要求等，并说明保留时间（20分钟），降低顾客到达的不确定性。②针对确定的顾客，可初步安排入座餐桌，提高引领入座及就座效率。③凯菲厅可尝试与"一控"相似，在"三控"①设置电脑，管理餐台，安排顾客入座，减少顾客等待时间，提高桌面管理系统效率。④管理餐厅经营人员可依据获得的忙碌时间信息，在该时间段安排更多服务人员，调整服务人员的作息表，合理利用人力资源。⑤餐厅还应加强员工的培训，餐厅收益管理的实施需要餐厅员工熟悉了解并认同餐厅收益管理的理念，实行交叉培训，有利于提高餐厅各方面服务及管理效率。⑥餐厅每天有主打菜，服务员可向顾客主动推荐该菜品，降低顾客选择时间。餐厅还可通过指示牌告知顾客，减少就餐时间。⑦在顾客就餐结束阶段，服务员可以主动递送账单，及时清理餐具，提高结账和翻桌效率。

8.4.2　容量控制策略

餐厅收益管理容量控制策略主要包括餐桌结构优化及容量分配问题。最优的餐桌构成是与餐厅就餐团体类型相匹配的餐桌组合。如此，餐厅餐桌的有效性会提高，餐厅上座率也相应增加。本研究中结构优化主要采用康奈尔大学酒店管理学院Thompson教授开发的Simulator2012软件。这是一款利用枚举法选择餐厅最优餐桌结构组成的软件。软件的应用基于以下假设：餐桌不能组合；就餐团体不能分开入座就餐；顾客的抵达情况服从泊松分布。对于前两个假设，如果餐桌能够组合或各团体能分开入座就餐，对最优餐桌组合结果就有影响。与此同时，泊松分布适合于描述单位时间内随机事件发生的概率，餐厅经营的时间段固定，顾客到达时间也是随机的，利用泊松分布适合描述顾客抵达餐厅的情况。软件输入量包括：每个就餐团体的平均就餐概率、每个就餐团体的平均消费额、每个就餐团体的就餐时间平均值及方差、每个就餐团体能够忍受的最长等待时间、15分钟内餐厅希望到达的就餐团体数。输出量有：各类型餐桌的使用效率、服务（损失）顾客数量、收入（损失）、每个座位产生的收

---

① 进入凯菲厅有两个电梯，"一控"和"三控"是设在这两个电梯处的两个接待组。

益、每个单位面积的收益、每个就餐团体的基本信息（收益、损失及等待时间等）、可供选择的餐桌结构组合。输入变量：不同类型餐桌的数量。通过以上数据库的建立，获取输入量，并根据餐厅数据推测，利用枚举法，获得最优餐桌结构设计。

根据基础数据库，输入凯菲厅各就餐团体概率分布、各就餐团体的平均就餐时间及方差、各就餐团体的平均消费额、各就餐团体能忍受的等待时间[①]、每隔15分钟内期望到达的就餐团体数等数据。软件运行机制为不断调整餐厅餐桌结构组成，实现餐厅收益最大化。如表8-1编号1中餐桌结构是餐厅现有餐桌组成，数据库中数据及餐桌有效利用率数据显示，餐厅双人座和三人座的利用效率较高，因此增加了餐厅双人座、三人座的数量。通过多次运算，最终得出餐厅最优的餐桌组合为双人座35个，比之前增加3个；三人座9个，比之前增加2个；四人座13个，比之前减少3个；其他类型餐桌数量不变。软件模拟分析的结果表明，餐厅的收益可以从原来的22362.75元增加至23128.51元。因此对于凯菲厅的餐桌构成，建议如下：增加双人座和三人座的数量，最优餐桌组合为双人座35个，三人座9个，四人座13个，其他类型餐桌数量可以保持不变。该种餐厅结构组成恰与餐厅的就餐团体类型构成相匹配。

表8-1　Simulator2012软件得出的最优餐桌结构组成

编号	顾客				价值				餐桌数					
	服务	损失	每座	单位	服务	损失	每座	单位	2	3	4	5	6	8
1	207.53	27.59	0.93	0.57	22362.75	950.68	99.83	61.44	32	7	16	3	6	3
2	210.79	26.95	0.94	0.58	22705.26	906.20	101.36	62.38	36	7	14	3	5	3
3	211.09	30.55	0.94	0.58	22692.68	1056.97	101.31	62.34	39	9	14	3	4	3
4	210.21	23.99	0.94	0.58	22670.84	811.81	101.21	62.28	36	9	14	3	5	3
5	216.55	26.16	0.97	0.59	23128.51	875.08	103.25	63.54	35	9	13	3	6	3
6	209.46	22.76	0.94	0.58	22478.07	782.66	100.35	61.75	35	8	14	4	5	3
7	209.57	22.42	0.94	0.58	22679.59	808.23	101.25	62.31	34	9	15	3	5	3

容量分配方面，考虑到凯菲厅是自助餐厅，餐厅主要客源根据有无折扣分

---

① 　笔者经过实地调研观察及问卷研究，得出各就餐团体能够接受的等待时间为23分钟。

类，主要包括全价顾客和折扣价顾客，折扣价顾客主要由美食会成员和优惠券持有者组成，其中美食会会员随着团体就餐人数的不同，最后享受的优惠价格也不同。而目前容量分配中，针对于每个细分市场只有一种价格。本研究主要根据数据库中的基础数据，提出以下建议：餐厅周一至周五全价顾客占30%左右，周六至周日只有23%，因此，凯菲厅可以保留三分之一的座位给全价顾客。与此同时，折扣票价中美食会和优惠券顾客类型的分布表明，如果在周一至周五鼓励优惠券的使用，增加客源，而在周六至周日能减少优惠券的使用，则能保证消费能力更强的顾客不流失。或者，区分周一至周五优惠券和周末优惠券。

8.4.3 差别定价策略

差别定价策略可以让餐厅对有高支付意愿的顾客收取高价，从而最大化所有细分市场的总收益。但是差别定价又容易引起顾客的不公平感。因此，了解餐厅顾客对各种差别定价策略的公平度感知，是餐厅经营管理者设计并采用该策略的重要依据。本研究设计了7个价格围栏（见表8-2）。价格围栏在实际运用时，可以采用不同的表达方式，例如，餐厅向顾客传达"晚餐比午餐定价高"这一信息时，可以解释为"晚餐提价"，也可以解释为"午餐打折"。由此，在设立7个价格围栏后，我们可以得到14种差别定价的策略（见表8-2）。问卷目的是调查顾客对不同定价策略的公平度感知，但在问卷语言的实际表述中，考虑到如果让顾客直接回答是否公平，有些利益占上风的顾客也许会隐瞒真实想法，得到的调查结果也许存在一定程度的失真，因而用接受度代替了公平度，接受程度越高，感知公平程度越高。打分选项设计为1表示完全接受，7表示完全不接受，4表示中立。

如表8-2所示，不同的价格围栏，顾客公平感知度不一。对于第一个价格围栏，凯菲厅顾客表现出能够接受（均值为2.77）。当然顾客对周末提价（均值为3.95）的接受程度比平时打折（均值为1.59）的接受程度相对低，他们的态度接近中立。对于第二个价格围栏，凯菲厅的顾客有点接受这种策略（均值为3.10）。晚餐提价的做法不容易被顾客接受（均值为4.05），但是午餐打折顾客则觉得是公平的（均值为2.15）。对于第三个价格围栏，顾客对高峰

表8-2　顾客对餐厅差别定价的公平度感知

价格围栏	差别定价策略	均值u	标准差s	总均值ū	总标准差S
周末—平时	周末提价	3.95	1.73	2.77***	1.87
	平时打折	1.59***	1.09		
晚餐—午餐	晚餐提价	4.05	1.78	3.10***	1.91
	午餐打折	2.15***	1.53		
高峰—非高峰	高峰时段提价	4.22	2.00	3.13***	2.08
	非高峰时段打折	2.05***	1.52		
超时—提前	超出建议时间，另收费用	4.84***	2.06	3.55***	2.20
	提前有折扣	2.26***	1.46		
无限制优惠券—限用优惠券	无限制条件优惠券	2.07***	1.52	2.65***	1.81
	有限制条件优惠券	3.23***	1.90		
非会员—会员	非会员额外收取费用	4.55***	2.01	3.21***	2.17
	会员享受优惠	1.88***	1.32		
风光区—非风光区	风光区额外收取费用	5.02***	1.98	4.06	2.19
	非风光区享受折扣	3.10***	1.95		

***表示均值大于或小于中立值4，显著水平$p<0.01$。

期提价是难以接受的（均值为4.22），但认可非高峰时段打折的策略（均值为2.05）。凯菲厅午餐时间段为12:00—14:30，而高峰期出现于12:00—12:30，仅半个小时；晚餐经营时间为17:30—21:30（22:00），高峰期出现于18:00—18:30（工作日）期间，而周末则持续较长时间，为17:30—19:00，其他时间为非高峰期。对于第四个价格围栏，顾客对超出建议时间另外收费的策略难以接受，甚至反感（均值为4.84）。凯菲厅为自助餐厅，并没有就餐时间限制，从调查结果来看，采取该策略的风险性非常大（均值为3.55）。对于第五个价格围栏，结果显示，无限制优惠券与限用优惠券差别定价的策略是被顾客完全接受的（均值为2.65）。对于第六个价格围栏，凯菲厅有美食会会员制度，成为会员可享受一定的折扣优惠。表8-2显示，顾客不能接受非会员额外收取费用的政策（均值为4.55），而会员享受一定优惠是可以接受的（均值为1.88）。而针对最后一个价格围栏，本研究结果表明，该种差别定价策略是不能被顾客接受的（总均值为4.06）。顾客勉强能接受非风光区享受折扣的策略（均值为

3.10），而风光区额外收费是所有差别定价策略中，顾客最不能接受的（均值为5.02）。因此，凯菲厅中靠窗的位置、远离油烟的位置、近甜品档的位置等虽然视野或者环境较好，但不适合采用该差别定价策略。

不同类型的差别定价策略，可以有不同的表达方式：提价或折扣。根据调查结果和对均值差异的检验，顾客对折扣形式的定价策略都可以接受，而提价形式的定价策略，除了周末提价和无限制使用优惠券这两种情况外，其他情况顾客都不能接受（见图8-2）。

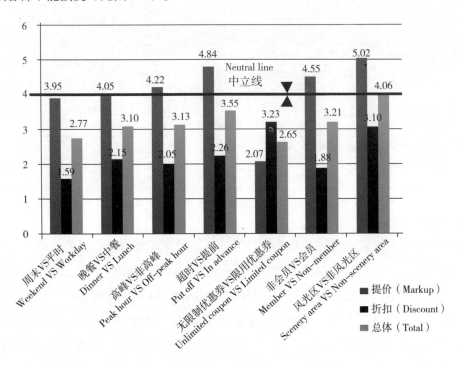

图8-2　不同表达方式的公平度感知对比

根据本研究的调查结果，凯菲厅经营者在实施收益管理的差别定价策略时，建议如下：①尽量不采用限制就餐时间、风光区与非风光区相关的价格围栏，这与凯菲厅是自助餐厅，且拥有多个开放式厨房、给顾客"坐在厨房，吃在厨房"的特点有关。②每种价格围栏的表达形式并不是对立的，比如凯菲厅同时设有无限制使用优惠券和有限制条件使用的优惠券。③顾客能接受"提价"的表达方式，可考虑采用周末比平时价格高、晚餐比午餐价格高、会员制度等顾客可以接受的差别定价策略。④凯菲厅可以考虑高峰时间段与非高峰时间段的差别定价策略，这有利于解决餐厅出现的忙碌时间短，但收益并未实现最大化的问题。

8.4.4 菜单管理策略

从一般餐厅收益管理角度来看，菜单是餐厅收益管理的重要载体，菜单上各种食品的搭配、定价、编排和布局等能引导顾客的消费选择，并影响顾客就餐时间，最终影响餐厅的收入和利润。菜单管理理论中，餐厅会运用数据包络分析法得出哪种食品的利润率最高，销售额最高；哪种利润率最低，销售额最低，从而选择销售的菜品。

凯菲厅为自助餐厅，餐厅每天都有主打菜。周一、周二为生蚝；周三、周四为龙虾；周五是鹅肝；周六是中式烤乳猪；周日为鲍鱼。餐厅晚餐和午餐的菜品种类也有所不同，晚餐的菜品比午餐丰富。考虑到餐厅的实际运营，研究者未能进行菜单管理的实验调查，仅通过访谈酒店总经理、餐饮总监（总厨）、餐厅顾客的方式获得了企业的菜单管理信息。调研结果表明，餐厅若一直保持菜品不变，容易引起常客的不满，有顾客还抱怨餐厅的水果种类太少。

因此，提出建议如下：餐厅经理经常进行市场调查和分析，准确掌握顾客的反馈情况，及时做出反应，调整菜单的食品种类及价格。有些顾客往往对餐厅当晚主题菜品并不了解，餐厅可以尝试不固定菜单主题，或进行不同主题的对换，让顾客体验到不同的菜品。定期更换菜单可以增加顾客的重复购买意向。

8.4.5 小结

本研究基于观察法及问卷系统分析餐厅收益管理可实施的策略，其结果如下：①凯菲厅可以从时间控制策略分析各服务环节，针对不同环节提出对应的措施。②研究结果表明凯菲厅可以通过加强容量控制，如客源分类、餐桌结构优化等措施提高餐厅收益。③凯菲厅在采用相关差别定价策略时应谨慎。④凯菲厅可尝试菜单管理策略，如不固定菜单主题，提高餐厅收益。

本研究进行过程中，凯菲餐厅已经采用了研究中所提出的部分策略，包括：周末比平时价格高、晚餐比午餐价格高、会员制度的差别定价策略；在容量控制策略中，采纳了餐桌结构优化的建议，进行了桌椅的调整，将原来的四人桌调整为两人桌，同时增加了餐厅的餐位数；另外在容量控制策略中，还采纳了容量分配的建议，调整了优惠券种类和使用说明，将优惠券分为平时午餐券、平时晚餐券、全周午餐券和全周晚餐券，每种优惠券的优惠价格也不同。凯菲厅正在考虑采用的策略有：高峰时间段与非高峰时间段的差别定价策略；将有限制使用优惠券策略应用于顾客晚餐的消费之中。

8.5 本章小结

研究结论如下：第一，在实施酒店餐厅收益管理之前要进行市场细分，在完成市场区隔之后进行适度的服务差异化。凯菲厅没有进行市场细分，导致周末使用优惠券或会员顾客群体较多，他们一般会采取预订的措施，全价消费顾客可能会因为等待时间太长而选择放弃在本餐厅就餐。第二，酒店餐厅实施差别定价策略时，需立足于顾客公平感知之上。差别定价是酒店餐厅收益管理主要的定价策略，但是也会影响顾客的不公平感。因此，酒店餐厅在实施差别定价时，应立足于本餐厅顾客公平度感知的基础之上合理使用价格围栏。本研究结果表明不同性别的顾客对差别定价的感知整体上是保持一致的。差别定价需要根据顾客的反馈进行不断调整，以达到最好的效果。第三，酒店餐厅实施容量控制策略时，需要建立动态模型以优化餐桌结构。最优的餐桌构成是与餐厅就餐团体类型相匹配的餐桌组合。采用Simulator2012软件可以优化餐厅的餐桌结构。本研究静态模型的运用结果表明餐厅需要增加双人座和三人座餐桌，减少四人座餐桌。第四，餐厅需尽可能多地向顾客传递菜单信息，定期更新的菜单能显著增加顾客的重复购买意向。

此研究的理论贡献在于：第一，本研究与餐厅收益管理中的以往研究相关结论进行了对话及补充。例如，性别、顾客对定价策略的熟悉度分别对餐厅顾客公平度感知的影响。第二，此研究首次运用餐桌最优化结构的软件对高星级酒店自助餐厅进行研究，这是对餐厅收益管理策略的归纳及补充。第三，本研究以特定案例——富力君悦凯菲厅为研究对象，通过实习、观察、问卷等方法获取餐厅的第一手资料，建立酒店餐厅基础数据库，具有餐厅收益管理资料库和案例库的价值。第四，国外餐厅收益管理的一些研究方法如时间敏感度法（TSM）、时间研究法等在本研究中得到了有益尝试。同时，此研究剖析了时间控制、容量控制、差别定价、菜单管理在酒店餐厅中的应用策略，为此类餐厅采用收益管理策略提供了实践经验支持。

　　本研究也存在不足之处。比如此研究虽为酒店餐厅收益管理的研究，但仅选取了一家酒店的一家餐厅为研究对象，这是众多案例中的一例，并未系统地对酒店餐厅收益管理进行研究。而且，考虑到企业实际运营，针对案例企业所做的菜单管理研究也并不充分，仅通过访谈和观察提出了此研究的菜单管理策略。这是本研究的不足之处，应进一步结合餐饮发展实际情况，提升本研究的研究结论的价值。再者，本研究虽然提出将容量分配作为酒店餐厅收益管理的容量控制策略，但只是从定性上进行分析，并没有提出具体的模型。同时，也指出动态模型更能实现餐桌结构优化的目的，但并未建立相关模型。一些策略并没有被餐厅采用，已经采用的策略也因为影响因素过多、采用时间不长而难以评估。因而，没有办法对收益管理策略的实施效果进行评估。这也是本研究的不足之处。本研究结果中，顾客对于差别定价的感知与国外比较一致，接受度比较高，而与之前国内学者的研究结果不一致。由于本研究是针对凯菲厅进行的研究，是否餐厅的性质不同、定位不同，会影响相关顾客的公平度感知？基于以上不足，可以将扩大案例地范围，建立餐桌结构优化动态模型，评估策略实施效果以及探索影响差别定价公平度感知的接受差异的因素作为未来的研究方向。

【第9章】

酒店集团供应链盈利模式：
东呈集团的价值共创

9.1 本章背景与研究问题

从连锁酒店集团提升竞争力、布局更多酒店和盈利的角度来看，未来，连锁酒店数量在酒店业总数的占比将快速增长，国内连锁酒店集团将迎发展"黄金期"，且重点在中档酒店的布局。同时，多个品牌的激烈竞争，考验各连锁酒店集团的产品竞争力、筹建效率、投资回报周期、运营管理能力、会员输送能力等，传统酒店集团的加盟费收入、运营管理费收入，将随市场竞争的加剧而急剧减少。

在激烈的市场竞争环境下，连锁酒店加盟费收入急剧下降，剔除人员薪酬及差旅费用，该板块业务呈亏损状态。而传统的运营管理费收入也在逐年下滑，个别区域性酒店品牌甚至与酒店投资人进行"业绩对赌"，约定经营指标不达标则不收取运营管理费。

因此，在国内酒店集团大规模的轻资产、加盟连锁扩张中，以会员输送、筹建工程、采购、金融为代表的附加业务，成为连锁酒店集团重要盈利点，锦江、华住、东呈、尚美等行业巨头，纷纷布局这四个方面的增值业务，其中以有形产品为主的供应链盈利，从成本中心转型盈利中心最为普遍、最易操作。如何在供应链整合效率提升中获益，提升增值业务销售收入，将成为连锁酒店集团的盈利重要点。连锁酒店集团的快速扩张，要求其供应链成为重要的盈利中心。

在连锁酒店集团快速扩张、要求供应链成为盈利中心的背景下，如何在加盟商的价格挑战、酒店物资市场激烈竞争和内部利益博弈中，找到适合的连锁酒店集团供应链盈利模式，成为各大连锁酒店集团都必须面对的重要课题。

此研究将围绕"连锁酒店供应链盈利模式"这一核心问题，从盈利模式要素、价值链理论和经营效果评价等三个角度，展开如下研究：

问题1：构成连锁酒店供应链盈利模式的基本要素及其关系是什么？

通过文献综述和案例研究，分析构成连锁酒店供应链盈利模式的各个要素，得出各个要素与盈利模式之间的逻辑关系。

问题2：从价值链角度看连锁酒店供应链盈利模式如何实施？

通过文献综述和案例研究，从价值链理论的前端、中端、后端出发，分析连锁酒店供应链盈利模式，应从哪些要素和业务出发，实施轻资产盈利策略。

问题3：如何建立连锁酒店供应链盈利模式的经营评价体系？

通过AHP层次分析法和模糊综合评价法，构建连锁酒店供应链盈利模式经营效果的量化评价体系，得出轻资产盈利模式的实施效果评价。

问题4：如何实现轻资产运营下的连锁酒店供应链盈利模式优化空间？

综合案例研究企业高管、客户的访谈结果，得出在轻资产运营下，连锁酒店供应链盈利模式的优化空间及发展建议。

此研究在连锁酒店行业的大背景下，选择东呈酒店集团的供应链盈利模式转型作为案例，是基于下述三个原因：一是东呈酒店集团本身就是轻资产战略的优秀实践者，在其总量2000家的酒店规模中，其自身的直营店仅为46家，符合此研究轻资产盈利模式的研究要求。二是东呈酒店集团自2016年成立供应链事业部以来，在供应链轻资产运营战略上一直有所推进和发展。近三年采购规模从2016年的1.5亿增长至2018年的6.5亿，净利润从2016年的930万增长至2018年的5500万，采购率从2016年的79%增长至2018年的95%，其轻资产盈利模式实施效果最为明显。三是连锁酒店供应链定位为盈利中心的企业，不止案例企业一家，目前还有锦江、华住、尚美、美豪、H酒店等酒店集团，都在供应链盈利方面有不同程度的实施效果，盈利模式也不相同，此研究案例符合复制或拓展新兴理论的要求。因此，此研究以东呈供应链盈利模式为案例研究对象。

此研究在R.k.殷、Eisenhardt的案例研究流程基础上，结合"连锁酒店供应链盈利模式"的主题，设计出相应研究步骤（见图9-1）。

9.2　文献综述

9.2.1　轻资产盈利模式

何谓"盈利模式"？国外学界的普遍观点是，盈利模式是通过一系列商业活动，从而创造价值的商业系统（Linder和Cantrell，2001），是企业的独特关系网络、体系价值，企业通过关系网为客户提供不同的产品和服务，赚取稳定利润（Ferreira等，2007；Pigneur等，2012）。轻资产运营的盈利模式研究，

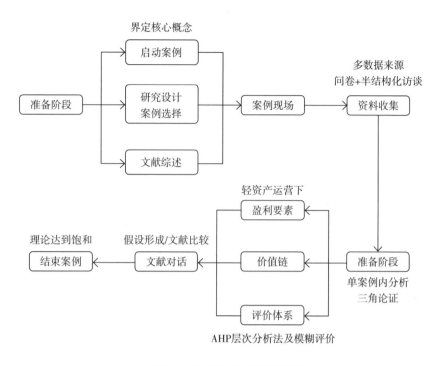

图9-1 此研究的案例研究流程

认为企业只保留核心业务，取消销售中间代理商，把生产包给第三方，自身通过协调上下游资源来经营（Applegate 等，1996），同时，企业应专注于产品研发、销售服务和供应链管理（Porter，2000）。轻资产盈利模式源于互联网商业，最主要的是技术、人才、文化（Malone等，2006），企业有采用轻资产盈利模式的动机，且有利于将优势资源集中和保持企业核心竞争力、较强的盈利水平（Surdu，2011），且能成功升级并获取强大的现金储备能力，为企业带来更多投资机会。大部分国外文献是从企业开展业务的角度出发，将盈利模式与业务模式融为一体，很少从构成要素的角度来分析盈利模式。

国内学界则从盈利模式背后的业务逻辑、构成要素出发，以产品研发、技术专利、品牌溢价和客户关系等为主，阐述影响轻资产盈利模式的因素。认为盈利模式是在市场竞争中形成的帮助企业盈利的商务结构和业务结构（栗学思，2003），对企业经营要素进行价值识别和管理（徐斌，2015）。在轻资产盈利模式下，企业可选择将低利润业务外包，重点发展价值较高的环节；或者用战略并购的方式获得对目标重资产的控制权，从而达到撬动重资产的目标（王鹤春，2012）。

综上所述，轻资产盈利模式的核心，应聚焦在企业价值最大化。故而，需要进一步探索在企业价值链上，哪些价值链环节是值得企业投入资源和资金的。

9.2.2 价值链与价值共创

价值链是企业设计、生产、销售、交货以及维护其产品的内部过程，即企业价值创造过程（Porter，1985）。在价值链理论的基础上，施振荣（1996）提出微笑曲线理论，反映价值链上不同环节对应的附加价值，可分为前、中、后端。前端是产品研发、设计，中端是产品制造、代工，后端是品牌和营销。价值链强调企业的价值创造活动。为实现价值创造最大化，企业内部需要通过知识创新、共享、配置，外部通过知识获取、传递、整合等，最终与市场进行联结形成大循环，使得企业知识优化、结构得以改善（江积海，2001），通过这类价值创造过程的创新可以构建适合企业的盈利模式，提高效率、降低成本，从而产生价值来源（杜朋飞，2015）。

9.2.3 盈利模式的效果评价

国外学者在对企业盈利模式效果进行评价研究时，以盈利能力为视角，从效率、盈利性、匹配性和独特性四个维度展开研究（Hamel，2000）。从盈利能力视角出发，主要研究盈利模式现阶段的盈利状况、利润预测影响因素、盈利模式构成要素（Afuah，2001）。而从价值定位和客户细分的角度出发，研究企业战略与价值主张匹配度、产品成本和收益、环境和管理因素等，有利于避免盈利模式的失败（Batocchio等，2016）。

国内学者一般以案例研究法开展对企业盈利模式的效果评价，如谭海丽（2013）在设计美特斯邦威盈利模式评价体系时，将评价体系分为财务、顾客和运营三个维度，并形成16个具体指标的评价体系；裴正兵（2017）从酒店轻资产运营的方式与财务绩效评价出发，提出财务、运营等两个评价指标；朱兆珍、毛宪钧和张家婷（2018）运用突变级数法编制了商业模式评价指数，将评价指数分为盈利指数、偿债指数、发展指数和营运指数。

综上所述，此研究对案例企业的评价指标体系，将从财务、顾客、运营和成长4个维度，构建连锁酒店供应链盈利模式的评价指标体系。

9.3　东呈供应链的盈利模式

9.3.1　东呈供应链概况

东呈供应链的经营范围包括两个方面，一是加盟店新开筹建所需的物资采购，主要以工程物资为主，包括瓷砖、洁具、五金、门锁、墙布、家具、床垫、布草等34个产品大类；二是在营门店每月持续采购的客房易耗品，包括牙刷、拖鞋、纸巾、纸杯、洗沐、杂件等6个产品大类。同时，还有少量的沉淀资金理财收益、文创增值产品销售等其他收入。以2018年经营为例，供应链总销售额8亿元，其中以新开筹建店采购为主，收入占比达81%，在营门店采购收入占比为19%。

依托每年8亿+的采购规模、领先的电商采购平台，自2017年以来，东呈供应链凭借常美常新的产品和突出性价比、优质服务，筹建店34个产品大类采购率突破95%、在营店6个产品大类采购率突破85%，成为中国连锁酒店行业物资采购标杆（见图9-2）。

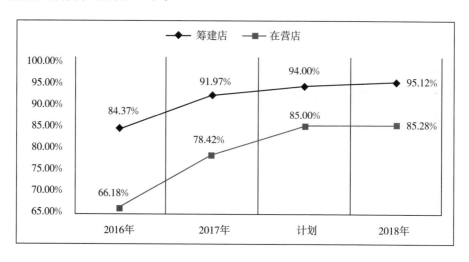

图9-2　2016—2018年东呈供应链物资采购率

根据方案结果，东呈高管、客户对供应链盈利要素的感知，主要是代销服务费（加价）、平台服务费（技术）、增值业务收入、理财收益等4个方面。结合案例研究的资料收集、直接观察，可发现东呈供应链的盈利构成要素为产品代销、平台服务、物流中心、增值业务、理财收益等5个方面，与访谈结果基本一致。下面，此研究对这5个盈利要素进行剖析。

东呈供应链将酒店物资分为两个类别：一类物资，指的是影响酒店VI、筹建品质、消费者体验的核心物资，指定品牌标准、指定采购渠道，必须从东呈供应链平台采购；二类物资，指的是影响酒店筹建品牌的物资，指定品牌标准，客户可以从东呈供应链平台推荐的供应商线下采购，自行与其签订合同、付款给供应商，也可自行在外部按标准要求寻找其他供应商采购。

其中，一类物资从东呈供应商平台下单，这类物资在东呈供应链平台，实行产品代销模式，与此同时，代销服务公司在东呈供应链平台"东呈商城"上进行交易、产品盈利，须向平台持有者天津驿购支付技术服务费，比例一般是代销服务费总额的40%—60%，天津驿购向代销服务公司广州呈翼开具6%技术服务费发票。

二类物资由东呈供应链向客户推荐的供应商线下采购，自行与其签订合同、付款给供应商，一般是涉及测量、安装、按进度付款等多项服务，难以直接在供应链平台下单，包括固装家具、窗帘、空调、电视、热水机组等物资。这类物资在东呈供应链平台实行平台服务模式，同时，代销服务公司在供应链平台"东呈商城"上推荐供应商信息，需向平台持有者天津驿购支付技术服务费，支付比例及发票与产品代销模式一致。

东呈供应链物流配送的前提是不持有物资库存及其成本，采取与第三方物流公司（3PL）合作、各供应商配合的方式，第三方物流公司为各供应商提供仓储管理、干线物流、送货等服务，库存及成本归属供应商所有。通过整合门店的需求，促使不同供应商的货物尽量同个仓储、同条路线、整体送货，提升物资整体配送效率、降低综合物流成本。东呈供应商物流中心分为以下两种业务模式：

一是应对新开筹建店的F2B模式（Factory to business），即货物从工厂直接配送到客户，直线运输，适用于大件重货、一次性集中采购；二是应对在营门店的RDC模式（Regional Distribution Center），即区域分发中心模式，货物先运送到就近的中心仓，再由中心仓分发配送到门店，适用于小件泡货、零散采购。

以上F2B、RDC物流建设，是以盈利、降成本为前提。供应商按原来直接配送到店的成本支付给第三方物流商，第三方物流商支付6%服务费给东呈供应链。通过上述操作，不仅提高客户满意度和效率，也成为东呈供应链的盈利来源之一。

9.3.2 东呈供应链盈利模式的价值链建设

东呈供应链盈利模式的重点是摒弃传统的贸易模式，不持有产品库存，注重产品研发和市场营销服务，且在仓储、物流等方面简洁投入、减少花费。以下从价值链角度分析东呈供应链轻资产盈利模式。

价值链前端，东呈供应链依托十余年的采购经验和管理优势，将自身的资源优势拓宽到供应链上游，关注产品研发、系统建设和供应商培训等内容。通过与供应商共建研发中心、合作研发等形式，降低产品费用。东呈供应链通过"三只抓手"实现轻资产运营，提高产品周转、信息流通。一是联动前线市场营销，节点化管控新开筹建店采购进度，并嵌入工程项目管理的环节，做到需求与供应商库存实时可控；二是订单通过供应链平台"东呈商城"集中处理，减少线下人为沟通，以减少沟通带来的滞后性、误差；三是通过《供应商12积分制管理办法》和《供应链年度评估管理办法》，对供应商日常的产品、服务进行多维度考核，约束供应商积极关注市场动态并反馈，与东呈供应链形成经济利益共同体，并进行优势互补。

价值链中端是价值较低的生产、配送等环节。轻资产盈利模式下，企业需要更简洁的物流及扁平化组织架构，高效管理，减少生产环节的消耗。与其他连锁酒店集团供应链的庞杂组织架构不同，东呈供应链一直坚持扁平化、"一岗多专"的策略，实行产品及供应商开发、合约及定价管理、计划管理"三权分立"制度。与其他连锁酒店集团供应链物流模式不同，东呈供应链通过与第三方物流商合作，不负责其库存产品，但考核供应商的进出仓效率、配送时效，充分运用第三方专业物流力量。二是IT系统业务外包，东呈供应链有自主的B2B电商采购平台"东呈商城",但本身并不组建系统研发团队,而是外包给专业软件公司,包括系统开发和运营维护,避免东呈供应链在难以盈利的业务投入过多精力和资金,确保供应链资金流动性。实行零库存策略,尤其是定制产品的生产、销售,紧扣门店施工和采购节点。

　　价值链后端的重点是市场营销和客户服务。轻资产盈利模式下对企业的市场营销、客户管理维护和售后服务等提出更高要求,这是构成企业品牌价值及核心竞争力的重要基础。东呈供应链在向轻资产运营转型的过程中,高度重视电商平台、智能设备及互联网用户管理思维等建设。东呈供应链在过去着力发展"会员积分商城",为C端提供酒店同等品质的高性价比产品。东呈供应链一直坚持口碑是维护平台价值的利器,因此在提升效率、节约成本的前提下,对市场营销人员的客户服务流程做标准化规范。

9.3.3　东呈供应链盈利模式的经营成效

　　东呈供应链自2016年转型利润中心以来,营收规模从2016年的1.5亿元、2017年的4.5亿元,跃升至2018年的8亿元(见图9-3)。

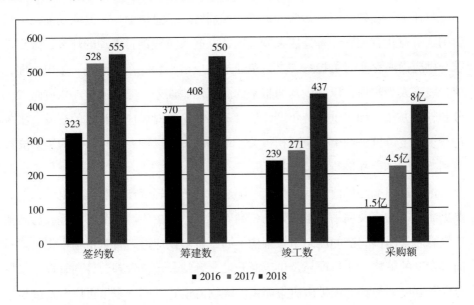

图9-3　东呈酒店集团2016—2018年发展数据示意图

9.4　东呈供应链盈利模式的评价

此研究通过AHP-模糊综合评价法，结合5位东呈酒店集团高管、5位资深酒店投资人的访谈结果，构建东呈供应链轻资产盈利模式评价指标体系，以求对东呈供应链运行效果进行客观全面的评价。此研究形成4个一级指标、8个二级指标和16个三级指标的评价指标体系（见表9-1）。

表9-1　东呈供应链轻资产盈利模式评价指标体系

目标层	准则层	子准则层	方案层
东呈供应链轻资产盈利模式评价指标体系	财务维度（A）	盈利性指标（A1）	销售净利率（A11）
			产品毛利率（A12）
		发展性指标（A2）	净利润增长率（A21）
			一类物资销售增长率（A22）
	客户维度（B）	客户评价（B1）	质量满意度（B11）
			服务满意度（B12）
		产品体系（B2）	产品价格（B21）
			SKU数量（B22）
	运营维度（C）	内部指标（C1）	组织架构（C11）
			管理成本（C12）
		外部指标（C2）	供应商库存周转率（C21）
			供应商管理机制（C22）
	成长维度（D）	电商化发展（D1）	内部市场占有率（D11）
			线上交易额增长率（D12）
		行业影响力（D2）	软媒关注度（D21）
			平台认知度（D22）

东呈供应链轻资产盈利模式评价指标体系分为目标层、准则层、子准则层和方案层四层，全面分析东呈供应链轻资产盈利模式下的运行效果。

9.4.1　运行效果模糊综合评价

通过对东呈供应链盈利模式的AHP-模糊综合评价，最终得出其实施效果良好的结论。具体而言，在财务、客户、运营、成长等四个维度中，成长维度的实施效果最不理想，尤其是行业影响力评价结果只有合格。这表明东呈供应链的发展本身具有"天花板"，如何突破现有产品售卖、拓宽平台价值和渠道，这是东呈供应链面临的巨大挑战，也是必然要克服的难点。

AHP层次分析法和模糊评价法得出的定量结果显示，客户维度及其下属的2个子准则层、4个方案层的评价都是良好。结合访谈结果来看（见表9-2）：

表9-2　受访者对东呈供应链的客户维度评价总结

对象	职务	您认为供应链在售前/中/后的表现？	
		回答概要	关键词
程先生	东呈酒店集团董事长	产品质量和服务很好，产品跟不上集团步伐	SKU数量不够
阮先生	东呈酒店集团执行总裁	产品价格比较高，增值产品缺乏线下物资体验，硬推广效果差，物流配送不准时	产品价格较高
程先生	东呈酒店集团高级副总裁	解决客户痛点的能力弱，对产品研究不透彻	服务满意度待提升
苟先生	东呈酒店集团高级副总裁	服务态度很好，但UI设计与平台交互设计差，体验效果较差	服务满意度待提升
谢先生	东呈酒店集团金融副总裁	售后有保障，但供应链金融业务未有创新	服务满意度待提升
赵先生	无锡宜尚酒店投资人	质量有保障，但售中协调环节多、效率很低	服务满意度待提升
吴先生	南宁城市便捷投资人	产品质量有问题，供应链也没有解决办法	质量满意度待提升
余先生	广州城市便捷投资人	供应链的产品性价比较低，但服务有保障	产品价格较高
胡先生	广州城市便捷投资人	总体都很好，质量有保障、服务响应及时	满意度较高
廖先生	武汉宜尚酒店投资人	售前服务很到位，售后服务有很好保障	满意度较高

资料来源：根据访谈资料整理。

由上表可知，目前关于客户维度，在核心盈利要素的"产品代销、平台服务"上，仍存在产品缺乏线下体验、平台UI设计与交互体验差、物流配送不及时等问题，由此导致服务满意度低的反馈频率占比高。

AHP层次分析法和模糊评价法得出的定量结果显示，东呈供应链在运营维度的组织架构、管理成本和库存周转率、供应商管理机制等方面表现优秀。结合访谈结果来看（见表9-3）：

表9-3 受访者对东呈供应链的运营维度评价总结

对象	职务	您如何评价供应链的运行效果（业绩表现及解决痛点）？	
		回答概要	关键词
程先生	东呈酒店集团董事长	配送及时性、厂家库存常有投诉、计划管理能力较弱	库存周转率控制差
阮先生	东呈酒店集团执行总裁	组织架构很轻且灵活，但对市场变化和客户需求研究不够	组织架构轻、研发力弱
程先生	东呈酒店集团高级副总裁	对新产品、新技术的钻研不足，有竞争力的产品不多	研发力弱
苟先生	东呈酒店集团高级副总裁	业绩表现很好，但平台电商化水平低，客户体验不足	电商化水平低
谢先生	东呈酒店集团金融副总裁	供应链金融研发弱，制约供应链创造更大利益、价值	金融开发滞后
赵先生	无锡宜尚酒店投资人	组织责权分明，但仅是卖物资，后期很难有突破	组织能力强
吴先生	南宁城市便捷投资人	组织能力很优秀，但对服务产品、模块化产品研究很少	研发能力弱
余先生	广州城市便捷投资人	比同行业其他酒店集团好很多，人少、效益高、性价比好	组织能力强
胡先生	广州城市便捷投资人	对酒店反馈的产品需求，研发和上线速度太慢	研发能力弱
廖先生	武汉宜尚酒店投资人	供应商管理很规范，未遇到不合规或态度差的厂家	供应商管理机制强

资料来源：根据访谈资料整理。

由上表可知，目前关于运营维度，在价值链的前端，仍存在新产品、新材料研发不足的问题；在价值链的中端，仍存在供应商库存周转率较低的问题，这也导致了采购计划、厂家生产等流程不畅的问题；在价值链的后端，仍存在电商界面体验差的问题。

AHP层次分析法和模糊评价法得出的定量结果显示，成长维度的实施效果最不理想，行业影响力评价结果只有合格。结合访谈结果来看（见表9-4）：

表9-4　受访者对东呈供应链的成长维度评价总结

对象	职务	有哪些需要改善？还可以做哪些业务？	
		回答概要	关键词
程先生	东呈酒店集团董事长	要跳出传统物资销售，研究加快筹建周期、解决服务难点的业务	延展服务范畴
阮先生	东呈酒店集团执行总裁	研究客房服务外包及洗涤服务供应，加多增值创新产品给酒店售卖	服务外包、增值业务
程先生	东呈酒店集团高级副总裁	打造极致服务体系，研究服务外包及模块材料，横向拓宽业务	极致服务、服务外包
苟先生	东呈酒店集团高级副总裁	整体优化供应链平台的PC端、手机端功能及界面，提升客户体验	优化电商界面
谢先生	东呈酒店集团金融副总裁	重点考虑拓宽供应链金融的广度和深度，为优质投资人提供授信	供应链金融
赵先生	无锡宜尚酒店投资人	研究酒店洗涤、维修、清洁等零杂但投资人又有痛点的新业务	服务外包
吴先生	南宁城市便捷投资人	希望能降低产品价格，提供更多品牌给投资人选择	提高性价比
余先生	广州城市便捷投资人	优化产品标准和价格，要站在酒店投资角度考虑物资标准和成本	提高性价比
胡先生	广州城市便捷投资人	提供更多的文创、增值产品，增加酒店的销售收入来源	增值业务
廖先生	武汉宜尚酒店投资人	提升供应商的服务能力，尤其是对物流准时和服务态度的把控力	极致服务

资料来源：根据访谈资料整理。

由上表可知，目前关于成长维度，受访者对东呈供应链打造极致服务体系、拓展增值业务、延展到服务外包和模块化材料等有较大需求。

综上所述，受访者对东呈供应链的核心盈利要素、服务表现、性价比、物流配送等评价较高，对客户满意度、服务体系和增值创新等评价较低。同时，受访者对东呈供应链跳出传统物资销售、延展到服务型产品，有较高期望。综合来看，从访谈结果整理出的信息和关键词统计中得出的评价结果，与AHP层次分析法和模糊评价法得出的定量结果，基本一致。

9.4.2　评价结果分析

结合东呈供应链目前的运营实际情况，以及AHP-模糊评价定量结果、半结构化访谈的定性分析，总体来看，轻资产盈利模式对供应链平台的运营是有效的，其产品代销、平台服务的业务模式，相对于其他连锁酒店供应链，具有相对优势。但其盈利模式，还有提升空间：

一是主营的产品代销服务已达到"瓶颈"，超过90%的净利润来源于一类物资代销服务费。随着连锁酒店加盟签约竞争加剧，新兴的区域型酒店连锁品牌纷纷通过供应链让利来吸引加盟商，这势必将进一步压缩东呈供应链的生存空间。

二是电商化架构不完善，线上的客户体验、供应链平台交互设计仍在"初级阶段"。B2B平台的采购习惯和特点，与B2C有较大区别，酒店加盟商不可能像在淘宝、京东一样逐件搜索产品后下单，其需要更高的下单效率和更好的购物体验；目前东呈供应链的页面、订单交互等设计还很不足，服务满意度评价也未达到优秀，东呈供应链还欠缺电商企业的运营框架和运作思路。

三是线上线下互动不足，还未能形成合力，尤其是酒店关联增值产品收入比例较低，近三年发展速度也较慢。从评价结果来看，成长维度得分最低，表明近年来东呈供应链在业务创新、布局未来等方面做得很不够。

9.5　本章小结

东呈供应链实施轻资产盈利模式后，形成产品代销、平台服务、F2B和RDC物流、酒店关联增值创新、沉淀资金理财收益等为核心要素的轻资产盈利模式。它们虽然相对独立，但都一脉相承、相互促进。

近年来，案例企业通过电商化采购平台建设、与供应商联盟研发产品、转接库存压力的物流中心、推动一类物资向产品代销模式销售、开发行业TOP10供应商、标准化客户服务流程等战略动作，在人员逐年减少的情况下，逐年创造翻倍的净利润。盈利模式实施应侧重产品研发、客户服务和标准化管理。

通过AHP层次分析法、案例研究法，构建连锁酒店供应链盈利模式的量化评价体系，通过模糊综合评价法对东呈供应链轻资产盈利模式进行评价、分析，评价结果为：目标层结果为良好，表明现行的轻资产盈利模式对东呈供应链有效，但存在一定程度的问题。针对结果反映的问题，此研究进行了原因分析：一是主营的产品代销服务已达到"瓶颈"，超过90%的净利润来源于一类物资代销服务费。二是电商化架构不完善，线上的客户体验、供应链平台交互设计仍处于"初级阶段"。三是线上线下互动不足，还未能形成合力，尤其是酒店关联增值产品收入比例较低，近三年发展速度也较慢。

基于问卷数据及定量评价结果、访谈资料整理等内容的相互验证，此研究提出了东呈供应链应从柔性生产与计划管理、用户管理、新盈利模式要素拓展和更灵活的财务金融策略等四个方面，对连锁酒店供应链的轻资产盈利模式提出优化空间思考。

此研究通过对连锁酒店供应链轻资产盈利模式的案例研究，主要有以下三个方面的研究贡献：第一是连锁酒店供应链盈利模式要素的界定。通过对案例企业东呈供应链的盈利模式构成要素分析，提出产品代销、平台服务是构成其盈利模式的核心要素。在此基础上，衍生出其他盈利增长点，如物流、关联增值创新、理财收益等要素。明确连锁酒店供应链盈利模式是创造价值的商业系统，是一种独特关系网络、体系价值，各要素之间相互协调、相互促进。第二是在价值链有效指导下，提出连锁酒店供应链盈利模式要从两个"端"入手：首先是前端的产品研发、设计，通过与供应商共建研发中心、合作研发等形式，降低产品费用；其次是后端的客户服务、销售管理，通过采购节点化管理、在线客服等手段，提高客户黏性。企业价值创造需要识别价值高、低环节，将价值低的环节外包、价值高的环节着重发展，并以客户需求为导向，为客户提供增值服务。第三是提出从财务、客户、运营和成长四个维度展开对盈利模式的评价，这在谭海丽（2013）的研究基础上，有了进一步的优化及提升。之前学者对盈利模式的评价，大多建立在对案例企业的定性访谈整理，还未有定量和定性相结合的案例研究。

此研究结合东呈供应链的盈利模式实践，进行案例研究和定量、定性分析，对东呈供应链转型为盈利中心的效果进行评价，提出优化建议，但由于多种原因，仍存在一些问题：

第一，AHP-模糊综合评价法的缺陷。因采取的是高管和投资人的专家评分法，虽比传统的定性方法更客观、准确，但相对于大样本量的数据分析而言仍偏向于定性，难以规避存在的主观性误差。

第二，此研究的案例东呈供应链仍处于发展不均衡、问题较多的进程中。

目前连锁酒店行业瞬息万变、多品牌竞争激烈，案例企业本身的盈利模式也在不断变化和发展当中。随着时间推进和市场变化，此研究选取的评价指标、案例分析等存在不全面和滞后的可能性，后续研究有待跟进和完善。

第三，此研究引用的价值链理论，虽涉及价值创造过程、价值分布不均匀、企业结构改善等前沿课题，但研究不深入，仍停留在价值链"微笑曲线"的前端、中端和后端等简单理论上。对连锁酒店供应链的价值创造过程创新、各环节不均匀分布的现象和机理探讨、企业结构改善对价值创造的影响等分析，还停留在表面，对盈利模式要素的价值创造，有待跟进和完善。

【第10章】

酒店集团战略性集中招标采购：
粤海酒管公司案例

10.1 本章背景与研究问题

根据世界旅游组织的预测，作为世界上最具有活力的新兴旅游市场，即使受到疫情影响，中国在未来也将成为世界第一大旅游地国家。但是在这种有利的条件下，星级酒店的经营情况却不佳，除五星级酒店盈利外，其他星级酒店均呈不同程度的亏损，亏损额为1.5亿元（郭恒，2007）。酒店行业是一个高成本的行业，经营绩效很大程度上取决于采购（Pavia和Ivanovic，2007），所以酒店采购环节的成本控制对酒店有重要影响。伴随着竞争的加剧，我国的酒店经营者逐渐认识到通过采购环节控制经营成本的重要性（姚文新，2009），也有越来越多的管理者认识到提高采购管理水平可以降低成本、提高服务质量、满足顾客个性化需求（郭恒，2007）。

鉴于酒店集团采购职能的重要性，以及酒店集团采购的特殊性，有必要对酒店集团如何通过采购流程的优化获取成本方面的竞争优势进行研究。一方面，供应链管理、精益供应、价值链等的发展要求酒店集团发展一个战略性的采购职能部门，以及精准的采购作业流程。另一方面，酒店采购部门选择供应商时存在较多选择，为避免业务部门通过采购寻租，酒店有必要通过规范约束供应商和采购部门的行为。优秀的采购招标制度必须做到对酒店内部因素和外部影响有足够认识，并通过对相关条件的协调形成酒店特有的行之有效的采购体系。粤海（国际）酒店管理集团有限公司（以下简称"酒管公司"）准确地把握了这一问题，在采购改革中突出了对整个采购体系的优化，使采购成本降低、采购效率提升、品牌形象改善、内部控制强化。本研究旨在通过分析酒管公司成功的招标采购流程和制度，获得中国酒店集团采购优势的一般经验。

10.2 文献研究

10.2.1 战略采购与集中采购

采购是企业集团最为核心的战略性职能之一（Humphreys，2001；Paulraj等，2006）。我们知道采购分为战略采购与日常采购，而战略采购曾被Carr

和Smeltzer（1997）定义为"是计划、实施、控制战略性和操作性采购决策的过程，目的是指导采购部门的所有活动都围绕提高企业能力展开，以实现企业远景计划"。不管公司的战略是差异化、低成本，还是集中战略（Porter，1980），战略采购的主要目标是支持企业的整体战略（Ogden、Rossetti和Hendrick，2007）。也就是说，一个有效的采购系统不一定要承诺最高的效率和最低的总成本，而应是一个适合业务发展的需求，能够平衡企业的能力与竞争优势的系统（Rajagopal和Bernard，1993），所以在组织中，采购不再仅仅被视为一种战术功能，而是一种战略功能（Krause等，2001）。研究者已经证实，战略采购能够为企业增加价值并且是企业绩效（Narasimhan和Das，2001）特别是财务绩效（Carr和Smeltzer，1999；Carter和Narasimhan，1996；Vickery等，2003）的重要预测者。Carter和Narasimhan（1996），Brookshaw和Terziovski（1997），Carr和Pearson（1999），Carr和Semltzer（1999、2000），Shin、Collier和Wilson（2000），符正平、陈丽纯（2003），Chen、Paulraj和Lado（2004），卢蓉（2006）都通过实证研究证实了战略采购能提升企业长期绩效。战略采购在提高企业的竞争地位和保持企业的竞争力上发挥了关键作用（Carr和Smeltzer，1999；Mol，2003；Teece等，1997）。Chen、Paulraj和Lado（2004）认为战略采购给企业带来的竞争优势有：培养与少数供应商密切的工作关系，促进供应链伙伴之间的开放沟通，制定长期的战略合作伙伴关系导向以实现双赢。战略采购作为整合公司和供应商战略目标和经营活动的纽带，包括四方面的内容：供应商评价和选择、供应商发展、买方—卖方长期交易关系的建立和采购整合。

而从采购的组织过程区分，采购的组织模式可以分为三种：分散型、集中型、复合型（曹征、贾慧敏、陈爱祖，2005）。而李杰和黄培清（2006）提出四种采购形式：集中型、分散型、集中协作、分散协作。其中集中采购模式作为一种最基本的战略采购类型，集合和统一了各部门采购需求，形成一个大的采购订单，向多个供应商进行综合绩效考察、询价比较、择优采购。

10.2.2　酒店集团采购流程存在的问题

与一般企业采购相比，酒店集团采购是有其特点的。第一，采购品种繁杂、数量少。酒店集团的各项业务需要的用料用品都不相同，故所需采购产品的品种很多，相互之间的共用性却很少（拉瑟福德，2013）。第二，可预见性差，响应时间短。酒店集团的应急需求很多，且季节性非常强，销售可能很不均匀，造成预测困难（张帆、蒋亚奇，2000）。第三，不同酒店的同类物料用品具有差异性。酒店采购依据其市场定位，存在不同程度的差异，所用的大量物品都追求档次的区分（郭恒，2007）。第四，酒店集团属下的成员酒店既有共同的物料采购需求，也有差异化的采购需求，物料采购需要分类型对待。酒店集团物料使用的多品种、小批量、连续性、分散化的特征都给采购人员组织货源、进行供应商管理与库存保管增加难度，也让酒店集团无法照搬工业企业的采购管理模式。

故在酒店集团的采购中存在着内部管理机制不够完善，采购程序不规范，缺乏采购计划，采购人员的安排不合理和工作素质低下等问题（郭恒，2007），导致采购审批效率低下；采购部门中人际关系复杂（宋河有、韩雪丽，2009）、"过度利己"的现象，采购方和供应方双方都想为了自己的利益而希望对方达到自己的要求，结果往往造成双输的局面，以至频繁更换供应商（郭恒，2007）。在供应商的筛选过程中，多数酒店集团基本上由单个采购员来确定供应商，很多关键环节缺乏具体、可监控的方法；与供应商之间的关系主要还是短期合作的买卖关系，忽略了运作成本和与供应商长期合作带来的利益；对所负责的供应商在管理上基本上是一视同仁，没有根据供应商对公司贡献的大小和重要程度来区别对待（考立军，2008）。

10.2.3　酒店集团集中招标采购的优势

酒店集团集中招标采购能降低采购成本，提高采购效率，改善服务质量，满足成员酒店的多样化需求。美国酒店管理专家奈米尔博士认为：采购的重要性可以简单地概括为一句话，即采购直接影响成本底线。采购部不应是酒店集团的物流集中和疏散中枢，而应是酒店的成本控制中心。

文献研究的结果表明，已有的研究多数集中于阐述酒店采购成本对酒店成本控制及利润来源的重要作用（朱晟轩、朱德明，2005；考立军，2008）。同时，集中采购有利于采购资源的整合，以及规范采购行为，提高采购过程的透明度。集中采购从制度上解决了计划权、采购权、使用权的三权分离的问题，健全了规章制度，明确了各部门的分工，合理解决了部门之间的接口，规范了采购行为。

然而，对于酒店采购的研究非常少，有着战略采购思想的酒店实行集中招标采购的成效是怎样的呢？关于这一问题的具体的案例研究并不多见。此研究通过分析酒管公司在更换采购模式后，从其采购业务和流程上得出成功的经验，包括成本降低以及企业在内部管理监控和外部供应商管理上的经验，期望能对中国酒店集团的采购、成本管理以及公司治理提供借鉴。

10.3　案例研究

10.3.1　案例选择

粤海（国际）酒店管理集团有限公司是粤海控股集团有限公司全资拥有的国际化酒店管理集团，拥有粤海国际酒店、粤海酒店和粤海商务快捷酒店三个品牌系列，其中，委托管理项目22家（开业11家，内装8间，规划2家，中止1家），输出管理酒店22家（开业10家，筹建12家），顾问管理酒店5家（开业4家，筹建1家）。目前管理的酒店遍布香港、澳门、珠江三角洲、长江三角洲及环渤海、中原、西南及其他地区。酒管公司旗下的酒店以前的采购方式主要以分散采购为主，进行采购改革之后，则形成了以集中采购为主、分散采购为辅的格局，旗下酒店平均房价、开房率、经营利润率、顾客满意度等指标在同区域同星级酒店中均处于领先地位。酒管公司以及旗下所有酒店在采购策略上的变化，正好符合我们对同一主体实行不同采购制度，且于改革之后所形成的集中战略采购制度的成效进行对比研究的需求。

从2003年起，酒管公司开始战略转型，各子公司有着很大程度的发展，再者该集团的财务状况发生了转折性的重大变化，毛利开始增加，利润增长。该公司完成了由"还债求生存"向"经营谋发展"的战略转型。伴随着这一转型，酒管公司对于公司的采购战略也发生了变化，自2003年起，酒管公司就开始实行集中招标采购，经过不断地实践和修正，日渐形成了现行的采购制度，并且酒管公司的采购部已归入财务总监所管辖的范围，与招投标管理是分开的，形成了现今的组织架构（见图10-1）。

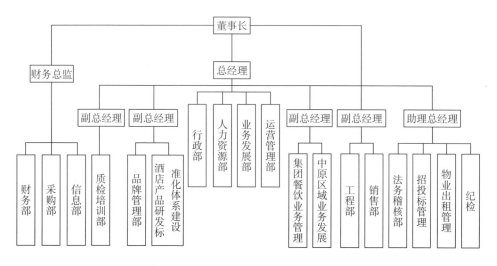

图10-1　粤海（国际）酒店管理集团有限公司组织架构图

此研究通过分析酒管公司的招标采购的标准、流程和绩效，发掘酒店集团化招标采购的成功经验。本研究的数据主要是通过访谈酒管公司的高层领导而获得（见表10-1），所得的调研资料具有可信性。

10.3.2　粤海酒管公司采购的分类及决策流程

目前，酒管公司的采购以集中采购为主，其中使用集中招标采购的物品有8种（见表10-2）。以客房用品及布草类为例，具体的采购运作程序如下：粤控所属资产酒店根据各自的经营情况，每年十一月份做好下一年度的用量计划，由酒管公司统一按年度定购计划组织招标。其中，招标流程如图10-2所示。

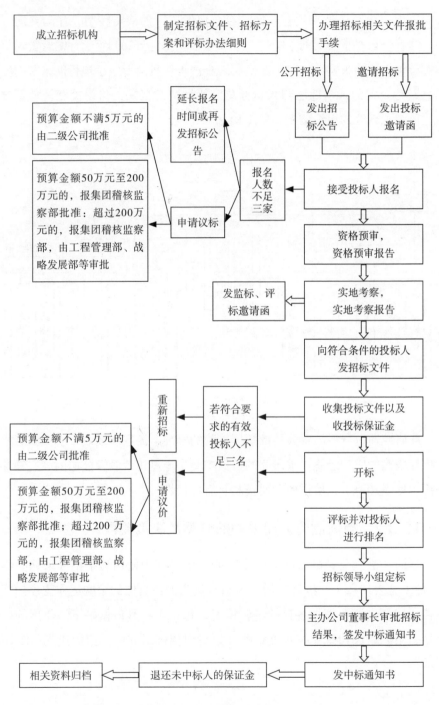

图10-2　招标流程图

资料来源：根据调研资料整理。

表10-1　访谈情况简介

访谈对象	访谈内容	访谈结果	时间	地点
采购部经理	粤海的采购方式，采购成本现状等	采购方式以集中采购为主，分散采购为辅；成本降低	2010-8-20	深圳粤海（国际）酒店管理集团有限公司
助理总经理	粤海招投标的运作，实行现行的招标制度后的绩效问题等	有一套具体可操作的招标管理办法；绩效包括：降低成本、提升形象、提高工作效率	2010-8-20	深圳粤海（国际）酒店管理集团有限公司
财务总监	粤海招投标的管理，实行现行的招标制度后对管理的影响	管理起来更加高效，新的招标制度实行后能够加强集团的内部控制	2010-8-20	深圳粤海（国际）酒店管理集团有限公司
总经理	粤海招投标管理的绩效与控制、补充调查	招标采购可以提升品牌价值	2011-9-12	深圳粤海（国际）酒店管理集团有限公司

资料来源：根据访谈资料整理。

表10-2　酒管公司集中招标采购名录

采购方式	采购名录
集中采购	客房使用的低值易耗品
	客房布草类
	餐厅布草类
	员工工衣、皮鞋、工号裤
	台历、会员手册及会员卡、印刷品（欢迎卡、宣传册、名片、手提袋、服务指南等）
	深圳区域布草洗涤
	需向境外或香港采购的货品
	礼品、宣传品

资料来源：根据调研资料整理。

简单来说，酒管公司招标采购的流程大致如下：成立招标领导小组、招标工作小组、评标小组及监标小组；共同制定招标方案、评分标准；办理招标报批手续，编制招标文件；向上级有关部门提交招标文件及有关资料；在报纸或公开媒体上刊登招标启事，发放招标公告或者邀请书；收集投标申请书或回执；资格预审确定符合条件的投标人；举行招标会议及发放招标书、组织勘测现场；组织必要的答疑或补充招标文件；收集标书；评标并确定中标人或候选中标人；向招标领导小组和主办公司提交评标报告，推荐候选中标人并由招标领导小组和主办公司审定；发出中标通知书；签订合同；总结招标情况并提交报告书。

而在酒管公司的招标工作决策流程中，招标起点金额为10万元，而在投标人数不足3人时，则将其改为议标。另外，预算金额也是一个很重要的决策因素，正如流程图中所示，根据预算金额决定其上报的层级。所报项目不一样，其招标标准与决策也不一样。

10.3.3　粤海酒管公司对外的招标口径

目前，酒管公司使用集中招标采购的物品有8种（见表10-2）。本案例的展开均以布草洗涤类用品为例。采购招标时，除了对于每个项目的物品有着硬性的质量上的规定之外，酒管公司对招标时合作的商家也有着统一的要求。

酒管公司提出必须对投标人进行资格审查的要求，包括资格预审和资格后审两种类型。其中资格预审是重点，它使酒管公司在进行招标前得以对相关市场和企业有详细的了解和资料搜集，通过具体的分析选择合适的潜在投标人，从而有效避免"盲目投标"的不良现象。而资格后审则是在开标后，由评标小组对投标人进行的资格审查，是明确投标人具体条件、做出选择决定的重要保证。在预审结束后，并不是投标人就此可以与酒管公司达成合作关系，而是必须经过酒管公司的考察。酒管公司会从硬性条件和软件设施两方面对投标人进行综合考察、选择。

以布草洗涤招标为例，首先在投递标书时审核：①投标人必须具备洗涤经营资格。②投标人应具备完善的安全和质量保证体系证书。③投标人的注册资本不少于50万元人民币。其次在开标前由评标小组成员对投标单位进行实地考察，硬件上对其场地、规模、设备、人员管理情况等做初步了解并完成考察报告，软件上采用的是评分制的权重考察。在综合考虑投标单位自身的运营状况、历史记录以及投标意向等一系列因素后，酒管公司把各种因素归纳为不同的权重，制作成权重表，通过评分来决定最终的合作对象。对资质证明、售后服务以及价格进行具体分析，由参加考察的评标小组成员共同签字，作为开标时的一个考评分。

酒店采购部门每3个月至半年会同财务成本部门及使用部门等对各供应商

的供货质量、交货期、服务等进行综合评估（包括实地考察），并填写供应商评估表，将合格的供应商列表管理，以健全酒店的供应商资料库。

一个规范的、明确的招标口径，是选择合适的合作商家、减少不确定因素的重要条件之一。酒管公司在不断地规范自己的招标口径，摸索探寻着完善的招标体系。

10.3.4　粤海酒管公司集中招标采购中对内部的控制

酒管公司的招标流程中设立了招标机构，包括招标领导小组、招标工作小组、评标小组及监标小组。招标领导小组的成员由非最高领导的其他领导成员组成，至少3人，每个项目都要报一次，理论上不是常设机构；招标工作小组主要的工作是编制招标文件、对投标人进行资格预审等，其成员可以是经营管理层、专业部门或者上级公司选派人员，必要时也可以外聘技术专家组成；评标小组的成员需5人以上，单数，标的超过一定数额，外单位的人数要超过一半，评委内的专业人士要超过一半，并且招标工作小组成员参加评标小组的人数不得超过2人；监标小组的成员也是根据标的大小来定，标的越大，组成成员的级别就越高。（资料来源于酒管公司的财务总监）

招标领导小组、招标工作小组和评标小组成员不得参加监标小组，以做到权责的清晰划分，避免出现不良现象。而监标小组拥有监督评标人员和调理分歧的权利，同时必须保证严格按照规章制度进行监督工作。主办公司或业主公司的董事长不参与所在公司及其下属公司招标的具体工作。

此外，酒管公司对参与招标过程的工作人员会有明确的纪律要求及相应的奖惩措施，如在招标工作中出现串标、受贿等行为，需负相应的法律责任。可见，酒管公司的招标制度中对于工作小组成员的组成有着根本性的依据，对于招标的过程及管理办法有着一套章程，且已开始对采购招标进行优化管理。

10.3.5　粤海酒管公司集团化采购的绩效

10.3.5.1　通过规模采购获取成本优势

集中采购模式的主要优势在于能够将分散的子公司采购集合成大批量采购，首先在价格上赢得优势，从而降低采购成本，同时也提高了采购的质量和效率（贾金英，2007）。表10-3和表10-4分别列示了一次性客用品和布草两项内容在不同的采购方式下的招标价格比较。

表10-3　粤海酒管公司一次性客用品招标价格比较

品名	规格	单位	2007集中招标单价（元）	2004—2005酒店招标单价（元）	差额（元）	成本降低幅度（%）
P25克香皂	25克香皂盒装	盒	0.47	0.5	-0.03	-6.00
P6克牙具套	6克牙具用品纸盒（AB）	盒	0.8	0.71	0.09	12.68
P10克须刨套	10克须膏须刨纸盒装	盒	1.31	1.05	0.26	24.76
P木梳	木梳盒装	盒	0.79	0.85	-0.06	-7.06
P珠梳（胶梳）	珠梳（胶梳）	盒	0.46	0.76	-0.3	-39.47
P针线包	针线包（1针4线）	盒	0.27	0.28	-0.01	-3.57
P卫生袋	卫生袋盒装	盒	0.27	0.2	0.07	35.00
P浴帽	浴帽纸盒装	盒	0.27	0.26	0.01	3.85
P火柴	火柴纸盒（25支）	盒	0.21	0.26	-0.05	-19.23
B46沐浴露	沐浴露38克	瓶	0.93	0.94	-0.01	-1.06
B46洗发水	洗发水38克	瓶	0.93	0.94	-0.01	-1.06
B46润肤露	润肤露38克	瓶	0.99	0.96	-0.03	3.13
C浴帽	浴帽环保纸装	袋	0.24	0.26	-0.02	-7.69
C针线包	环保纸装（1针4线）	袋	0.24	0.26	-0.02	-7.69
C5克牙具套	环保纸装（AB）	袋	0.73	0.75	-0.02	-2.67
C卫生袋	卫生袋环保纸装	袋	0.22	0.21	0.01	4.76
B43沐浴露	沐浴露30克（管装）	瓶	0.7	0.74	-0.04	-5.41
B43洗发水	洗发水30克（管装）	瓶	0.7	0.74	-0.04	-5.41
B43润肤露	润肤露30克（管装）	瓶	0.7	0.74	-0.04	-5.41

资料来源：根据调研所得一手资料制表，为避免涉及商业机密，数据已作调整。

表10-4　粤海酒管公司布草招标价格比较

品名	规格	2006—2008集中招标单价（元）	2004—2005酒店招标单价（元）	差额（元）	成本降低幅度（%）
2#被子	羽绒被70% 195*215	245.34	260.00	-14.66	-5.64
3#被子	羽绒被70% 200*215	377.88	398.00	-20.12	-5.06
1#被套	220*240	94.94	95.00	-0.06	-0.06
2#被套	160*240	74.26	76.00	-1.74	-2.29
3#被套	230*220	95.88	96.00	-0.12	-0.13
方巾	30*30	2.52	2.85	-0.33	-11.58
面巾	41*66	5.78	6.50	-0.72	-11.08
浴巾	80*136	30.93	32.50	-1.57	-4.83
地巾	51*76	15.02	17.00	-1.98	-11.65
晚安巾	50*70	11.28	13.00	-1.72	-13.23
浴袍		56.40	62.00	-5.60	-9.03
1#床单	230*280	39.95	42.50	-2.55	-6.00
2#床单	280*280	47.94	51.00	-3.06	-6.00
3#床单	250*280	43.24	45.00	-1.76	-3.91
1#床垫	135*190	46.04	50.00	-3.96	-7.92
2#床垫	120*195	42.30	44.00	-1.70	-3.86
3#床垫	150*195	45.12	48.00	-2.88	-6.00
4#床垫	180*200	54.52	60.00	-5.48	-9.13
5#床垫	200*200	58.28	59.00	-0.72	-1.22
荞麦枕芯	46*71	28.20	31.00	-2.80	-9.03
杜邦枕芯		18.80	19.10	-0.30	-1.57
羽绒枕芯		114.68	125.00	-10.32	-8.26
枕套		5.64	7.80	-2.16	-27.69

资料来源：根据调研所得一手资料制表，为避免涉及商业机密，数据已作调整。

从表10-3中可以看出，在一次性客用品采购方面，相较于酒店自身招标采购，粤海酒管公司在改用集中招标采购后，大部分物品的采购单价都有所下降（当然，也有部分物品的采购单价上升，这有可能是物价等其他方面的原因造成的，鉴于这些原因不是本研究的重点，故在此不做探讨）。总体上，在改革采购方式之后，粤海酒管公司在一次性客用品的采购单价上整体降低，说明通过扩大规模采购达到了降低成本的效果。

在布草招标采购方面，相较于酒店自身招标采购，粤海酒管公司在改用集中招标采购后，价格都有所下降（见表10-4），且成本下降幅度是很大的。所以整体上，在实行集中采购之后，粤海酒管公司的一次性客用品及布草的成本整体降低，获得了规模优势。

实行集团化集中采购后，不光是集团的采购成本降低了，各个酒店也由于不再需要单独招标，管理成本相应降低。但是，研究还发现，粤海酒管公司的管理者对于成本降低有着不一样的看法，像粤海酒管公司采购部经理认为：其实价格低并不见得是好事，如果供应商的价格猛地下降，我们就会产生怀疑，是不是质量上有什么问题。助理总经理也提到：不能光看成本的数字下降了，还得考虑到与之相比较的预算做得准不准，要是预算很准确，成本上就不会有太大的变化。但无论如何，实行了集中化采购后确实取得了很不错的成本效益。

再者，粤海酒管公司采用大批订购政策，就能与供货商和服务供应者订立条款优惠的合同。譬如，粤海酒管公司已与多家主要银行协商调低信用卡佣金，从而获得低成本优势。此外，粤海酒管公司又向保险公司争取保费优惠。由于粤海酒管公司能够通过这两项政策，以优惠价格为第三方酒店拥有者采购优质供应品，因而可以争取到更多管理合同。

10.3.5.2　通过集中采购提升工作效率

粤海酒管公司在实行了集中采购后，采购过程中各项工作的效率都有所提高。在集中采购之前，各项工作的时间要求上并没有做出明确的限定，所以导致一项采购可能会拖很长时间，而实行集中采购后，各项工作的最低时间要求都有明确规定（见表10-5），这使得采购中有着严格时间规定的每个工序的效率都提高了。再者，实行集中采购可以避免各个子酒店的重复采购，从而提高了整体的采购效率，也避免了重复采购带来的成本。

表10-5　开标前部分主要环节的最低时间要求

类别（单位：工作日）		招标公告发布至报名截止日期	招标书发放	招标书发放截止日至投标截止日	合计
日常经营采购项目（预报名截止后陆续发放标书、公开招标）	标的预算金额不满500万元	3	2	3	8
	标的预算金额500万元以上	5	2	5	12

资料来源：根据调研资料整理。

10.3.5.3　规范化的招标流程统一对外招标口径

由于酒店采购有其特性，酒店采购中也存在一系列的问题，比如采购人员与供应商之间互相串通，收受供应商提供的利益等，使采购工作中存在很多腐败现象，针对这些问题，很多学者都提出了优化管理措施。例如，从供应商管理角度，考立军（2008）提出了若干改进建议：建立科学的供应商筛选和评价体系；加强供应商考核管理，按标准发展新的供应商，淘汰不合格的供应商；同重点供应商建立战略伙伴关系等。而粤海酒管公司的集中招标采购中对供应商的选择标准有着严格的限制，这就保证了对外招标的口径，同时也加强了与少数几个供应商之间的亲密合作关系。据采购部H经理所述：其实一般的用品的供应商是很少换的，双方之间通过多次合作，若是合作信誉良好，双方也都对此合作比较满意，则粤海酒管公司就会与其长期合作，形成战略伙伴关系，甚至遇到经济萧条时，双方还可以就采购价格进一步进行协商。由此可见，这样的采购方式能够加强建立与供应商之间的长期合作关系。

10.3.5.4　通过集中采购强化内部控制

粤海酒管公司财务总监从组织的内部控制和公司治理角度对集中采购策略的绩效进行了评说：实行集中采购后，成本降低和产品形象提升只是其一方面的绩效，最重要的影响是公司内部的治理。粤海酒管公司对整个招标过程有着一套明确的纪律制度，对于涉及招标的工作人员有着明确的规定，一旦违反就得承担相应的责任。招标机构四个小组中的监标小组负责对整个招标过程进行监督控制，对高层管理者也有很多监管制度，如主办公司或业主公司董事长不得参与所在公司及其下属公司招标的具体工作，招标、采购和验收等环节由两名以上不同的经营班子成员分管或负责，实现互相制约与监督。对于一般员工，则设立了相应的奖惩制度，以便更好地规范整个招标采购过程。

再者，据采购部经理表示，粤海酒管公司对具体的评标标准都已经有相应的准则，且都已经量化，可以防止供应商公关评标人，可以更好地控制评标过程。从粤海酒管公司的组织架构图（见图10-1）来看，采购部与招投标管理是分开的，前者属于财务总监管辖，而后者则是由助理总经理管辖。分开是为了更便于进行内部管理，能够让两个部门的工作人员在系统的招标采购制度下相互之间进行监督，从而更好地实施招标采购。所以在某种程度上，集中招标采购中的招投标制度是公司内部治理的一个重要手段。

10.3.5.5　通过集中采购形成品牌效应

粤海酒管公司旗下的酒店采取集中采购政策，故能保证旗下酒店供应的货品质量，达到旗下酒店订立的质量水平。再者，粤海酒管公司将下属管理的不同酒店所使用的货品规范化，可使该酒店集团整体的产品形象有所提升，进而帮助该酒店形成品牌效应。

10.4　本章小结

通过对粤海酒管公司的采购招标制度进行研究，可知目前粤海已经拥有了一套相对完善的采购招投标制度。综合前面的研究，我们可以得出以下结论：①采购招标对外必须要有一个统一的口径。②采购招标对内必须实行优化管理。③实行集中化招标采购取得了一系列的绩效。相对于集团化的企业来说，集中采购模式的优势是形成规模经济、经验效应、品牌效应（陈红泉、赵萌，2009）。而对于粤海来说，其绩效有：降低了成本，使得公司的利润进一步上升；规范了对外的采购口径；采购工作效率提高；产品形象提升，形成品牌效应；有利于公司的管理监控等，同时也证实了战略采购能够增加企业的绩效。

此研究对酒店集团的集中战略采购制度进行了实证研究，由于国内对于酒店集团的集中战略采购的研究较少，对酒店集团集中采购进行的案例研究也不多见，因而研究方法与内容具有创新性。但是此研究的研究对象仅限于粤海酒管公司，而不是每个酒店集团，所以在今后的研究中可以再通过大量的案例研究证实酒店集团集中战略采购的成效。鉴于本研究中调研资料的局限性，本研究并没有分析粤海酒管公司具体的供应商的筛选和评价体系，以及在集中招标采购的成本绩效中，此研究并没有得到其他采购名录的价格变化，并且也没有排除由于其他因素而引起的成本降低的可能，所以须进一步深入研究。

【第11章】

酒店委托代理模式下的谈判力量
获取：多案例研究

11.1 本章背景与研究问题

作为中国改革开放后首批对外开放投资的领域，国内酒店业在起步阶段就吸引了众多的国际酒店管理集团进入。"委托代理"成为国际酒店管理集团与中国本土业主的主要合作方式，国内大部分的中高端酒店都采用了委托代理的经营模式。在这一模式下，管理公司拥有该酒店的经营权并从中获取佣金作为收益，而业主则提供固定资产以及经营费用和财务费用，获得酒店在扣除管理公司佣金后的收益。作为一种独特的"资产+专业知识"合作模式，可以说，委托代理模式带来了先进的酒店管理理念和方式，刺激了国内酒店市场的竞争，促进了国内酒店业快速发展繁荣。虽然委托代理模式被业内普遍采用且比较成熟，但是这一模式也引发了诸多纠纷。这些纠纷主要来源于酒店业主与专业酒店管理公司之间部分目标和利益导向的不同。在签订酒店管理合同时，管理公司的目标是可以长时间的控制运营一处酒店且不受到业主的干预；而业主的目标则是对经营自己酒店的管理公司拥有更多的监管权，并且在经营者业绩表现等方面表现不佳或者出现重大过错时可以终止委托代理合同（Eyster，1977）。酒店业主的利益在于获取酒店经营收入和物业不动产增值的收益，管理公司的利益则是在获取管理佣金的同时关注自身品牌的收益（陈勇，2007）。

酒店在与管理公司签署管理合同的过程中，一些委托管理的条款明显有利于管理公司，例如所有雇员由业主雇佣，但是管理公司有挑选、任命、监管的权利和终止雇佣的权利，对于酒店总经理的任命由管理公司提名，业主有权拒绝该提名但不能超过三次；而另外一些委托管理的条款则明显有利于业主，例如，在开业日期一段时间后的一个期限内，如果GOP模式下的当年的营业毛利少于当年年度预算所测算的营业毛利的85%，则业主有权利行使特别终止权利。

为何在双方签署委托代理合同时存在如此分歧？哪些力量决定着谈判合同的相关结果？

委托代理合同作为双方合作的契约基础，其中的条款需要在一定程度上同时满足业主和管理公司的期望（Eyster，1977），否则在后期的实际运营过程中出现利益冲突等问题，会破坏双方的合同关系。而谈判是双方在签订合同前进行意见交换，相互让步、妥协并最终签订一份委托代理合同作为双方合作的契约的必经步骤，业主和管理公司都希望能够在谈判阶段为己方争取到更多的利益，所以委托代理合同的谈判阶段是整个酒店委托代理经营模式中极为重要的一环。谈判力量是指可以让对方接受本应拒绝的条款的能力（Weber，1947），那么引申至酒店委托代理合同的谈判过程中，双方谈判力量的大小便是指业主与管理公司是否可以让对方接受合同条款被修改成对己方更有利的形式。本研究试图回答两个问题：在酒店管理合同签订前的谈判过程中，业主和管理公司双方的谈判力量的获取具体都受哪些因素影响？其作用机制如何？

因此，本章基于酒店管理合同和谈判力量文献梳理，通过对数份酒店管理合同进行文本分析，以及对多家酒店的业主代表等进行深度访谈，着重研究在酒店委托代理的管理模式下，业主和管理公司双方在谈判过程中的谈判力量获取受哪些因素所左右。更进一步的，本章还将探究以上因素具体是通过怎样的作用机制来左右双方谈判力量获取的。现有文献对于谈判力量的研究局限于劳资关系以及合资企业控制权安排领域，而对酒店委托代理方面的讨论更多聚焦在这一管理安排下出现的问题和其解决方案、管理合同谈判及合同条款安排，所以本章的创新点在于将谈判力量理论引入委托代理模式下的酒店管理合同研究，讨论了影响业主和管理公司谈判力量获取的因素以及其潜在的作用机制，这是以往研究关注较少的领域。

11.2 文献综述

酒店委托代理模式起源于20世纪五六十年代，当时以希尔顿、喜来登、洲际、凯悦等为代表的连锁酒店集团成为酒店市场的领导者，这些品牌在酒店市场的领导力吸引了忠实的客户群体并且提升了酒店周围社区的认可度。这种趋势不仅加剧了酒店集团扩张的意愿，同时吸引了除酒店集团以外的投资者和地产开发商投资于酒店这项增长业务。酒店的建造成本很高，并且经营酒店需要一系列技术、技能、营销和专业管理知识，造成酒店集团很难满足快速扩张所需要的资金，而包括地产开发商在内的其他有资金实力的投资者不具备经营酒店所需要的专业能力，这为酒店委托代理这一经营模式的出现创造了基础（Field，1998）。参照Eyster（1988）对酒店委托代理的定义，酒店委托代理是酒店业主与酒店管理公司签订一份正式协议，即酒店管理合同，通过该协议，酒店业主雇用经营者作为他的代理人，为酒店提供专业管理，以获得报酬。管理公司以业主的名义承担全部管理业务责任。在这种协议下，最终的法律和财务责任以及对财产、家具和设备、周转资金和利润（或亏损）的所有权仍然属于业主。在委托代理的经营模式下，酒店业主可以获得酒店经营带来的现金流，以及酒店物业的资产价格上涨带来的收益；酒店管理集团可以获得管理费，在减少投资的情况下扩张市场份额。国际酒店管理公司在中国酒店市场迅速扩张，其本质在于国内酒店业主将房地产作为主业，在选择酒店管理公司时偏好知名的国际酒店管理公司（王琦，2006）。现有对于委托代理关系的研究主要集中在酒店管理合同签订后酒店管理公司和业主的行为。尹真（2006）认为酒店管理公司的经验对创造良好的业绩起着重要作用，邹益民和鲍娟（2007）认为业主自身角色正确定位、饭店硬件匹配、合同全面合理、业主准确选择管理集团和管理合同有效实施这五个维度都会影响委托管理的成功，陈勇（2008）从酒店管理方的选择、报酬、控制、竞争和声誉五方面，分析了酒店管理方激励约束现状，并探讨了如何构建酒店委托代理模式中受托方的激励约束机制。但是鲜少有研究关注管理合同签订前的谈判阶段。

酒店管理合同作为酒店委托代理模式研究中的重要领域，国内外的学者分阶段地在酒店业发展过程中做了大量研究。其中具有代表性的是James J.Eyster自1977年以来在酒店管理合同的谈判内容、谈判策略以及合同条款的变化趋势上做的一系列研究。在管理合同的谈判过程中，管理公司和业主都需要做到"知己知彼"，谈判的成功在很大程度上取决于谈判开始前双方之间建立的信任，委托代理关系能否成功取决于双方是否将对方视为合作伙伴而非对手（Eyster，1980）。随着酒店产业的发展，业主开始熟悉酒店产业，酒店管理合同的协议内容也随之变化。在1988年的两篇系列文章中，Eyster（1988）发现酒店管理合同中对于业主和管理公司的风险和收益划分更加平等，这一时期的酒店业主在对管理公司的业绩要求以及合同的终止条款上拥有了更多话语权，同时酒店管理公司可以获得激励性的业绩回报。更近一段时间的研究中，

Goddard（2002）通过对中东地区的委托代理酒店研究发现，随着酒店管理公司间的市场竞争，酒店业主的选择空间更多，导致了管理公司在为业主创造更多利润的同时从中获取的管理费比例却在减少，管理公司开始考虑通过购买包括家具在内的固定资产或者债务融资的方式来对酒店进行股权投资，而不仅仅是提供管理服务。Armitstead（2004）则认为没有两个完全相同的酒店项目，已经有一些小型酒店管理公司开始通过制定更适合酒店业主的合同而获得市场，并对未来酒店管理合同中应出现什么条款提出建议。国内在管理合同领域的相关研究起步较晚，陈勇（2006）在对酒店管理合同发展历程进行梳理的基础上，指出酒店管理合同发展初期具有"将不可抗力导致的酒店管理公司的经营风险转嫁给酒店业主，以确保酒店管理公司在委托管理模式下生存和发展"的特点，并进一步分析了酒店管理合同所涉及的利益相关方的职责与权限（陈勇，2007），而对谈判过程的研究相对空缺。

综上所述，以往研究讨论了酒店委托代理的扩张模式、酒店管理合同的谈判内容和条款变迁以及酒店管理团队的绩效考核等问题。酒店行业快速发展，研究的内容、研究体系也随之细致并完善。

谈判力量是指谈判方对谈判集（Bargaining Set）向己方有利的方向改变（Lax和Sebenius，1986），使对方让步（Dwyer和Walker，1981；Tung，1988），并影响谈判结果的能力（Schelling，1956）。而对于谈判力量的来源，以往学者分别从谈判理论和资源依赖理论两个方面进行研究。谈判理论的学者认为谈判中双方的利益关系与备选方案的可用性会影响双方的谈判力量。其中，利益关系是指谈判者依赖谈判结果的程度，其与谈判力量呈负相关。备选方案可用性是指谈判者为了实现相同目标而选择不同安排的程度，其与谈判力量呈正相关，因为拥有更多备选方案的一方可以威胁离开当前的谈判，并选择其最佳选择的谈判安排（Fisher和Ury，1981）。由于上述两者与谈判发生的环境有关，Yan和Gray（1994）将它们统称为基于环境的谈判能力的来源。在资源依赖理论方面，Pfeffer和Salancik（1978）认为在组织关系中，对关键资源的占有或控制构成了谈判力量。如酒店业主占有酒店物业这一关键资源，而管理公司的专业管理能力以及所处集团能够提供的集团服务构成了专业管理公司的关键资源。如果合作中一方提供的资源多于他的合作伙伴或者相对于他对合作伙伴提供资源的依赖，合作伙伴更依赖他所提供的资源，那这一方就具有更多谈判力量。简单地说，潜在的合作伙伴的相对谈判力量是由双方各自给合作项目带来什么和多少决定的（Harrigan，1986）。如果合作项目严重依赖一方所贡献的资源，这些资源获取成本高昂或难以被其他潜在合作伙伴提供的资源替代，并且对合作项目的成功至关重要（Harrigan和Newman，1990），那么这一方就会获得谈判力量。同样的，本章将这种谈判力量获取来源统称为基于资源的谈判能力的来源。在酒店委托代理模式下的酒店管理合同领域，Eyster（1977）首次提出了酒店管理合同谈判阶段双方谈判力量这一概念，并从业主和酒店管理公司的视角分别罗列了影响谈判力量获取的因素。综合以往文献的研究结论我们发现，谈判力量理论专注于讨论谈判力量及其来源之间"果"与"因"的关系，而缺少对这一因果关系形成的作用机制的探讨。

多种理论研究与现实案例分析相结合，为本章奠定了理论方面和现实方面的双重基础与保障。但是现有研究对委托代理模式下酒店业主和国际酒店管理集团在管理合同签订的谈判阶段关注较少，国内对于双方谈判力量的影响因素的研究相对空缺，况且对委托代理模式情境下谈判力量内在机制未做深入讨论。鉴于此，本研究结合酒店委托代理模式情境，借助酒店管理合同有关理论，讨论中国业主与国际酒店管理公司的谈判力量的影响因素和作用机制，试图弥补上述理论缺口。这一研究不仅对酒店管理合同理论做了有益补充，而且拓展了酒店委托代理模式相关研究，对国内酒店业主和国际酒店管理公司间的合作实践具有指导价值。

11.3　研究方法与数据来源

关于委托代理模式下中国业主与国际酒店管理公司的谈判力量获取的理论研究还比较欠缺，尚未形成成熟的变量范畴、测量量表和理论假设，因此本研究属于理论构建式探索研究。鉴于此，本研究通过半结构化问卷对代表性业内人士进行深度访谈以收集第一手资料，采用质性研究以更有效地探索酒店业主与国际酒店管理公司谈判力量的轮廓。采取理论抽样的方法，按照设计的理论发展为指导选择具体访谈对象。鉴于质性研究要求受访者对所研究的问题有一定的理解和认识，本研究选择的受访对象均为在酒店行业内从业多年，并有作为业主或酒店管理公司的项目负责人经历的从业人员。样本数的确定按照理论饱和的准则为准。最终共选择了13个受访对象，受访者的基本信息如表11-1所示。

表11-1　受访者基本信息一览表

受访者序号	受访者	性别	从业经历	访谈方式
被访谈人1	张小姐	女	国际酒店管理公司、中国业主公司	个人深度访谈
被访谈人2	王先生	男	国际酒店管理公司	个人深度访谈
被访谈人3	符小姐	女	中国业主公司	个人深度访谈
被访谈人4	姜先生	男	中国业主公司	个人深度访谈
被访谈人5	孙先生	男	中国业主公司	个人深度访谈
被访谈人6	桂小姐	女	国际酒店管理公司	个人深度访谈
被访谈人7	陆先生	男	中国业主公司、业内专家	个人深度访谈
被访谈人8	梁先生	男	中国业主公司	个人深度访谈
被访谈人9	陈小姐	女	中国业主公司	个人深度访谈
被访谈人10	张小姐	女	中国业主公司	个人深度访谈
被访谈人11	柘先生	男	国际酒店管理公司、业内专家	个人深度访谈
被访谈人12	邓先生	男	中国业主公司	个人深度访谈
被访谈人13	初先生	男	国际酒店管理公司	个人深度访谈

本研究采用深度访谈的方式，对受访对象进行了13人次的深度访谈，每次访谈时间约1小时。深度访谈可以给受访对象留有相对充分的思考和表达余地，访谈者还可以细致地观察受访者的内在心理，从而尽可能深入地理解受访者对酒店业主与酒店管理公司间谈判力量的认识、态度与潜在影响因素。访谈时，在征得受访者同意后对每次访谈进行录音以保存数据内容，并在访谈结束后对录音进行转文字整理，完成访谈记录。最终共得到7万余字的访谈记录。本章随机选取了3/4的访谈记录（10份深度访谈记录）进行编码分析和模型建构，另外1/4的访谈记录（3份深度访谈记录）则留作进行理论饱和度检验。

本研究主要采用扎根理论这一探索性研究技术，通过对文本资料进行开放式编码（Open coding）、主轴编码（Axial coding）、选择性编码（Selective coding）3个步骤来构建酒店业主与酒店管理公司的谈判力量获取及其影响因素理论。资料分析的过程中采用持续比较的分析思路，不断提炼和修正理论，直到达到理论饱和为止。

11.4 范畴提炼和模型构建

11.4.1 开放式编码

开放式编码（一级编码）是对原始资料逐字逐句进行编码、标签、登录，从原始资料中产生初始概念，发现概念范畴。为了减少研究中个人的偏见、定见或影响，本章尽量使用受访者的原话作为标签，以从中发掘初始概念。由于初始概念的数量非常庞杂且存在一定程度的交叉，而范畴是对概念的重新分类组合，进一步对获得的初始概念进行范畴化。在范畴化过程中，剔除少量出现、频次低以及个别前后矛盾的初始概念。表11-2为得到的15个初始概念和范畴。为节省篇幅，每个范畴节选3条原始资料语句及其初始概念。

表11-2 开放式编码范畴化

范畴	原始语句（初始概念）
物业地理位置	"业主身上的硬伤就是指建筑区位这种的。"（建筑区位）
	"整个人和镇的规划交通就没有让人感觉到这里应该是有一个**酒店的样子。"（周边基建）
	"也是通过觉得区位不合适，可能预判到未来的经营的业绩也不理想，所以因此也没有去接受这个项目。"（建筑区位）
管理公司间竞争	"现在酒店越来越多，或者说酒店管理公司品牌越来越多，大家变成开始要去抢项目了，所以他可能就不存在我们还有什么备选项目了。"（管理公司间竞争）
	"所以对于酒店管理集团来讲，这一些机会不管是可能原来他们并不会考虑的这些机会，他们会变得更加接受，哪怕地理位置并不是说他们首选。"（接受度变高）
管理公司口碑	"集团的管理架构里面的一些主要的人物我是相当熟悉的，以前都是曾经我的老板或者是一些行业的大咖，对这个品牌我们还是比较有信心。"（管理层在业内的口碑）
	"开始接收到的一个信息就是万豪的合同基本上很强硬。"（态度强硬）
	"那么业主当时就是想着说还继续做这个品牌，那么就是未来的这300多间客房还是做这个品牌，可能是选这个品牌里面比较更高端的一个子品牌。"（业主继续选择）

续表

范畴	原始语句（初始概念）
管理公司服务	"第二可能我们更关注的是会员系统，因为其实在国内我们会发现会员有两点，第一它的忠诚度和重复使用率还是比较高的。"（会员）
	"首先第一点就是我们通过**的直接预定渠道，什么叫直接预定渠道？包括我们的什么电话预订 App、网络，包括我们的酒店跟很多大的一些客户公司签的长期战略协议，这种预定的占比大概能占到我们总数的78%，就是2021年。"（营销）
	"但坦白来说我个人感觉是这样的，就是说评判一个酒店集团它的好与坏，最重要一点不是说看它的品牌是否多，也不是看它酒店装修是否漂亮，而是最根本的是要看这个公司它的渠道和推客和系统能力是否是比较强大的。"（管理公司服务）
管理公司运营酒店数量	"现在广州基本都是**的酒店。"（管理公司运营酒店数量）
	"你把我们放大去想，比方外行在国内我们已经开了有将近500个酒店对吧？"（管理公司运营酒店数量）
	"那么在西安有几家酒店，其实对我们做了这么多年酒店的人来讲，不算一个大的牌子跟集团。"（管理公司运营酒店数量）
管理公司在行业内的地位	"但是这个酒店当时是签了一个小众的品牌。"（小众品牌）
	"不管***也好，**也好，其实问题都不太大，因为都是国际品牌一线品牌。"（国际一线品牌）
	"然后对于**的优势来讲，可能就不必太多说，因为第一大品牌了是吧。"（国际一线品牌）
建筑和装修设计	"因为一些项目它前期就需要国际品牌来提供一些它的技术的指导，到底这个酒店应该怎么去建，按什么样的一些标准，多少间客房，对吧？"（按照品牌标准）
	"导致到当谈第二家国际品牌就是***的时候，这栋楼体已经建好，那么楼体建好里面的一些规范标准达不到***的要求。"（不符合品牌标准）
	"比方说这个项目它的一些规划，就是说有些项目我们介入的时候已经封顶了，或者已经报完规了，他的这些规划和一些大的硬件的指标，能不能跟我们某一个等级的品牌去产生契合，因为有些东西规划我们是更改不了的，对吧？"（建筑和装修设计）
酒店项目数量	"这两年疫情的影响，很多酒店项目是停滞了，那么基本上这两年是没有如期开业的酒店，那么一个是项目停滞，另外一个需求也变少，想要去投资酒店的也少了。"（开业酒店数量少）
	"在一线城市能够拿到一个项目就少一个项目。"（开业酒店数量少）
	"受疫情影响，这两年可能新开业的酒店比较少。"（开业酒店数量少）
业主能力与经验	"华发已经跟很多的国际酒店管理公司做了，相对来说它对于这个行业哪些东西是有调整的空间，哪些没有调整空间，还是比较熟悉的，所以坦白来说我们并没有遇到太大的困难。"（业主运营酒店的经验）
	"因为它前期的定位很精准，就是海棠湾那一片区域都没有任何一家亲子酒店。"（明确项目定位）
	"因为前期先做了一个调查，我确保说这一个条款在目前广东的一些酒店已经是实实在在发生了变更。"（充分调查）

范畴	原始语句（初始概念）
管理公司利益	"我有现金的收入何乐而不为，对不对？"（利润收益）
	"所以我们不仅是着眼于眼前，还得判断未来这个区域它的成长性，或者它处于一个什么样的循环的周期内，这样对我未来的业绩也是比较有帮助的。"（长期稳定经营）
	"因为往往来说一个酒店我们一签合同可能签15年甚至20年甚至更长的时间。"（长期稳定经营）
管理公司目标	"我只要不让你拉低我的这个品牌，或者是败坏我品牌的名声就好了，我能控制好就可以了。"（品牌口碑）
	"业主会找到我们这些国际酒店管理公司，来给我们去看，在他已经确定的定位上有哪些品牌是比较符合他的需求的。"（品牌调性）
	"就是酒店的运营权到底这酒店听谁的一个问题，**是希望酒店在运营方面就专业的日常操作是听**的，因为毕竟我们是专业的团队对不对？"（执业独立性）
业主利益	"对业主来说，有时候你节省下来了100块的预定成本，它能直接转化为你的毛利润，它不像正收入，我说挣了100，可能我的毛利润才30或者40，而我100块钱的预定成本提省下来，它能直接转化成我的毛利润。"（收入现金流）
	"我去关注的一个最重要的就是费用，那么这个费用包括我们需要付多少利润，付多少收入给到管理公司，那么合不合理，是不是现在相对合理的一个费用。"（费用）
	"那么这个酒店他最终就是说老板他是想要我在长期的持有，然后获得酒店的现金流。"（收入现金流）
业主目标	"他是让他周边的物业去升值，我的公寓，我的别墅或者我其他的配套要卖个好价钱。"（周边资产价格）
	"相当于这个品牌对物业有一个溢价，而且是很大幅的溢价的能力，赋予了他这个能力，就是你银行或者是第三方去估值你这个酒店的时候，你就会比低端的品牌的价格更高，哪怕你的建造的成本是一样的，你一个五星酒店卖出去的价格，或者是你不做卖出去，你做资产证券化，你拿到的金额还是会比普通的一些品牌要高，这是其中的一点。"（未来融资能力）
	"那么比如说未来的一个重大合同采购，就是说当酒店要买一个固定资产的话，那么你达到多少金额以上，你必须要业主签名，你才可以去购买。"（经营参与）
谈判过程	"所以我觉得深层次来说，我们谈观点谈到最后的是双方的价值观的磨合，如果业主他认可**管理这种方式，也跟我们的价值观是一样的，在这种情况下，我们大家能走到一起，但如果说大家存在很大的偏差，你会发现即使现在谈了管理合同合作了，未来还是会有问题。"（价值观匹配）
	"双方有这么样的一个共识说大家都是知道这些东西的，不是说你一句话说谈不了，这个条款就过了的。"（双方配合）
	"我觉得在合同洽谈的过程中，尽量不要去出现说谁更强硬，谁要压制谁，因为这种是不利于合同的一个顺利的谈判的。"（压制）
谈判结果	"最后是在自己做和万豪之间选择了是万豪签订合同。"（签约）
	"而且是目标是未来做成高端的酒店，还继续使用这么一个小众的品牌，所以后来已经合同都签了，但是协助了现在的公司去做了一个解约的这么样的过程。"（解约）
	"就***就放弃了我们。我们自身的一些硬伤，也会限制我们去选这个品牌。"（未达成意向）

11.4.2 主轴编码

主轴编码（关联式登录）的任务是在对委托代理模式下中国酒店业主和国际酒店管理公司的谈判力量进行充分理解的基础上，深入分析范畴的属性，通过不断比较，按照不同范畴之间的相互关系和逻辑次序，发展主范畴及其副范畴。本研究结合谈判力量理论，根据不同范畴在概念层次上的相互关系和逻辑次序对其进行分类，将15个初始范畴加以综合分析，最终归纳出7个主范畴。各主范畴及其对应的开放式编码范畴如表11-3所示。

表11-3　主轴编码形成的主范畴

主范畴	对应范畴
业主资源因素	物业地理位置、建筑和装修设计
业主环境因素	管理公司间竞争、业主能力与经验
业主目标与利益	业主利益、业主目标
管理公司资源因素	管理公司口碑、管理公司服务、管理公司运营酒店数量、管理公司在行业内的地位
管理公司环境因素	酒店项目数量
管理公司利益与目标	管理公司目标、管理公司利益
谈判力量	谈判过程、谈判结果

11.4.3 选择性编码

选择性编码（核心式登录）是从主范畴中挖掘核心范畴。通过"故事线"分析主范畴的联结关系，描绘行为现象和脉络条件，完成"系列故事"并以此发掘核心范畴。再反过来围绕核心范畴把其他主范畴有机、系统地结合起来，实际上也就发展出新的实质理论框架。经过结构识别过程，本章梳理出委托代理模式下中国业主和国际管理公司谈判力量获取的核心范畴是"影响因素—目标利益—谈判力量"，并由此建立起基于扎根理论的委托代理模式下中国业主与国际酒店管理公司谈判力量获取模型。

11.4.4　委托代理模式下谈判力量获取模型阐述

通过前文研究发现，"影响因素—目标利益—谈判力量"这个核心范畴将前述7个主范畴构建成一个可以有效解释委托代理模式下中国业主与国际酒店管理公司谈判力量获取机制的模型。即在酒店委托代理情境下，业主和酒店管理公司双方的一系列影响因素作用于对方的目标利益；目标利益影响谈判集（Bargaining Set）向己方有利的方向改变，从而获取谈判力量。但是7个主范畴之间对于谈判力量获取的作用机制并不完全一致。下面具体阐述。

业主资源因素是指业主在与酒店管理公司就酒店委托管理合作中占有的关键资源，包括物业地理位置以及建筑和装修设计。业主资源因素如果满足酒店管理公司的目标和利益需求，那么在谈判过程中就可以获得更多的谈判力量，使得酒店管理合同签订的条款对业主方更有利，管理公司方面可能会做出妥协。反之，业主提供的资源不能满足管理公司的目标和利益诉求，那么在管理合同谈判过程中业主就会相对处于劣势地位。这可以从受访者的一些代表性案例看出来，如受访业主提到自己的酒店地理位置优越，处于一线城市的交通枢纽（机场）附近，区域成长性高，满足酒店管理公司长期稳定经营并赚取管理费用的目标和利益，酒店管理公司在后期谈判中对部分条款内容进行了让步。另一个来自业主受访者的事例则相反，该受访者提到，由于自己公司的酒店在物业建设的过程中楼体设计与布局不能满足酒店管理公司的装修设计要求（单个房间面积相对周围竞品酒店较小），酒店管理公司出于维持自己品牌调性，保护自身品牌口碑的目标，在现场勘查及沟通数次后依然没能达成合作签订管理合同。

同样的，管理公司资源因素是指酒店管理公司与业主在酒店委托管理合作中占有的关键资源，包括管理公司口碑、管理公司服务、管理公司运营酒店数量以及管理公司在行业内的地位。管理公司提供的资源满足业主的目标和利益需求，那么在谈判过程中就可以获得更多的谈判力量，使得酒店管理合同签订的条款对管理公司更有利，反之，在管理合同谈判过程中管理公司就会相对被动。管理公司受访者指出，该受访者所在的国际酒店管理公司拥有完整的营销获客渠道以及忠实的会员系统，这些服务帮助酒店获得稳定的客源以及费用较低的第三方渠道推广，从而满足业主获得更多的酒店营业现金流的目标，因而在管理合同谈判中一直处于相对强势地位。另一位业主受访者表示，该公司所拥有的酒店物业原本与一家小众酒店管理品牌达成了委托代理关系，签订了管理合同，但是由于该小众品牌的酒店房间均价较低并且获客能力一般，无法满足业主方的收益需求，最终由业主方提出解约。

可以看出，对于酒店业主与管理公司双方而言，自身所占有的资源因素都是通过满足对方的目标或利益来获取自身的谈判力量。如果自身资源因素不能满足对方的目标或利益，在管理合同谈判中就很难让对方做出妥协。

业主的环境因素是指业主在与酒店管理公司谈判中的备选方案可用性，即实现同一目标而选择不同安排的程度，包括管理公司间竞争以及业主能力与经验。同理，管理公司的环境因素是指管理公司在与业主谈判中的备选方案可用性，包括酒店项目数量。拥有更多备选方案的一方可以威胁退出管理合同谈判并选择最佳的谈判安排，因此也就在谈判过程中拥有更多的谈判力量。业主受访者在访谈中提到，在一线城市交通枢纽附近新开业的酒店数量少，而酒店管理公司同样面临着管理合同签订的绩效指标和时限压力，在面对业主提出对仲裁条款、开业前费用安排以及资金使用审核条款进行对业主方有利的修改时，管理公司选择在条款上妥协。来自管理公司的受访者也表示："现在酒店越来越多，或者说酒店管理公司品牌越来越多，大家变成开始要去抢项目了，所以可能就不存在我们还有什么备选项目了。"管理公司间的竞争让国际酒店管理公司有时不得不放下身段在酒店地理位置或者一些合同条款上妥协。由此看出，对于业主和管理公司双方而言，自身拥有的环境因素均通过威胁对方的目标和利益来获得谈判力量，迫使对方在某些情况下妥协。

综上所述，"影响因素—目标利益—谈判力量"模型可以更具体地解释为：酒店业主和酒店管理公司双方通过自身拥有的资源因素和环境因素来满足或威胁对方的目标和利益，进而获取谈判力量，使酒店管理合同更加满足自身的目标和利益，如图11-1所示。

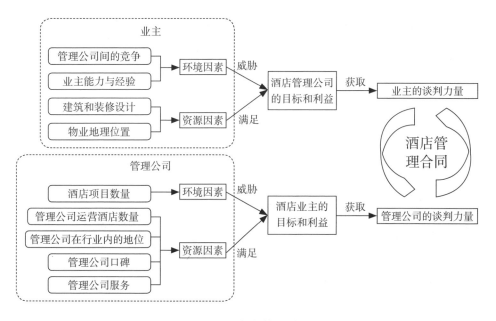

图11-1 本章技术模型

11.5 本章小结

本章研究酒店委托代理模式下酒店管理合同谈判阶段双方的谈判力量，分析了影响业主和酒店管理公司双方谈判力量获取的因素，解释了这些因素影响谈判力量获取的作用机理，建立了理论模型。本章研究发现：①业主与酒店管理公司间的谈判力量决定了最终签订的管理合同条款对哪一方更加有利。酒店管理公司的谈判力量的获取受到管理公司口碑、管理公司服务、管理公司运营酒店数量、管理公司在行业内的地位以及酒店项目数量的影响；业主的谈判力量的获取则受到物业地理位置、建筑和装修设计、管理公司间竞争以及业主能力与经验的影响。②业主和管理公司的谈判力量均通过基于资源和环境的两种来源获取，以这两种来源为界，可将谈判力量获取的影响因素分为资源因素和环境因素。③业主和管理公司的谈判力量本质上是通过满足或威胁对方的目标与利益来获取的。其中，资源因素影响了满足对方的目标与利益的能力，环境因素影响了威胁对方的目标与利益的能力。两种因素共同作用于对方的目标与利益来使己方获取谈判力量。

本章的研究贡献有三：第一，丰富了国内酒店委托代理模式的相关研究。过去的研究（陈勇，2008；贺小荣、罗文斌，2012；朱承强、吕丽莉，2011）聚焦于委托代理模式下酒店的经营阶段的现象，发现了酒店业主与管理公司的利益驱动，归纳了造成业主与管理公司冲突的原因，提出了强化业主对管理公司的激励约束，平衡双方的利益等。但是对酒店管理合同的研究相对较少，自然缺乏对酒店业主和管理公司双方谈判过程的关注。而本章通过对酒店管理合同谈判过程的研究，显示业主与管理公司的利益驱动与冲突在酒店管理合同谈判阶段就已出现。这一发现将国内酒店委托代理模式的研究从经营阶段拓展至谈判阶段，加深了我们对于委托代理模式下酒店业主与酒店管理公司双方关系的理解。

第二，本章将谈判力量理论应用到委托代理模式下的酒店管理合同研究中，拓展并深化了对委托代理模式下业主与管理公司双方谈判力量的研究。谈判力量理论在以往多应用于劳动关系以及合资公司控制权的问题的研究中。在对委托代理模式下业主与管理公司双方谈判力量的研究中，Eyster（1977）率先通过实践经验总结罗列了影响谈判力量获取的因素，而之后在这一领域对于谈判力量的研究相对匮乏。本章基于多案例研究，验证了中国的酒店业主和国外专业酒店管理公司在签订酒店管理合同的谈判过程中，双方的谈判力量获取依然与管理能力、同业竞争、公司声誉、服务能力等因素息息相关。同时本章通过引入谈判力量理论，进一步将谈判力量获取的影响因素通过来源分为了资源因素和环境因素，这一发现为现有研究对于委托代理模式下业主与管理公司双方谈判力量获取认识的不足形成了有益的理论补充。

第三，本研究开启了我们对委托代理模式下影响酒店业主和管理公司谈判力量获取因素的作用机制的研究，具有开创性。以往研究将谈判力量获取分为基于环境的来源和基于资源的来源（Yan和Gray，1994；Pfeffer和Salancick，1978），但并未对其作用机制进行讨论。本章借助对委托代理模式下的酒店管理合同的多案例研究，对谈判力量获取的影响因素及其作用机制进行了探索，发现资源因素与环境因素共同通过满足和威胁对方的目标与利益来使己方获取谈判力量。本章的研究发现具有创新性，为酒店委托代理模式的相关研究开启了新方向。

　　本章也存在如下不足。首先，本研究仅是委托代理模式下业主和酒店管理公司谈判力量研究的开端。虽然研究过程中严格按照质性研究的方法对多个酒店管理合同案例进行纵向剖析和横向对比的结合研究并提炼了结论，但受限于研究对象数量，本研究无法完全解释其他酒店管理合同在业主与酒店管理公司谈判过程中出现的特殊影响因素及其作用机制。正因为不同业主和管理公司间自身规模、声誉、资源禀赋及所处社会文化环境都存在显著差异性，同时不同的酒店间也存在所处地区、自身硬件条件的显著差异，因此后续研究可以在此基础上做实证检验，深化委托代理模式下酒店管理合同双方谈判力量的理论探究，形成对已有理论的有益补充。其次，本研究未能有效地区分案例选择的差异性，案例选择的代表性有待增强。虽然本研究在业主是否国企和酒店管理公司的国别做了区分，但仍然存在均为大型酒店管理集团等瑕疵。由于该研究领域在国内处于发展时期，在统计变量选择上未能有效甄别，这也是未来研究需要高度关注的地方。如果未来研究能够进一步扩大取样总量，扩展研究对象范围，将能进一步提升数据的代表性。

【第12章】

结论与讨论

如前言中指出，目前国内高端酒店品牌依然以外资居多。这些外资品牌利用中国本土的酒店专业技术人才，但每年赚取数百亿的巨额管理费用。为了解决这一问题，本书发掘中国酒店的优秀案例，促进中国酒店行业逐渐使用中国酒店品牌替代外资酒店品牌。结合国家提出的高质量发展战略，行业的高质量发展开始受到学者的关注，但是对于酒店行业的相关研究目前才刚刚起步。本书的研究也仅是对酒店行业的动态能力和盈利模式如何帮助实现高质量发展这一论题进行的探索，并形成有关结论。

12.1　主要结论

在讨论酒店动态能力案例的过程中，本书基于"构建动态能力、改进盈利模式"这一主题，围绕动态能力、数据中台、组织变革、收益管理以及谈判力量等多个话题入手，讲述了中国酒店高质量发展的十个案例故事。

在酒店动态能力的构建过程中，企业家精神与创新意识是有序不紊进行的根本动力。美思威尔顿酒店变革的起点正是缘于徐兵总经理的企业家精神和敢于大刀阔斧的创新意识。这不仅能够确保企业内部转变的战略方向，而且有助于酒店在适应外部环境过程中实现组织勘误，形成问题解决方案或重塑组织认知，为美思威尔顿酒店摆脱困境提供了坚实基础。酒店面对制度环境的不断变迁，除了重构酒店自身内、外部资源和结构之外，还应重视各方利益相关者，解决社会问题，共同抵御冲击，推动企业持续成长，才能成为高动态能力的企业。

数据中台搭建动态能力可以分为四类常见的动态能力：感知能力、学习能力、获取能力和重构能力，各主体形成的技术和业务相关的能力都属于这四类动态能力中的一种。动态能力之间并不是独立的，而是从纵向、横向互相关联，相互促进。酒店在数据中台搭建时才逐渐形成了相关的动态能力，这些能力又会反过来助力数据中台的搭建，数据中台在酒店随后的转型阶段中和战略共同发挥作用。

市场动态性是动态能力的前因变量。从和苑酒家粤财店和时代店的研究案例中，研究者发现外部市场及目标客户的巨大变化导致了两店动态能力微观基础的改变，进一步引起了组织常规的调整和改变。动态能力可以通过主体能动性改变组织常规。基于顾企互动的价值共创在动态能力改变组织常规的过程中起着重要作用。企业与顾客的互动关系是服务与产品创新的关键。这种创新就是企业通过动态能力改变既有知识、技术规范和操作流程，使企业的资源更有创新性，继而产生企业的竞争优势。在动态能力影响组织常规过程中，主体能动性不仅在企业内部主体间起着重要作用，而且在顾企互动中起着重要作用，即企业内部员工与顾客相互发挥主体能动性进行互动，推动动态能力改变组织常规，从而共创价值。

人力资源是酒店最根本的资源之一，动态能力是组织有目的地创建、扩展和调整其资源基础的能力。鉴于此，通过援引烙印效应理论，解析酒店师徒制影响组织操作常规的演变过程和作用机理，揭示了组织操作常规不断发展的诱因。研究发现，酒店师徒制影响组织操作常规的过程同时也是烙印效应形成的过程；酒店通过师徒制影响组织操作常规，有赖于认知烙印、适应化烙印和发展能力烙印的作用；酒店以师徒制为依托影响组织操作常规，不仅贯穿于酒店员工成长路径的各个阶段，而且渗透于酒店的个体与组织两个层次，既有利于塑造员工行为观念，促进自我效能和职业胜任力的形成，也有益于推动酒店建构企业文化和承担社会责任。

高层管理者的认知特征影响企业动态能力的发展演化，高层管理者动态管理能力与企业层面动态能力之间相互影响，高层管理者认知则在其中发挥着重要作用。通过构建高管认知与之相匹配的互动行为塑造战略节奏推动酒店惯例更新的理论架构，研究发现高管认知是驱动互动行为产生的根源，两者之间存在适配机制塑造战略节奏。高管通过对外部环境的分析从而形成经验导向型认知、市场导向型认知和技术导向型认知，与其相适配的高管与员工互动行为分别为认知引导、文化桥梁和业务编排3种行动策略。战略节奏推动酒店惯例更新，须循"储势蓄能—调整转变—发展升级"演化轨迹，在不同阶段呈现出快速度、低变异—快速度、高变异—慢速度、低变异的战略节奏阶段特征。高管认知和与之相适配的互动行为塑造战略节奏，这一传导的过程作用于组织惯例更新演变，使之从构建新惯例制度结构，到形成新惯例流程数字化，再到固化新惯例业务数字化的跃升演化。

旅游饭店星级评定是诠释制度逻辑的载体，其中存在政府及市场二元制度逻辑，贯穿星评制度发展历程。且当前星评制度出现内容僵化、效益低下以及行政化评定三方面问题，与二元制度逻辑的目的相悖，因此制度逻辑对我国星评制度改革提出要求。饭店星评市场行为受此二元制度逻辑驱动，政府逻辑对饭店星评市场行为的驱动主要体现在政府支持、政策影响以及政府监管三个方面；市场逻辑对饭店星评市场行为的驱动则体现在质量认证、消费者迭代、消费者参考依据多元化、市场多元化及互联网影响五个方面。两种制度逻辑通过双向影响路径驱动饭店星评市场行为：正向优化推动饭店"靠近"星评，积极参与星级评定及复核；负向强化则促使饭店对星评"疏离"，主动"摘星"或不参与评定。正向优化路径包含政府支持及质量认证两个方面，负向强化路径则包含政策影响、政府监管及消费者代际更迭等六个方面。在两种逻辑共同影响下，饭店星评市场行为出现"靠近"与"疏离"的显著分化，当前饭店倾向疏离星评，这是由于两种制度逻辑对饭店星评市场行为的负向强化大于正向优化。

餐厅收益是酒店收益的重要来源，改善和提高餐厅的动态能力，对酒店的盈利具有积极作用。通过对富力君悦凯菲厅的具体收益管理剖析，研究发现在实施酒店餐厅收益管理之前要进行市场细分，在完成市场区隔之后进行适度的服务差异化。酒店餐厅实施差别定价策略时，需立足于顾客公平感知之上。差别定价是酒店餐厅收益管理主要的定价策略，但是也会影响顾客的不公平感。因此，酒店餐厅在实施差别定价时，应立足于本餐厅顾客公平度感知的基础之上合理使用价格围栏。酒店餐厅实施容量控制策略时，需要建立动态模型以优化餐桌结构。餐厅需尽可能多地向顾客传递菜单信息，定期更新的菜单能显著增加顾客的重复购买意向。

供应链盈利模式是企业盈利模式的重要组成部分，构成连锁酒店供应链盈利模式的基本要素相互促进。通过分析，研究者发现东呈供应链实施轻资产盈利模式后，形成产品代销、平台服务、F2B和RDC物流、酒店关联增值创新、沉淀资金理财收益等为核心要素的轻资产盈利模式，获得了新的动态能力。连锁酒店供应链盈利模式应侧重价值链的前端和后端，如产品研发、客户服务和标准化管理，同时建立财务、客户、运营和成长的"四维"盈利模式评价体系，不断巩固核心盈利要素，并基于客户痛点拓展新业务及新盈利点。

酒店的采购招标管理制度对加强内部工作协调和提高工作效率具有重要作用，对改进企业的盈利模式也起到关键作用。通过案例研究，发现对于酒店企业来说，采购招标对外必须要有一个统一的口径，对内必须实行优化管理。实行集中化招标采购可以帮助酒店取得一系列的绩效，降低成本，使得公司的利润进一步上升；规范对外的采购口径；采购工作效率提高；产品形象提升，形成品牌效应；有利于公司的管理监控等，同时也证实了战略采购能够增加企业的绩效。

业主与酒店管理公司间的谈判力量决定了最终签订的管理合同条款对哪一方更加有利。酒店管理公司的谈判力量的获取受到管理公司口碑、管理公司服务、管理公司运营酒店数量、管理公司在行业内的地位以及酒店项目数量的影响；业主的谈判力量的获取则受到物业地理位置、建筑和装修设计、管理公司间竞争以及业主能力与经验的影响。业主和管理公司的谈判力量均通过基于资源和环境的两种来源获取，以这两种来源为界，可将谈判力量获取的影响因素分为资源因素和环境因素。业主和管理公司的谈判力量本质上是通过满足或威胁对方的目标与利益来获取的。其中，资源因素影响了满足对方的目标与利益的能力，环境因素影响了威胁对方的目标与利益的能力。两种因素共同作用于对方的目标与利益来使己方获取谈判力量。

12.2　研究贡献

从研究的内容、过程和结论看，本书的贡献体现在以下三个方面：

第一，目前对于高质量发展的研究大部分集中在宏观层面的经济高质量发展，缺乏在微观层面对企业的高质量发展研究（黄速建、肖红军、王欣，2018）。虽然学界对于酒店高质量发展的研究相对较少，但是对酒店动态组织、供应链盈利模式、品牌重塑、顾客感知、收益管理等领域的研究都与酒店高质量发展密切相关，为开展酒店高质量发展研究提供有力支撑，都是值得研究的问题。对此，本书以案例研究汇编的方式，整理出十个案例研究章节，为国内酒店业高质量发展面临的实际问题提供了可行的参考解决方案，填补了国内酒店高质量发展研究的相关著作空白。

第二，过往研究认为，当下酒店业处于经济体制转轨期，受制度结构与产业政策影响很大（余凤龙、陆林，2008），因此，组织急需重新协调与客观环境的匹配性，进行动态的调整以适应制度环境变迁（连燕玲、贺小刚、高皓，2014）。酒店应根据制度变迁的不同情境，综合权衡潜在风险，探索未知机遇，以便重新定位战略，推动组织变革。同时，服务经济时代的到来，使得服务质量与顾客感知的关系受到更多的研究关注（Subramanian、Gunasekaran和Gao，2016；熊伟、高阳、吴必虎，2012），服务质量能够正面影响顾客满意度，而只有满意的顾客才能变成忠诚的顾客，所以服务质量是影响顾客满意和忠诚的前因（沈涵、吴文庆，2011）。酒店为提升顾客复购率，培养忠实客户，应根据顾客反馈，结合市场动态，推动服务创新。可以看出，组织变革和服务创新共同为酒店高质量发展提供了可行路径，但是对此的研究仍有待进一步加强。本书创新性地以构建动态能力、改进盈利模式两大主题作为切入点，共使用十个章节，对这两大主题下酒店高质量发展存在的实际问题以及实践方案使用科学的案例研究方法进行分析论证，验证了部分理论在研究酒店高质量发展这一领域时的可行性，并以此为基础研究、改进、发展出符合酒店行业现实运行逻辑的新理论，为学界开展酒店高质量发展的相关研究提供了丰富的理论支持以及案例经验。

第三，本书通过分析和总结这些论文中所展示的具体案例，揭示了中国酒店业在应对市场竞争和客户需求变化的过程中，采取了哪些有效的组织变革和服务创新措施，以及这些措施对于提升酒店的核心竞争力和可持续发展能力有何影响和启示，为中国酒店业的高质量发展提供了有益参考。如粤海酒管公司实行集中化招标采购取得了一系列的绩效，降低了成本，使得公司的利润进一步上升；采购工作效率提高；产品形象提升，形成品牌效应；等等。这与以往研究者认为的集中采购模式的优势是形成规模经济、经验效应、品牌效应这一结论相呼应（陈红泉、赵萌，2009）。

12.3 实践启示

第一，组织变革中动态能力的重要性。酒店业在制度变迁作用下推动组织变革，有赖于动态能力所建构的协同作用机制。其中，管理者的企业家精神与创新精神是动态能力发展的重要源泉。面对不同制度变迁的具体情境，管理者需要积极主动分析市场、实时进行模式调整，而不应过度依赖惯性思维与企业行为经验。重视经营行为与制度环境之间的关系，根据不同的制度环境和自身发展特点等情况，结合酒店自身优势采取针对性建构组织模式，从而各个击破，实现酒店持续发展。

第二，深刻认识到动态能力之中人作为组织变革基本单位的重要性。重视各部门协同发展，只有各部门相互配合、相互影响和相互依赖形成团队凝聚力，才可以更好地匹配制度环境下的组织模式，强化员工参与感。应处理好组织与个人的劳动关系，真正尊重基层操作员工，并充分发挥其主体能动性。组织与员工的变革主动性是酒店在行业快速变化时代保持竞争优势、塑造核心能力的强大动力。

第三，连锁酒店集团轻资产盈利模式是大势所趋。连锁酒店集团供应链应将力量集中在产品研发、客户服务等价值链上，最大资产应用于人力资源及采购平台系统，充分利用产品代销、平台服务等优势，将研发投入、物流仓储、配送及客户服务等环节，下沉到上游供应商，减少自身资金投入。对已经采取轻资产盈利模式的连锁企业供应链而言，轻资产盈利模式是在动态变化的，需要根据企业自身的风险提前评估、研判和有效控制，避免过激动作，导致问题集中爆发。

第四，重视企业与客户的价值共创。健康良性的顾企关系应当是基于顾企互动的价值共创，酒店业应当通过各种渠道开展与顾客的平等对话，尤其是利用互联网技术。互联网平台建立了一套透明的信息交流机制，顾客可以利用网络进行比价，在用户社区可以互相交流购买使用经验，用户可以给商家打分评级，等等。顾客在选择酒店及其商品服务时注重互联网平台的相关信息，因而酒店必须尽可能地将与顾客相关的信息公开化、透明化，打造实际的企业形象，不能做虚假推广。另一方面，因为现在的顾客更加注重性价比，在同类型酒店提供的设施服务缺乏差异化的情况下，必须与顾客一起共创个性化的体验，并且根据客户反馈，提供更有针对性的个性化服务，使服务质量成为核心竞争力。

12.4　本书不足与未来研究方向

本书对于中国酒店业高质量发展中企业如何构建动态能力、改进盈利模式的研究仅仅是阶段性的，还存在很多不足之处。

本书只针对中国酒店业高质量发展过程中的动态能力构建以及盈利模式改进两个方面来进行研究，但是酒店行业的高质量发展除了依靠动态能力构建和盈利模式改进以外，还依赖于包括新兴技术革新应用、政府政策支持引导在内的一系列因素的影响，这些因素在本书中或缺失或只是一笔带过，但它们都是在研究酒店高质量发展这一议题下值得继续深入研究的重要问题。

本书采用案例研究的方法，但是在案例研究过程中，受访者的层级将影响其可能参与决策的程度。并且在访谈过程中，受访者配合访谈的程度不同，也会导致访谈数据因为受访者带有主观情绪的回答而影响其客观性。针对这一问题，本书中的案例即使已经采用了多层次、多视角的方式来进行陈述，并要求受访者尽量提供事实依据，但无论如何，研究结果仍存在与真实情况有所偏差的可能性。

本书的十个案例都围绕"构建动态能力、改进盈利模式"主题展开。然而由于这些案例都是集中于某一个酒店经营的职能侧面，缺乏多案例比较的基础，期望在未来的研究中能基于酒店管理的同一理论问题做多案例比较研究，这将深化这一领域的理论贡献，并为行业提供更有价值的实践经验。

参考文献

AFUAH A Z, 2001. Value creation in e-business. Strategic[J]. Management Journal, 22(6/7): 493-520.

AGARWAL R, SELEN W, 2009. Dynamic capability building in service value networks for achieving service innovation[J]. Decision sciences, 40(3): 431-475.

AHMAD A M, ARIFFIN, ATEFEH, et al. 2012. A preliminary study on customer expectations of hotel hospitality: Influences of personal and hotel factors[J]. International Journal of Hospitality Management, 31(1): 191-198.

APPLEGATE L M, MCFARLAND F W, MCKENNEY J L, 1996. Corporate information Systems Management: Text and Cases[M]. Chicago: Irwin Professional Publishing: 24-33.

ARMITSTEAD M, 2004. Hotel management and operations options: Intellectual capital versus financial capital. Journal of Retail & Leisure Property[J], 3(4): 299-306.

AYRES H, 2006. Career Development in Tourism and Leisure: An Exploratory Study of the Influence of Mobility and Mentoring[J]. Journal of Hospitality and Tourism Management, 13(2): 113-123.

BARRETO I, 2010. Dynamic capabilities: A review of past research and an agenda for the future[J]. Journal of management, 36(1): 256-280.

BATOCCHIO A, GHEZZI A, RANGONE A, 2016. A method for evaluating business models implementation process[J]. Business Process Management Journal, 22(4): 712-735.

BAYOU M E, BENNETT L B, 1992. Profitability analysis for table-service restaurants[J]. The Cornell Hotel and Restaurant Administration Quarterly, 33(2): 49-55.

BECKER M C, 2004. Organizational routines: A review of the literature[J]. Industrial and Corporate Change, 13(4): 643-678.

BELL R, PLINER P L, 2003. Time to eat: The relationship between the number of people eating and meal duration in three lunch settings[J]. Appetite, 41(2): 215-218.

BHAVANI M G, PAWAR I A, 2013. Customer's expectations of hospitality services-A study on five star hotels in Hyderabad city[J]. Journal of Management & Science, 3(11): 3727-3736.

BROOKSHAW T, TERZIOVSKI M, 1997. The relationship between strategic purchasing and customer satisfaction within a total quality management environment[J]. Benchmarking for Quality Management & Technology, 4(4): 244-258.

BULCHAND-GIDUMAL S, MELIÁN-GONZÁLEZ S, GONZÁLEZ LÓPEZ-VALCÁRCEL B, 2011. Improving hotel ratings by offering free Wi-Fi[J]. Journal of Hospitality & Tourism Technology, 2(3): 235-245.

CALLAN R J, 1998. Attributional analysis of customers' hotel selection criteria by U.K. grading scheme categories[J]. Journal of Travel Research, 36(3): 20-34.

CALLAN R J, BOWMAN L, 2000. Selecting a hotel and determining salient quality attributes: A preliminary study of mature British travellers[J]. International Journal of Tourism Research, 2(2): 97-118.

CARR A S, PEARSON J N, 1999. Strategically managed buyer-supplier relationships and performance outcomes[J]. Journal of Operations Management, 17: 497-519.

CARR A S, SMELTZER L R, 1997. An empirically based operational definition of strategic purchasing[J]. European Journal of Purchasing & Supply Management, 3(4): 199-207.

CARR A S, SMELTZER L R, 1999. The relationship among purchasing benchmarking, strategic purchasing, firm performance, and firm size[J]. Journal of Supply Chain Management, 35(3): 51-60.

CARR A S, SMELTZER L R, 2000. An empirically study of the relationships among purchasing skills and strategic purchasing financial performance and supplier responsiveness[J]. Journal of Supply Chain Management, (summer): 40-44.

CARTER J R, NARASIMHAN R, 1996. Is purchasing really strategic? [J]. International Journal of purchasing and Materials Management, 32(4): 20-28.

CENAMOR J, PARIDA V, WINCENT J, 2019. How entrepreneurial SMEs compete through digital platforms: The roles of digital platform capability, network capability and ambidexterity[J]. Journal of Business Research, 100: 196-206.

CHEN I J, PAULRAJ A, LADO A A, 2004. Strategic purchasing, supply management, and firm performance [J]. Journal of Operations Management, 22(5): 505-523.

DESIRAJU R, SHUGAN S M, 1999. Strategic service pricing and yield management[J]. The Journal of Marketing, 44-56.

DWYER F R, WALKER O C, 1981. Bargaining in an asymmetrical power structure[J]. Journal of Marketing, 45(1): 104-115.

EISENHARDT K M, 1989. Building theories from case study research[J]. Academy of Management Review, 14(4): 532-550.

EISENHARDT K M, GRAEBNER M E, 2007. Theory building from cases: Opportunities and challenges[J]. Academy of management journal, 50(1): 25-32.

EISENHARDT K M, MARTIN J A, 2000. Dynamic capabilities: What are they?[J]. Strategic management journal, 21(10-11): 1105-1121.

ERSTAD M, 1997. Empowerment and organizational change[J]. International Journal of Contemporary Hospitality Management, 9(7): 325-333.

EYSTER J J, 1977. Owner and operator bargaining power factors in hotel management contract negotiations[J]. Cornell Hotel and Restaurant Administration Quarterly, 18(1): 57-63.

EYSTER J J, 1980. The negotiation and administration of hotel management contracts[J]. Cornell Hotel and Restaurant Administration Quarterly, 21(2): 5-5.

EYSTER J J, 1988. Recent trends in the negotiation of hotel management contracts: terms and termination[J]. Cornell Hotel and Restaurant Administration Quarterly, 29(2): 80-90.

EYSTER J J, 2009. Classic CQ reprint: Recent trends in the negotiation of hotel management contracts: Terms and termination[J]. Cornell Hospitality Quarterly, 50(2): 259-269.

FAY S, Xie J, 2008. Probabilistic goods: A creative way of selling products and services[J]. Marketing Science, 27(4): 674-690.

FELDMAN M S, PENTLAND B T, 2003. Reconceptualizing organizational routines as a source of flexibility and change[J]. Administrative Science Quarterly, 48(1): 94-118.

FERREIRA J G, HAWKINS A J S, BRICKER S B, 2007. Management of productivity, environmental effects and profitability of shellfish aquaculture: The farm aquaculture resource management (FARM) model[J]. Aquaculture, 264(1): 160-174.

FIELD H, 1998. Financial management implications of hotel management contracts: A UK perspective-sciencedirect[J]. Accounting and Finance for the International Hospitality Industry, 261-277.

FISHER R, URY W L, PATTON B, 2011. Getting to yes: Negotiating agreement without giving in[M]. London: Penguin Books.

FONG V H I, WONG I A, HONG J F L, 2018. Developing institutional logics in the tourism industry through coopetition[J]. Tourism Management, 66: 244-262.

FRIEDLAND R, ALFORD R R, 1991. Bringing society back in: Symbols, practices and institutional contradictions[M]. Chicago University of Chicago.

GARG V K, WALTERS B A, PRIEM R L, 2003. Chief executive scanning emphases, environmental dynamism, and manufacturing firm performance[J]. Strategic Management Journal, 24(8): 725-744.

GIDDENS A, 1984. Theory of structuration[J]. en. wikipedia. org/wiki/Theory_of_ structuration.

GODDARD P, STANDISH-WILKINSON G, 2002. Hotel management contract trends in the Middle East[J]. Journal of Retail & Leisure Property, 2(1): 66-80.

GREENWOOD R, DÍAZ A M, LI S X, et al. 2010. The multiplicity of institutional logics and the heterogeneity of organizational responses[J]. Organization Science, 21(2): 521-539.

GREVE H R, ZHANG C M, 2017. Institutional logics and power sources: Merger and acquisition decisions[J]. Academy of Management Journal, 60(2): 671-694.

GÜMÜSAY A A, SMETS M, MORRIS T, 2020. "God at work": Engaging central and incompatible institutional logics through elastic hybridity[J]. Academy of Management Journal, 63(1): 124-154.

HAMEL G, 2000. Waking up IBM[J]. Harvard Business Review, 78(4): 137-144.

HARRIGAN K R, 1986. Matching vertical integration strategies to competitive conditions[J]. Strategic Management Journal, 7(6): 535-555.

HARRIGAN K R, NEWMAN W H, 1990. Bases of interorganization co - operation: Propensity, power, persistence[J]. Journal of Management Studies, 27(4): 417-434.

HARRINGTON R J, CHATHOTH P K, OTTENBACHER M, et al. 2014. Strategic management research in hospitality and tourism: Past, present and future[J]. International Journal of Contemporary Hospitality Management, 26(5): 778-808.

HUMPHREYS P, 2001. Designing a management development programme for procurement executives[J]. The Journal of Management Development, 20(7): 604-626.

HUNG C-L, 2017. Online positioning through website service quality: A case of star-rated hotels in Taiwan[J]. Journal of Hospitality and Tourism Management, 31: 181-188.

ISRAELI A A, 2002. Star rating and corporate affiliation: Their influence on room price and performance of hotels in Israel[J]. International Journal of Hospitality Management, 21(4): 405-424.

JARVIS L C, 2017. Feigned versus felt: Feigning behaviors and the dynamics of institutional logics[J]. Academy of Management Review, 42(2): 306-333.

KIMES S E, 1989. The basics of yield management[J]. The Cornell Hotel and Restaurant Administration Quarterly, 30(3): 14-19.

KIMES S E, 1999. Implementing restaurant revenue management: A five-step approach[J]. Cornell Hotel and Restaurant Administration Quarterly, 40(3): 16-21.

KIMES S E, 2004. Restaurant revenue management implementation at chevys arrowhead[J]. Cornell Hotel and Restaurant Administration Quarterly, 45(1): 52-67.

KIMES S E, BARRASH D I, ALEXANDER J E, 1999. Developing a restaurant revenue-management strategy[J]. The Cornell Hotel and Restaurant Administration Quarterly, 40(5): 18-29.

KIMES S E, CHASE R B, 1998. The strategic levers of yield management[J]. Journal of Service Research, 1(2): 156-166.

KIMES S E, ROBSON S K A, 2004. The impact of restaurant table characteristics on meal duration and spending[J]. Cornell Hotel and Restaurant Administration Quarterly, 45(4): 333-346.

KIMES S E, WIRTZ J, 2002. Perceived fairness of demand-based pricing for restaurant: An update[J]. Cornell Hotel and Restaurant Administration Quarterly, 43(1): 28-38.

KIMES S E, WIRTZ J, 2003. Has revenue management become acceptable? Findings from an international study on the perceived fairness of rate fences[J]. Journal of Service Research, 6(2): 125-135.

KIMES S E, WIRTZ J, NOONE B M, 2002. How long should dinner take? Measuring expected meal duration for restaurant revenue management[J]. Journal of Revenue and Pricing Management, 1(3): 220-233.

KIMES S E, CHASE R B, CHOI S, et al. (1998). Restaurant revenue management applying yield management to the restaurant industry[J]. Cornell Hotel and Restaurant Administration Quarterly, 39(3): 32-39.

KRAUSE D R, PAGELL M, CURKOVIC S, 2001. Toward a measure of competitive priorities for purchasing[J]. Journal of Operations Management, 19(4): 497-512.

KYRATSIS Y, ATUN R, PHILLIPS N, et al. (2017). Health systems in transition: Professional identity work in the context of shifting institutional logics[J]. Academy of Management Journal, 60(2): 610-641.

LAX D A, SEBENIUS J K, 1986. Interests: The measure of negotiation[J]. Negotiation Journal, 2(1): 73-92.

LINDER J C, CANTRELL S, 2001. Five business-model myths that hold companies back[J]. Strategy & Leadership, 29(6): 13-18.

LIU Z Q, LIU J C, 1993. Assessment of the hotel rating system in China[J]. Tourism Management, 14(6): 440-452.

MADANI A M, AMIR, MOHSEN, et al. 2012. Designing a domestic model for classification and grading hotels in Iran[J]. International Journal of Business & Social Science, 3(9): 306-310.

MAGRETTA J, STONE N, 2013. What Management Is(M)[M]. New York: The Free Press.

MALONE T W, WEILL P, LAI R K, et al. 2006. Do Some business models perform better than others[J]. SSRN Electronic Journal, (5): 22.

MARTIN-FUENTES E, 2016. Are guests of the same opinion as the hotel star-rate classification system?[J]. Journal of Hospitality & Tourism Management, 29: 126-134.

MOL M J, 2003. Purchasing's strategic relevance[J]. Journal of Purchasing and Supply Management, 9(1): 43-50.

MUTCH A, 2018. Practice, substance, and history: Reframing institutional logics[J]. Academy of Management Review, 43(2): 242-258.

NALLEY M E, PARK J Y, BUFQUIN D, 2019. An investigation of AAA diamond rating changes on hotel performance[J]. International Journal of Hospitality Management,

77: 365-374.

NARANGAJAVANA Y, HU B, 2008. The relationship between the hotel rating system, service quality improvement, and hotel performance changes: A canonical analysis of hotels in Thailand[J]. Journal of Quality Assurance in Hospitality & Tourism, 9(1): 34-56.

NARASIMHAN R, DAS A, 2001. The impact of purchasing integration and practices on manufacturing performance[J]. Journal of Operations Management, 19(5): 593-609.

NEE V, 1992. Organizational dynamics of market transition: Hybrid forms, property rights, and mixed economy in China[J]. Administrative Science Quarterly, 37(1).

NELSON R R, 1985. An evolutionary theory of economic change[M]. Cambridge: Harvard University Press.

NICOLAU J L, SELLERS R, 2010. The quality of quality awards: Diminishing information asymmetries in a hotel chain[J]. Journal of Business Research, 63(8): 832-839.

NIGAM A, OCASIO W, 2010. Event attention, environmental sense making, and change in institutional logics: An inductive analysis of the effects of public attention to Clinton's health care reform initiative[J]. Organ. Sci. 21(4): 823-841.

NOONE B M, KIMES S E, MATTILA A S, et al. 2007. The effect of meal pace on customer satisfaction[J]. Cornell Hotel and Restaurant Administration Quarterly, 48(3): 231-244.

NOONE B M, KIMES S E, MATTILA A S, et al. 2009. Perceived service encounter pace and customer satisfaction: An empirical study of restaurant experiences[J]. Journal of Service Management, 20(4): 380-403.

OCASIO W, 1997. Towards an attention-based view of the firm[J]. Strategic Management Journal, 18(S1): 187-206.

OEGUT H, TAS B K O, 2012. The influence of internet customer reviews on the online sales and prices in hotel industry[J]. Service Industries Journal, 32(2): 197-214.

OGDEN J A, ROSSETTI C L, HENDRICK T E, 2007. An exploratory cross-country comparison of strategic purchasing[J]. Journal of Purchasing & Supply Management, 13: 2-16.

PANAYIDES P M, So M, 2005. Logistics service provider-client relationships[J]. Transportation Research Part E: Logistics and Transportation Review, 41(3): 179-200.

PARK J, KIM H J, 2019. How and when does abusive supervision affect hospitality employees' service sabotage?[J]. International Journal of Hospitality Management, 83(9): 190-197.

PARK J Y, JANG S C S, 2014. Revisit and satiation patterns: Are your restaurant customers satiated?[J]. International Journal of Hospitality Management, 38: 20-29.

PAULRAJ A, CHEN I J, FLYNN J, 2006. Levels of strategic purchasing: Impact on supply integration and performance[J]. Journal of Purchasing and Supply Management, 12(3): 107-122.

PAVIA N, IVANOVIC S, 2007. The procurement process in the hotel industry[J]. Tourism and Hospitality Management, 13(3): 637-642.

PAVLOU P A, SAWY O A E, 2011. Understanding the elusive black box of dynamic capabilities[J]. Decision Sciences, 42(1): 239-273.

PHILLIPS R L, 2008. Pricing and revenue optimization[M]. Beijing: China Financial and Economic Publishing House.

PINE R, PHILLIPS P, 2005. Performance comparisons of hotels in China[J]. International Journal of Hospitality Management, 24(1): 57-73.

PORTER A M, 2000. The virtual corporation: Where is it?[J]. Purhch-asing Boston, Mark, (3): 40-48.

PORTER M E, 1980. Competitive Strategy: Techniques for Analyzing Industries and Competitors[M]. New York: The Free Press.

PORTER M E, 1985. Technology and competitive advantage[J]. Journal of Business Strategy, 5(3): 60-78.

PRAHALAD C K, RAMASWAMY V, 2004. Co-creation experiences: The next practice in value creation[J]. Journal of interactive marketing, 18(3): 5-14.

PROTOGEROU A, CALOGHIROU Y, LIOUKAS S, 2011. Dynamic capabilities and their indirect impact on firm performance[J]. Industrial and Corporate Change, 21(3): 615-647.

RAJAGOPAL S, BERNARD K N, 1993. Strategic procurement and competitive advantage[J]. International Journal of Purchasing and Materials Management, 29(4): 13-20.

RUTHERFORD D G, 1984. Mentoring hospitality managers[J]. Cornell Hotel & Restaurant Administration Quarterly, 25(1): 16-19.

RUTHERFORD D G, WIEGENSTEIN J, 1985. The mentoring process in hotel general managers' careers[J]. Cornell Hotel & Restaurant Administration Quarterly, 25(4): 16-23.

SALANCIK G R, PFEFFER J, KELLY J P, 1978. A contingency model of influence in organizational decision-making[J]. Pacific Sociological Review, 21(2): 239-256.

SANTOS F M, 2012. A positive theory of social entrepreneurship[J]. Journal of Business Ethics, 111(3): 335-351.

SCHELLING T C, 1956. An essay on bargaining[J]. The American Economic Review, 46(3): 281-306.

SHIN H, COLLIER D A, WILSON D D, 2000. Supply management orientation and supplier/buyer performance[J]. Journal of Operations Management, 18: 317-333.

SIVADAS E, DWYER F R, 2000. An examination of organizational factors influencing new product success in internal and alliance-based processes[J]. Journal of Marketing, 64(1): 31-49.

SOIFER I, CHOI, E K C, et al. 2020. Do hotel attributes and amenities affect online user ratings differently across hotel star ratings?[J]. Journal of Quality Assurance in Hospitality & Tourism, (4): 1-22.

STUMPF T S, SWANGER N, 2017. Institutions and transaction costs in foreign-local hotel ventures: A grounded investigation in the developing Pacific[J]. Tourism Management, 61: 368-379.

SUBRAMANIAN N, GUNASEKARAN A, GAO Y, 2016. Innovative service satisfaction and customer promotion behaviour in the Chinese budget hotel: An empirical study[J]. International Journal of Production Economics, 171: 201-210.

SU C S, SUN L H, 2007. Taiwan's hotel rating system a service quality perspective[J]. Cornell Hospitality Quarterly, 48(4): 392-401.

SURDU G, 2011. The internationalization process and the asset-light approach[J]. Romanian Economic and Business Review, 6(1): 184.

TEECE D J, 2000. Strategies for managing knowledge assets: The role of firm structure and industrial context[J]. Long Range Planning, 33(1): 35-54.

TEECE D J, 2007. Explicating dynamic capabilities: The nature and microfoundations of (sustainable) enterprise performance[J]. Strategic Management Journal, 28(13): 1319-1350.

TEECE D J, PISANO G, SHUEN A, 1997. Dynamic capabilities and strategic management[J]. Strategic Management Journal, 18(7): 509-533.

THOMPSON G M, 2002. Optimizing a restaurant's seating capacity: Use dedicated or combinable tables?[J]. The Cornell Hotel and Restaurant Administration Quarterly, 43(4): 48-57.

THOMPSON G M, 2003. Optimizing restaurant-table configurations: Specifying combinable tables[J]. The Cornell Hotel and Restaurant Administration Quarterly, 44(1): 53-60.

THOMPSON G M, 2009. (Mythical) Revenue benefits of reducing dining duration in restaurants[J]. Cornell Hospitality Quarterly, 50(1): 96-112.

THOMPSON G M, 2010. Restaurant profitability management the evolution of restaurant revenue management[J]. Cornell Hospitality Quarterly, 51(3): 308-322.

THOMPSON G M, 2014. An evaluation of rules for assigning tables to walk-in parties in restaurants[J]. Cornell Hospitality Quarterly, 3(12): 1-15.

THORNTON P H, 2002. The rise of the corporation in a craft industry: Conflict and conformity in institutional logics[J]. The Academy of Management Journal, 45(1): 81-101.

THORNTON P H, OCASIO W, 2008. Institutional logics: The SAGE handbook of organizational institutionalism[M]. Los Angeles: Sage Publications Ltd.

THORNTON P H, OCASIO W, LOUNSBURY M, 2013. The institutional logics perspective: A new approach to culture, structure and process[M]. Oxford: Oxford University Press.

TRACEY P, PHILLIPS N, JARVIS O, 2011. Bridging institutional entrepreneurship and the creation of new organizational forms: A multilevel model[J]. Organization Science, 22(1): 60-80.

TROCHIM W M K, 1985. Pattern matching, validity, and conceptualization in program evaluation[J]. Evaluation Review, 9(5): 575-604.

TROCHIM W M K, 1989. Outcome pattern matching and program theory[J]. Evaluation and program planning, 12(4): 355-366.

TSAO W C, OKUMUS F, OKUMUS F, 2018. Star power: The effect of star rating on service recovery in the hotel industry[J]. International Journal of Contemporary Hospitality Management, 30(2): 1092-1111.

TUNG R L, 1988. Career issues in international assignments[J]. Academy of

Management Perspectives, 2(3): 241-244.

VARGO S L, LUSCH R F, 2004. Evolving to a new dominant logic for marketing[J]. Journal of Marketing, 68(1): 1-17.

VICKERY S K, JAYARAM J, DROGE C, et al. 2003. The effects of an integrative supply chain strategy on customer service and financial performance: An analysis of direct versus indirect relationships[J]. Journal of Operations Management, 21(5): 523-539.

WANG C L, AHMED P K, 2007. Dynamic capabilities: A review and research agenda[J]. International Journal of Management Reviews, 9(1): 31-51.

WANG C L, SENARATNE C, RAFIQ M, 2015. Success traps, dynamic capabilities and firm performance[J]. British Journal of Management, 26(1): 26-44.

WEBER M, 1947. The theory of social and economic organization[M]. New York: The Free Press.

WILHELM H, SCHLÖMER M, MAURER I, 2015. How dynamic capabilities affect the effectiveness and efficiency of operating routines under high and low levels of environmental dynamism[J]. British Journal of Management, 26(2): 327-345.

WINTER S G, 2003. Understanding dynamic capabilities[J]. Strategic Management Journal, 24(10): 991-995.

WIRTZ J, KIMES S E, 2007. The moderating role of familiarity in fairness perceptions of revenue management pricing[J]. Journal of Service Research, 9(3): 229-240.

XU Q, ZHAO X, 2000. New strategies of restaurant revenue management[J]. Commercial Economics Review, (6): 61-63.

XU Y, ZHANG Z, NICOLAU J L, et al. 2020. How do hotel managers react to rating fluctuation?[J]. International Journal of Hospitality Management, 89.

YANG H, ZHOU J, DENG J, 2008. Research on price discrimination of revenue management in restaurants——Questionnaire based on perceived fairness evaluation from customers[J]. Journal of Beijing Technology and Business University(Social Science), 23(2): 62-66.

YANG H, ZHOU J, SONG H, 2009. An overview of research on catering revenue management[J]. Journal of Beijing Technology and Business University(Social Science), 24(5): 107-110.

YAN A, GRAY B, 1994. Bargaining power, management control, and performance in United States-China joint ventures: A comparative case study[J]. Academy of Management Journal, 37(6): 1478-1517.

YAN S, ALMANDOZ J (John), FERRARO F, 2021. The impact of logic (in) compatibility: Green investing, state policy, and corporate environmental performance[J]. Administrative Science Quarterly, 66(4).

YAN S, FERRARO F, ALMANDOZ J (John), 2019. The rise of socially responsible investment funds: The paradoxical role of the financial logic[J]. Administrative Science Quarterly, 64(2): 466–501.

YIN R K, 2004. The Case Study Anthology[M]. Thousand Oaks: Sage Publications.

YIN R K, 2009. Case study research: Design and methods[M]. Thousand Oaks: Sage Publications.

YIN R K, 2014. Case Study Research: Design and Methods[M]. London: Sage Publications.

YU L, 1992. Seeing stars: China's hotel-rating system[J]. Cornell Hotel & Restaurant Administration Quarterly, 33(5): 24-27.

ZAHRA S A, SAPIENZA H J, DAVIDSSON P, 2006. Entrepreneurship and dynamic capabilities: A review, model and research agenda[J]. Journal of Management Studies, 43(4): 917-955.

ZEITHAML V A, 2008. Services marketing: Integrating customer focus across the firm[M]. Beijing: China Machine Press.

ZIMMERMAN MA, ZEITZ G J, 2002. Beyond survival: Achieving new venture growth by building legitimacy[J]. The Academy of Management Review, 27(3).

ZOLLO M, WINTER S G, 2002. Deliberate learning and the evolution of dynamic capabilities[J]. Organization Science, 13(3): 339-351.

奥法伦, 拉瑟福德, 2013. 酒店经营与管理.5版[M]. 张延, 张迅, 译. 大连: 东北财经大学出版社.

白长虹, 刘欢, 2019. 旅游目的地精益服务模式: 概念与路径——基于扎根理论的多案例探索性研究[J]. 南开管理评论, 22(3): 137-147.

百胜智库, 2019. 企业中台, 成就智慧品牌[M]. 北京: 中国经济出版社.

蔡晓梅, 刘美新, 2016. 1978—2015年东莞豪华酒店时空演变与制度重构[J]. 地理学报, 71(08): 1436-1455.

曹征, 贾慧敏, 陈爱祖, 2005. 大型企业集团采购组织研究[J]. 河北工业科技, 22(6):

347-350.

岑杰, 陈雪津, 盛亚, 等, 2018. 混合社会组织多重身份的生成机理研究——基于社会烙印动态性视角[J]. 管理案例研究与评论, 31(02): 130-147.

陈国权, 1999. 供应链管理[J]. 中国软科学, (10): 101-104.

陈红泉, 赵萌, 2009. 国有集团化企业集中采购模式探讨——基于某大型国有集团的研究[J]. 经济管理, 23(11): 77-82.

陈威如, 王节祥, 2021. 依附式升级: 平台生态系统中参与者的数字化转型战略[J]. 管理世界, 37(10): 195-213.

陈向明, 2000. 质的研究方法与社会科学研究[M]. 北京: 教育科学出版社: 277-288+403-405.

陈彦亮, 高闯, 2014. 基于组织双元能力的惯例复制机制研究[J]. 中国工业经济, (10): 147-159.

陈勇, 2006. 国外酒店管理合同研究新进展探析[J]. 外国经济与管理, 28(12): 56-63.

陈勇, 2007. 对酒店管理合同受托方激励约束机制相关理论问题的探讨[J]. 旅游科学, 21(01): 40-45.

陈勇, 2008. 对酒店管理受托方的激励约束现状分析——基于对52家国际品牌酒店的深度访谈和问卷调查[J]. 旅游科学, 22(01): 40-48.

陈志祥, 马士华, 陈荣秋, 等, 1999. 供应链管理与基于活动的成本控制策略[J]. 工业工程与管理, (5): 32-36.

池毛毛, 王伟军, 卢新元, 等, 2020. 数字商务战略剖面和组织重构能力关系的研究: 究竟是抑制还是促进?[J]. 管理工程学报, 34(04): 11-20.

崔雨, 2014. 我国饭店星级评级系统探究——基于美国, 英国饭店评级系统对比分析[J]. 中国市场, (46): 5.

戴天婧, 张茹, 汤谷良, 2012. 财务战略驱动企业盈利模式——美国苹果公司轻资产模式案例研究[J]. 会计研究, (11): 23-32.

戴维奇, 刘洋, 廖明情, 2016. 烙印效应:民营企业谁在 "不务正业" ?[J]. 管理世界, (05): 99-115+187-188.

邓昕才, 潘枭骁, 叶一娇, 2017. 跨界搜索、组织惯例更新、管理创新及组织绩效关系[J]. 贵州社会科学, (08): 96-102.

杜朋飞, 2015. 新浪微博的盈利模式及财务评价研究[D]. 河北经贸大学.

杜小民, 高洋, 刘国亮, 等, 2015. 战略与创业融合新视角下的动态能力研究[J]. 外国经济与管理, 37(02): 18-28.

杜勇, 曹磊, 谭畅, 2022. 平台化如何助力制造企业跨越转型升级的数字鸿沟？——基于宗申集团的探索性案例研究[J]. 管理世界, 38(06): 117-138.

杜勇, 张欢, 陈建英, 2018. CEO海外经历与企业盈余管理[J]. 会计研究, (02): 27-33.

杜运周, 刘秋辰, 程建青, 2020. 什么样的营商环境生态产生城市高创业活跃度？——基于制度组态的分析[J]. 管理世界, 36(09): 141-154.

杜运周, 尤树洋, 2013. 制度逻辑与制度多元性研究前沿探析与未来研究展望[J]. 外国经济与管理, 35(12): 2-10+30.

范秀成, 杜建刚, 2006. 服务质量五维度对服务满意及服务忠诚的影响——基于转型期间中国服务业的一项实证研究[J]. 管理世界, (06): 111-118+173.

方宏, 王益民, 2021. 女性CEO如何影响中国企业国际化节奏？[J]. 外国经济与管理, 43(01): 73-91.

方阳春, 陈超颖, 2018. 包容型人才开发模式对员工工匠精神的影响[J]. 科研管理, (03): 154-160.

房秉毅, 申志伟, 马少武, 等, 2008. 基于兴趣社会网络的电子商务平台设计[J]. 信息通信技术, (2): 48-54.

符正平, 陈丽纯, 2003. 战略性供应管理与企业经营绩效的实证研究[J]. 经济科学, (5): 24-34.

高展军, 李垣, 2007. 组织惯例及其演进研究[J]. 科研管理, 28(03): 142-147.

高志军, 刘伟, 高洁, 2014. 服务主导逻辑下物流服务供应链的价值共创机理[J]. 中国流通经济, (11): 71-77.

缑倩雯, 蔡宁, 2015. 制度复杂性与企业环境战略选择: 基于制度逻辑视角的解读[J]. 经济社会体制比较, (1): 125-138.

谷慧敏, 2017. 根据新形势完善饭店星级评定标准[J]. 旅游导刊, (1): 109-110.

关鑫, 2007. 企业商业模式创新研究[D]. 辽宁大学.

郭恒, 2007. 酒店采购管理问题的研究[D]. 华中科技大学.

郭会斌, 郑展, 单秋朵, 等, 2018. 工匠精神的资本化机制: 一个基于八家"百年老店"的多层次构型解释[J]. 南开管理评论, 21(02): 95-106.

韩翼, 杨百寅, 2012. 师徒关系开启徒弟职业成功之门: 政治技能视角[J]. 管理世界, (06): 124-132+188.

韩翼, 周洁, 孙习习, 等, 2013. 师徒关系结构、作用机制及其效应[J]. 管理评论, 25(07): 54-66.

何轩, 宋丽红, 朱沆, 等, 2014. 家族为何意欲放手？——制度环境感知、政治地位与中国家族企业主的传承意愿[J]. 管理世界, (02): 90-101+110+188.

何永清, 邹波, 潘杰义, 等, 2021. 传统服务业企业如何实现平台创新——一个探索性纵向案例研究[J]. 南开管理评论, 24(06): 203-212.

贺小荣, 罗文斌, 2012. 特许经营或管理合同: 酒店国际化扩张的战略选择[J]. 旅游学刊, 27(12): 54-59.

贺志军, 2009. 华斯度企业集团轻资产发展战略研究[D]. 中山大学.

胡大立, 2006. 基于价值网模型的企业竞争战略研究[J]. 中国工业经济, (9): 87-93.

胡珺, 宋献中, 王红建, 2017. 非正式制度、家乡认同与企业环境治理[J]. 管理世界, (03): 76-94+187-188.

黄江明, 李亮, 王伟, 2011. 案例研究: 从好的故事到好的理论——中国企业管理案例与理论构建研究论坛(2010)综述[J]. 管理世界, (02): 118-126.

黄群慧, 白景坤, 2013. 制度变迁、组织转型和国有企业的持续成长——深入推进国有企业改革的生态学视角[J]. 经济与管理研究, (12): 12-22.

黄速建, 肖红军, 王欣, 2018. 论国有企业高质量发展[J]. 中国工业经济, (10): 19-41.

黄晓芬, 彭正银, 2018. 管理者认知视角下网络组织演化的动因与模式研究: 综述与展望[J]. 外国经济与管理, 40(06): 99-115.

黄小原, 李宝家, 2001. 供应链集成化动态模型与控制[J]. 系统工程学报, 16(4): 254-260.

黄永胜, 胡建玲, 2015. 我国高端餐饮企业转型发展路径探究[J]. 商业经济研究, (18): 22-24.

黄再胜, 2011. 企业员工战略共识及其影响因素的实证研究[J]. 南开管理评论, 14(04): 32-41+79.

贾金英, 2007. 基于成本控制的采购管理研究[D]. 天津大学.

贾生华, 邬爱其, 2002. 制度变迁与中国旅游产业的成长阶段和发展对策[J]. 旅游学刊, 17(04): 19-22.

简兆权, 刘念, 2019. 动态能力构建机理与服务创新绩效——基于佛朗斯的服务平台转型研究[J]. 科学学与科学技术管理, 40(12): 84-101.

简兆权, 刘念, 黄如意, 2020. 动态能力、企业规模与双元创新关系研究——基于fsQCA方法的实证分析[J/OL]. 科技进步与对策, 37(19): 1-10.

江积海, 2001. 企业知识管理的运作模式研究[D]. 重庆大学.

江诗松, 龚丽敏, 魏江, 2011. 转型经济背景下后发企业的能力追赶: 一个共演模型——以吉利集团为例[J]. 管理世界, (04): 122-137.

焦豪, 2011. 双元型组织竞争优势的构建路径: 基于动态能力理论的实证研究[J]. 管理世界, (11): 76-91+188.

焦豪, 杨季枫, 王培暖, 等, 2021. 数据驱动的企业动态能力作用机制研究——基于数据全生命周期管理的数字化转型过程分析[J]. 中国工业经济, (11): 174-192.

焦豪, 杨季枫, 应瑛, 2021. 动态能力研究述评及开展中国情境化研究的建议[J]. 管理世界, 37(05): 191-210+14+22-24.

考立军, 2008. 餐饮企业采购成本的控制[J]. 当代经济, (4): 53-54.

蓝伯雄, 郑晓娜, 徐心, 2000. 电子商务时代的供应链管理[J]. 中国管理科学, 8(3): 1-7.

李彬, 王凤彬, 秦宇, 2013. 动态能力如何影响组织操作常规?——一项双案例比较研究[J]. 管理世界, 239(08): 136-153+188.

李常建, 2004. 新经济时代下电子商务的价值链和盈利模式分析[J]. 山东经济, 20(3): 43-46.

李浩铭, 曾国军, 张家旭, 等, 2021. 酒店如何在制度环境变迁中构建动态能力——以东莞美思威尔顿酒店为例[J]. 旅游学刊, 36(02): 104-116.

李红, 2018. 数字化转型 企业核心能力再造[J]. 企业管理, (01): 104-106.

李宏贵, 曹迎迎, 杜运周, 2018. 动态制度环境下企业创新的战略反应[J]. 管理学报, 15(06): 856-864.

李纪珍, 周江华, 谷海洁, 2019. 女性创业者合法性的构建与重塑过程研究[J]. 管理世界, 35(06): 142-160+195.

李杰, 黄培清, 2006. 横向型制造企业集团的采购协同[J]. 上海管理科学, 28(1): 48-51.

李晓燕, 毛基业, 2010. 动态能力构建——基于离岸软件外包供应商的多案例研究[J]. 管理科学学报, 13(11): 55-64+120.

李新春, 肖宵, 2017. 制度逃离还是创新驱动?——制度约束与民营企业的对外直接投资[J]. 管理世界, (10): 99-112+129+188.

李玉新, 杨娜, 刘国芳, 2011. 价值管理的完美演绎——解读苹果公司轻资产商业模式的内在逻辑[J]. 资本市场, (12): 77-82.

李垣, 田龙伟, 2013. 中国情景与中国管理研究: 转型特征与文化认知特征的整合观点[J]. 管理学报, 10(02): 168-170+205.

粟学思, 2003. 如何规划企业的赢利模式[J]. 通信企业管理, (6): 59.

连燕玲, 贺小刚, 高皓, 2014. 业绩期望差距与企业战略调整——基于中国上市公司的实证研究[J]. 管理世界, (11): 119-132+188.

梁强, 邹立凯, 宋丽红, 等, 2017. 组织印记、生态位与新创企业成长——基于组织生态学视角的质性研究[J]. 管理世界, (06): 141-154.

梁漱溟, 2009. 中国文化要义[M]. 上海: 上海人民出版社.

林海芬, 王涛, 2017. 惯例演化视角组织创新的实施机理研究——以天地华宇定日达创新为例[J]. 管理评论, 29(01): 250-264.

刘意, 谢康, 肖静华, 2018. 大数据驱动的动态能力构建——基于韩都衣舍新产品研发的案例研究[C]. 广州: 中国信息经济学会议.

刘振, 崔连广, 杨俊, 等, 2015. 制度逻辑、合法性机制与社会企业成长[J]. 管理学报, 12(04): 565-575.

卢启程, 梁琳琳, 贾非, 2018. 战略学习如何影响组织创新——基于动态能力的视角[J]. 管理世界, 34(09): 109-129.

卢蓉, 2006. 企业战略采购机理及其应用研究[D]. 浙江大学.

卢艳秋, 宋昶, 王向阳, 2021. 战略导向与组织结构交互的动态能力演化——基于海尔集团的案例研究[J]. 管理评论, 33(09): 340-352.

陆铭, 李爽, 2008. 社会资本、非正式制度与经济发展[J]. 管理世界, (09): 161-165+179.

陆新之, 2010. 中国式企业联盟 [M]. 太原: 山西人民出版社.

吕民乐, 2004. 轻资产运营利弊分析[J]. 安徽科技, (12): 31-33.

马鸿佳, 肖彬, 韩姝婷, 2022. 创业领域动态能力研究综述——基于LDA主题模型[J]. 南开管理评论, (06): 1-20.

马鸿佳, 张弼弘, 郭帅辰, 2022. 创业反思的形成过程与惯例更新关系的机制研究[J]. 管理学报, 19(06): 883-891.

马鸿佳, 张弼弘, 唐思思, 2020. 新创企业惯例形成过程与能力关系的机制研究[J]. 外国经济与管理, 42(06): 55-68.

马士华, 林勇, 2005. 供应链管理[M]. 北京: 机械工业出版社.

马雪松, 张贤明, 2016. 政治制度变迁方式的规范分析与现实思考[J]. 政治学研究, (02): 20-31+125.

毛基业, 陈诚, 2017. 案例研究的理论构建: 艾森哈特的新洞见——第十届"中国企业管理案例与质性研究论坛(2016)"会议综述[J]. 管理世界, (02): 135-141.

梅德平, 2003. 制度变迁理论与中国农村微观经济组织的变革[J]. 江汉论坛, (06): 37-40.

孟晓斌, 王重鸣, 杨建锋, 2008. 企业组织变革中的动态能力多层适应性探析[J]. 外国经济与管理, 30(2): 1-8+15.

欧阳桃花, 周云杰, 2008. 中国企业产品创新管理模式研究(三)——以海尔产品经理为案例[J]. 管理世界, (2): 136-147.

潘艺, 2020. 关于零售企业"中台"建设的研究[J]. 全国流通经济, (20): 3-5.

裴正兵, 2003. 价值链管理与作业成本法的有机结合: 双向增值法[J]. 财会月刊, (1): 48-49.

裴正兵, 2015. 基于"顾客价值"的盈利模式理论结构体系探讨[J]. 财会通讯, (2): 62-64.

裴正兵, 2017. 酒店轻资产盈利模式前提、方式与财务绩效评价——华天酒店轻资产经营案例分析[J]. 财会月刊, (13): 106-110.

彭家敏, 谢礼珊, 龚金红, 2015. 服务交往中员工顾客需求知识的形成与作用[J]. 管理评论, 27(06): 168-178.

戚聿东, 杜博, 温馨, 2021. 国有企业数字化战略变革: 使命嵌入与模式选择——基于3家中央企业数字化典型实践的案例研究[J]. 管理世界, 37(11): 137-158+10.

秦宇, 2019. 新制度的来源、要素和形成——旅游企业制度创新的分析框架[J]. 旅游学刊, 34(03): 1-3.

邱婷, 2015. 中国旅游星级饭店的"退星"现象浅议[J]. 现代商业, (08): 77-78.

邱玮, 白长虹, 2012. 基于扎根理论的旅游品牌内化研究——以一家五星级酒店为例[J]. 旅游学刊, 27(10): 46-52.

曲波, 2011. 酒店企业跨区域整合战略研究——基于制度理论"合法性"的理解[J]. 管理现代化, (02): 18-20.

任润, 李婧, 张一弛, 2011. "心往一处想、劲往一处使": 员工战略视线的作用机理[J]. 管理世界, (09): 105-115.

尚航标, 黄培伦, 田国双, 等, 2014. 企业管理认知变革的微观过程: 两大国有森工集团的跟踪性案例分析[J]. 管理世界, (06): 126-141+188.

尚航标, 杨学磊, 李卫宁, 2022. 战略人力资源管理策略如何影响组织惯例更新——基于员工情感反应视角的解释[J]. 管理世界, 38(03): 162-181.

沈涵, 吴文庆, 2011. 服务企业顾客满意度与再购买倾向的模型研究——以四星级酒店为例[J]. 旅游学刊, 26(9): 85-89.

施振荣, 1996. 再造宏碁: 开创、成长与挑战[M]. 林文玲采访整理, 台北: 远见天下文化出版股份有限公司.

宋海燕, 李光金, 2012. 基于价值网的盈利模式要素分析[J]. 理论探讨, (6): 102-105.

宋河有, 韩雪丽, 2009. 酒店采购工作流程中存在的问题及对策——基于鄂尔多斯假日酒店个案的研究[J]. 旅游研究, 1(2): 86-90.

孙黎, 2005. 强化轻资产运营[J]. 企业家信息, (7): 32-35.

孙黎, 朱武祥, 2003. 轻资产运营[M]. 北京: 中国社会科学出版社.

谭海丽, 2013. 美邦轻资产盈利模式评价及优化研究[D]. 中南大学.

汤谷良, 2007. 财务管理案例[M]. 北京: 北京大学出版社.

唐国华, 王腊娣, 2013. 企业知识产权战略框架研究: 基于广东企业的访谈[J]. 管理工程师, (5): 24-27.

唐璎璋, 刘芬美, 黄宝慧, 2007. 轻资产战略与营运绩效关系之研究——以台湾企业为例[J]. 管理学报(台湾), 24(1): 75-91.

王波, 彭亚利, 2002. 再造商业模式[J]. IT经理世界, (07): 88-89.

王彩萍, 普涵艺, 代姗姗, 2020. 女性高管会提升旅游企业绩效吗?——来自旅游上市公司的经验研究[J]. 旅游学刊, 35(02): 26-37.

王大悟, 司马志, 2008. 中国旅游饭店星级标准前瞻研究[J]. 旅游科学, 22(3): 1-6.

王凤彬, 郑腾豪, 刘刚, 2018. 企业组织变革的动态演化过程——基于海尔和IBM纵向案例的生克化制机理的探讨[J]. 中国工业经济, (06): 174-192.

王国顺, 黄金, 2012. 零售企业的盈利模式与价值链优化[J]. 北京工商大学学报(社会科学版), 27(2): 7-12.

王鹤春, 2012. 轻资产类型TPL企业管理创新过程: 从企业家角度的分析[J]. 当代经济管理, 34(1): 36-41.

王琳, 陈志军, 崔子钰, 2024. 数字化转型下知识耦合如何重构组织边界?——基于创业警觉的认知逻辑[J]. 南开管理评论, (01): 1-17.

王琦, 2006. 高端酒店: 外资的"盛宴"[J]. 中国企业家, (09): 74-76.

王诗宗, 宋程成, 2013. 独立抑或自主: 中国社会组织特征问题重思[J]. 中国社会科学, (05): 50-66+205.

王涛, 陈金亮, 2018. 双元制度逻辑的共生演化与动态平衡——基于国有企业组织场域的解释[J]. 当代经济科学, 40(04): 75-83+127.

王湉, 邝家麒, 2022. 特色酒店动态能力与适应性行为适配演化机理及路径——基于CIT分析法的青岛海景花园大酒店纵向案例研究[J]. 经营与管理, (08): 77-84.

王雁飞, 郑立勋, 郭子生, 等, 2021. 领导—下属关系图式一致性、信任与行为绩效——基于中国情境的实证研究[J]. 管理世界, 37(07): 162-181.

王永伟, 韩亚峰, 2019. 环境不确定情境下组织惯例更新的前因与后果[J]. 科研管理, 40(10): 268-277.

王宇峰, 杨小曼, 唐慧佳, 2004. 基于B2B的协同电子商务平台分析与设计[J]. 计算机工程与应用, 40(36): 220-222.

卫海英, 骆紫薇, 2014. 中国的服务企业如何与顾客建立长期关系?——企业互动导向、变革型领导和员工互动响应对中国式顾客关系的双驱动模型[J]. 管理世界, (01): 105-119.

文吉, 侯平平, 2015. 顾客粗暴行为与酒店员工组织公民行为研究:基于组织支持感的中介作用[J]. 南开管理评论, 18(06): 35-45.

吴航, 2016. 动态能力的维度划分及对创新绩效的影响——对Teece经典定义的思考[J]. 管理评论, 28(3): 76-83.

吴昊, 王进, 2014. 基于SWOT分析的南阳特色农业发展研究[J]. 南阳师范学院学报, 13(9): 49-53.

吴坚, 2013. 解密高端餐饮转型困扰[J]. 扬州大学烹饪学报, 30(02):29-34.

吴叔平, 2001. 电子商务的价值链与赢利模式[M]. 上海: 上海远东出版社.

吴瑶, 夏正豪, 胡杨颂, 等, 2022. 基于数字化技术共建"和而不同"动态能力——2011～2020年索菲亚与经销商的纵向案例研究[J]. 管理世界, 38(01): 144-163+206+164.

伍蕾, 杨宏浩, 2012. 我国旅游饭店星级评定制度的建构、内容变迁与未来展望[J]. 旅游论坛, 5(04): 41-46.

武亚军, 2013. "战略框架式思考"、"悖论整合"与企业竞争优势——任正非的认知模式分析及管理启示[J]. 管理世界, (04): 150-167.

究——基于动态能力的视角[J]. 南方经济, (11): 113-130.

周晓东, 项保华, 2003. 复杂动态环境、动态能力及战略与环境的匹配关系[J]. 经济管理, (20): 12-18.

周晓雪, 崔淼, 2022. 应对外部环境挑战的企业数字韧性塑造机理研究: 基于数字化战略更新的视角[J]. 南开管理评论, (07):1-24.

朱承强, 吕丽莉, 2011. 中国高星级酒店业主与国际酒店管理集团的委托管理关系研究[J]. 旅游科学, 25(3): 67-74.

朱恒源, 杨斌, 刘星, 2018. 战略节奏——战略分析的动态新框架[J]. 技术经济, 37(03): 30-36.

朱晟轩, 朱德明, 2005. 浅论饭店采购过程中的成本控制[J]. 企业经济, (6): 110-112.

朱兆珍, 毛宪钧, 张家婷, 2018. 商业模式评价指标体系及指数构建——基于财务管理视角[J]. 东南大学学报(哲学社会科学版), 20(2): 70-80.

邹益民, 鲍娟, 2007. 单体饭店委托管理成功关键影响因素实证分析[J]. 旅游科学, 21(03): 59-64.

张瑞林, 张新英, 2015. NBA联盟价值管理对我国职业体育发展的启示——基于治理、管理、经营和盈利模式的视角[J]. 天津体育学院学报, 30(6): 461-466.

张若勇, 刘新梅, 王海珍, 等, 2010. 顾客—企业交互对服务创新的影响: 基于组织学习的视角[J]. 管理学报, 7(02): 218-224.

张贤明, 崔珊珊, 2017. 制度变迁的发生机理: 基于新制度主义的分析[J]. 理论探讨, (03): 5-10.

张延平, 冉佳森, 2019. 创业企业如何通过双元能力实现颠覆性创新——基于有米科技的案例研究[J]. 中国软科学, (01): 117-135.

章凯, 李朋波, 罗文豪, 等, 2014. 组织—员工目标融合的策略——基于海尔自主经营体管理的案例研究[J]. 管理世界, (04): 124-145.

赵宸宇, 2021. 数字化发展与服务化转型——来自制造业上市公司的经验证据[J]. 南开管理评论, 24(02): 149-161.

赵晶, 郭海, 2014. 公司实际控制权、社会资本控制链与制度环境[J]. 管理世界, (09): 160-171.

赵书松, 吴世博, 赵君, 2017. 师徒制情境下心理资本传递的多重中介模型研究[J]. 管理学报, 14(07): 1015-1023.

赵越, 李英, 孙旭东, 2019. 技术创新与制度创新协同驱动制造企业演化的实现机理——以光明家具为例的纵向扎根分析[J]. 管理案例研究与评论, 12(02): 166-180.

郑伯埙, 黄敏萍. 2012. 实地研究中的案例研究[M]//陈晓萍, 徐淑英, 樊景立. 组织与管理研究的实证方法.2版. 北京: 北京大学出版社.

郑莹, 陈传明, 张庆垒, 2015. 企业政策敏感性研究——制度逻辑和企业所有权的作用[J]. 经济管理, 37(09): 42-50.

钟华, 2017. 企业IT架构转型之道: 阿里巴巴中台战略思想与架构实战[M]. 北京: 机械工业出版社.

周翔, 邓江年, 苏郁锋, 等, 2019. 快速变化环境下的竞争优势建构机制研究余义勇, 杨忠, 2022. 动态情境下企业如何克服组织惰性以实现持续成长? ——基于"情境—认知—行动"分析框架[J]. 管理世界, 38(12): 159-176.

韵江, 宁鑫, 暴莹, 2022. CEO过度自信与战略变革——基于"韧性效应"和"创造效应"的研究[J]. 南开管理评论, 25(5): 180-190+214.

曾国军, 李浩铭, 杨学儒, 2020. 烙印效应: 酒店如何通过师徒制发展组织操作常规[J]. 南开管理评论, 23(02): 75-84.

曾国军, 张清宇, 周世平, 2018. 价值共创视角下的操作常规与动态能力——以广州和苑酒家的两家分店为例[J]. 管理案例研究与评论, 11(01), 19-34.

曾国军, 刘梅, 张欣, 2016. 星级饭店自助餐厅收益管理策略研究——基于富力君悦凯菲厅的案例分析[J]. 旅游学刊, 31(02): 86-96.

曾颢, 赵曙明, 2017. 工匠精神的企业行为与省际实践[J]. 改革, (04): 125-136.

曾颢, 赵曙明, 2017. 企业师徒制中介机制理论视角的述评与未来展望[J]. 经济与管理研究, 38(12): 130-140.

张帆, 蒋亚奇, 2000. 餐饮成本控制[M]. 上海:复旦大学出版社.

张海霞, 2013. 企业如何创建自己的盈利模式[J]. 中国内部审计, (5): 82-83.

张宏如, 樊允花, 李群, 等, 2018. 新时代市民化视阈中新生代农民工职业胜任力实证研究[J]. 管理世界, 34(11): 182-183.

张辉, 牛振邦, 2013. 特质乐观和状态乐观对一线服务员工服务绩效的影响——基于"角色压力—倦怠—工作结果"框架[J]. 南开管理评论, 16(01): 110-121.

张璐, 梁丽娜, 苏敬勤, 等, 2020. 破茧成蝶: 创业企业如何突破能力的刚性束缚实现进阶? [J]. 管理世界, 36(06): 189-201+253.

张璐, 梁丽娜, 张强, 2019. 创业企业资源能力的生成机理及演化路径——以蒙草为例[J]. 科研管理, (10): 207-219.

张明, 蓝海林, 陈伟宏, 等, 2020. 殊途同归不同效: 战略变革前因组态及其绩效研究[J]. 管理世界, 36(09): 168-185.

天士力国际营销控股有限公司为例[J]. 科学学与科学技术管理, 37(7): 104-117.

许晖, 于超, 王亚君, 2022. 从"响应"到"引领": 环境突变情境下新创平台如何实现快速迭代? [J]. 管理评论, 34(04): 328-341.

许晖, 张海军, 冯永春, 2018.传承还是重塑? 本土老字号品牌活化模式与机制研究——基于品牌真实性与价值迁移视角[J]. 管理世界, 34(04): 146-161+188.

许萍, 2015. 基于参与者互动的惯例形成与变动[J]. 现代营销(下旬刊), (11): 34-35.

许艳芳, 朱春玲, 2022. 社会价值、经济价值与社会企业创业策略的选择——基于制度逻辑理论的案例研究[J]. 管理案例研究与评论, 15(01): 51-68.

姚文新, 2009. 浅谈酒店采购业务内部控制[J]. 天津市财贸管理干部学院学报, 11(2):

32-35.

叶广宇, 申素琴, 靳田田, 2015. 母国制度环境约束下企业动态能力与国际化区位选择[J]. 软科学, 29(11): 61-64+74.

易加斌, 张梓仪, 杨小平, 等, 2022. 互联网企业组织惯性、数字化能力与商业模式创新: 企业类型的调节效应[J]. 南开管理评论, 25(5): 29-40.

易英, 2005. 价值结构对电子商务模式的影响评价[J]. 商业时代, (2): 67-68.

殷, R K, 2004. 案例研究: 设计与方法[M]. 重庆: 重庆出版社.

尹真, 2006. 浅谈酒店地产开发经营模式[D]. 重庆大学.

余芬, 樊霞, 2022. 高管认知、行业管制与企业创新持续性[J]. 科研管理, 43(12): 173-181.

余凤龙, 黄震方, 曹芳东, 2013. 制度变迁对中国旅游经济增长的贡献——基于市场化进程的视角[J]. 旅游学刊, 28(7): 13-21.

余凤龙, 陆林, 2008. 制度对旅游发展影响研究综述与启示[J]. 旅游学刊, 23(09): 90-96.

余浩, 陈劲, 2012. 战略导向、互博意愿与产品创新绩效关系研究[J]. 科研管理, 33(05): 1-7.

夏清华, 何丹, 2019. 企业成长不同阶段动态能力的演变机理——基于腾讯的纵向案例分析[J]. 管理案例研究与评论, 12(05): 464-476.

肖静华, 胡杨颂, 吴瑶, 2020. 成长品: 数据驱动的企业与用户互动创新案例研究[J]. 管理世界, 36(03): 183-204.

肖静华, 谢康, 吴瑶, 等, 2014. 企业与消费者协同演化动态能力构建: B2C电商梦芭莎案例研究[J]. 管理世界, (08): 134-151+179.

谢康, 吴瑶, 肖静华, 等, 2016. 组织变革中的战略风险控制——基于企业互联网转型的多案例研究[J]. 管理世界, (02): 133-148+188.

谢礼珊, 关新华, Catherine M, 2015. 个体与组织情景因素对旅游服务员工创新行为的影响[J]. 旅游学刊, 30(02): 79-89.

解学梅, 韩宇航, 2022. 本土制造业企业如何在绿色创新中实现"华丽转型"？——基于注意力基础观的多案例研究[J]. 管理世界, 38(03): 76-105.

熊国红, 2008. 电子商务新兴平台[J]. 华南金融电脑, 16(5): 89-89.

熊伟, 高阳, 吴必虎, 2012. 中外国际高星级连锁酒店服务质量对比研究——基于网络评价的内容分析[J]. 经济地理, 32(2): 160-165.

徐斌, 2015. 企业盈利模式分析: 以万达公司盈利模式为例[J]. 河北企业, (4): 54.

徐虹, 梁佳, 李惠璠, 等, 2018. 顾客不当对待对旅游业一线员工公平感的差异化影响:权力的调节作用[J]. 南开管理评论, 21(05): 93-104.

徐虹, 吕兴洋, 秦达郅, 2013. 国内经济型酒店服务创新比较研究[J]. 旅游科学, 27(01): 41-51.

徐进, 2022. 战略节奏与崛起进程[J]. 国际政治科学, 7(04): 1-26.

徐敏, 汪国银, 刘芳, 2014. 战略执行速度与绩效——环境动态性和组织资源的调节作用[J]. 科技管理研究, 34(22): 178-182.

徐小琴, 马洁, 2016. 基于组织学习的组织惯例内涵、形成及变化研究[J]. 商业研究, (01): 151-155.

许晖, 王琳, 2016. 知识进化、惯例演化下的国际新创企业组织能力提升: 以天士力国际营销控股有限公司为例[J]. 科学学与科学技术管理, 37(7): 104-117.

许晖, 于超, 王亚君, 2022. 从"响应"到"引领": 环境突变情境下新创平台如何实现快速迭代? [J]. 管理评论, 34(04): 328-341.

许晖, 张海军, 冯永春, 2018.传承还是重塑? 本土老字号品牌活化模式与机制研究——基于品牌真实性与价值迁移视角[J]. 管理世界, 34(04): 146-161+188.

许萍, 2015. 基于参与者互动的惯例形成与变动[J]. 现代营销(下旬刊), (11): 34-35.

许艳芳, 朱春玲, 2022. 社会价值、经济价值与社会企业创业策略的选择——基于制度逻辑理论的案例研究[J]. 管理案例研究与评论, 15(01): 51-68.

姚文新, 2009. 浅谈酒店采购业务内部控制[J]. 天津市财贸管理干部学院学报, 11(2): 32-35.

叶广宇, 申素琴, 靳田田, 2015. 母国制度环境约束下企业动态能力与国际化区位选择[J]. 软科学, 29(11): 61-64+74.

易加斌, 张梓仪, 杨小平, 等, 2022. 互联网企业组织惯性、数字化能力与商业模式创新: 企业类型的调节效应[J]. 南开管理评论, 25(5): 29-40.

易英, 2005. 价值结构对电子商务模式的影响评价[J]. 商业时代, (2): 67-68.

殷, R K, 2004. 案例研究: 设计与方法[M].重庆: 重庆出版社.

尹真, 2006. 浅谈酒店地产开发经营模式[D]. 重庆大学.

余芬, 樊霞, 2022. 高管认知、行业管制与企业创新持续性[J]. 科研管理, 43(12): 173-181.

余凤龙, 黄震方, 曹芳东, 2013. 制度变迁对中国旅游经济增长的贡献——基于市场化进程的视角[J]. 旅游学刊, 28(7): 13-21.

余凤龙, 陆林, 2008. 制度对旅游发展影响研究综述与启示[J]. 旅游学刊, 23(09): 90-

96.

余浩, 陈劲, 2012. 战略导向、互博意愿与产品创新绩效关系研究[J]. 科研管理, 33(05): 1-7.

余义勇, 杨忠, 2022. 动态情境下企业如何克服组织惰性以实现持续成长？——基于"情境—认知—行动"分析框架[J]. 管理世界, 38(12): 159-176.

韵江, 宁鑫, 暴莹, 2022. CEO过度自信与战略变革——基于"韧性效应"和"创造效应"的研究[J]. 南开管理评论, 25(5): 180-190+214.

曾国军, 李浩铭, 杨学儒, 2020. 烙印效应: 酒店如何通过师徒制发展组织操作常规[J]. 南开管理评论, 23(02): 75-84.

曾国军, 张清宇, 周世平, 2018. 价值共创视角下的操作常规与动态能力——以广州和苑酒家的两家分店为例[J]. 管理案例研究与评论, 11(01), 19-34.

曾国军, 刘梅, 张欣, 2016. 星级饭店自助餐厅收益管理策略研究——基于富力君悦凯菲厅的案例分析[J]. 旅游学刊, 31(02): 86-96.

曾颢, 赵曙明, 2017. 工匠精神的企业行为与省际实践[J]. 改革, (04): 125-136.

曾颢, 赵曙明, 2017. 企业师徒制中介机制理论视角的述评与未来展望[J]. 经济与管理研究, 38(12): 130-140.

张帆, 蒋亚奇, 2000. 餐饮成本控制[M]. 上海:复旦大学出版社.

张海霞, 2013. 企业如何创建自己的盈利模式[J]. 中国内部审计, (5): 82-83.

张宏如, 樊允花, 李群, 等, 2018. 新时代市民化视阈中新生代农民工职业胜任力实证研究[J]. 管理世界, 34(11): 182-183.

张辉, 牛振邦, 2013. 特质乐观和状态乐观对一线服务员工服务绩效的影响——基于"角色压力—倦怠—工作结果"框架[J]. 南开管理评论, 16(01): 110-121.

张璐, 梁丽娜, 苏敬勤, 等, 2020. 破茧成蝶: 创业企业如何突破能力的刚性束缚实现进阶？[J]. 管理世界, 36(06): 189-201+253.

张璐, 梁丽娜, 张强, 2019. 创业企业资源能力的生成机理及演化路径——以蒙草为例[J]. 科研管理, (10): 207-219.

张明, 蓝海林, 陈伟宏, 等, 2020. 殊途同归不同效: 战略变革前因组态及其绩效研究[J]. 管理世界, 36(09): 168-185.

张瑞林, 张新英, 2015. NBA联盟价值管理对我国职业体育发展的启示——基于治理、管理、经营和盈利模式的视角[J]. 天津体育学院学报, 30(6): 461-466.

张若勇, 刘新梅, 王海珍, 等, 2010. 顾客—企业交互对服务创新的影响: 基于组织学习的视角[J]. 管理学报, 7(02): 218-224.

张贤明, 崔珊珊, 2017. 制度变迁的发生机理: 基于新制度主义的分析[J]. 理论探讨, (03): 5-10.

张延平, 冉佳森, 2019. 创业企业如何通过双元能力实现颠覆性创新——基于有米科技的案例研究[J]. 中国软科学, (01): 117-135.

章凯, 李朋波, 罗文豪, 等, 2014. 组织—员工目标融合的策略——基于海尔自主经营体管理的案例研究[J]. 管理世界, (04): 124-145.

赵宸宇, 2021. 数字化发展与服务化转型——来自制造业上市公司的经验证据[J]. 南开管理评论, 24(02): 149-161.

赵晶, 郭海, 2014. 公司实际控制权、社会资本控制链与制度环境[J]. 管理世界, (09): 160-171.

赵书松, 吴世博, 赵君, 2017. 师徒制情境下心理资本传递的多重中介模型研究[J]. 管理学报, 14(07): 1015-1023.

赵越, 李英, 孙旭东, 2019. 技术创新与制度创新协同驱动制造企业演化的实现机理——以光明家具为例的纵向扎根分析[J]. 管理案例研究与评论, 12(02): 166-180.

郑伯埙, 黄敏萍. 2012. 实地研究中的案例研究[M]//陈晓萍, 徐淑英, 樊景立. 组织与管理研究的实证方法.2版. 北京: 北京大学出版社.

郑莹, 陈传明, 张庆垒, 2015. 企业政策敏感性研究——制度逻辑和企业所有权的作用[J]. 经济管理, 37(09): 42-50.

钟华, 2017. 企业IT架构转型之道: 阿里巴巴中台战略思想与架构实战[M]. 北京: 机械工业出版社.

周翔, 邓江年, 苏郁锋, 等, 2019. 快速变化环境下的竞争优势建构机制研究——基于动态能力的视角[J]. 南方经济, (11): 113-130.

周晓东, 项保华, 2003. 复杂动态环境、动态能力及战略与环境的匹配关系[J]. 经济管理, (20): 12-18.

周晓雪, 崔淼, 2022. 应对外部环境挑战的企业数字韧性塑造机理研究: 基于数字化战略更新的视角[J]. 南开管理评论, (07):1-24.

朱承强, 吕丽莉, 2011. 中国高星级酒店业主与国际酒店管理集团的委托管理关系研究[J]. 旅游科学, 25(3): 67-74.

朱恒源, 杨斌, 刘星, 2018. 战略节奏——战略分析的动态新框架[J]. 技术经济, 37(03): 30-36.

朱晟轩, 朱德明, 2005. 浅论饭店采购过程中的成本控制[J]. 企业经济, (6): 110-112.

朱兆珍, 毛宪钧, 张家婷, 2018. 商业模式评价指标体系及指数构建——基于财务管理视角[J]. 东南大学学报(哲学社会科学版), 20(2): 70-80.

邹益民, 鲍娟, 2007. 单体饭店委托管理成功关键影响因素实证分析[J]. 旅游科学, 21(03): 59-64.